Inhaltsverzeichnis

- **1 Ein etwas anderer Weg**
  - 1.1 Lösen von Aufgaben 8
  - 1.2 Die zugelassenen Hilfsmittel 9
  - 1.3 Minimalprogramm 10
- **2 Wege durch den Band**
  - 2.1 Wegübersicht 12
  - 2.2 Test 15
- **3 Analysis**
  - 3.1 Grundwissen 17
    - 3.1.1 Notwendige Rechenfertigkeiten 18
    - 3.1.2 Polynomdivision 21
    - 3.1.3 Iterationsverfahren – Näherungsverfahren 23
    - 3.1.4 Grenzwert 25
    - 3.1.5 Bestimmung des Grenzwertes 26
    - 3.1.6 Übungsaufgaben zum Grenzwert 27
  - 3.2 Funktionen 28
    - 3.2.1 Übersicht über die Funktionsarten 29
    - 3.2.2 Monotonie 33
    - 3.2.3 Stetigkeit 34
    - 3.2.4 Differenzierbarkeit 34
    - 3.2.5 Ableitungen 36
    - 3.2.6 Übungsaufgaben zu den Ableitungen 37
    - 3.2.7 Einfache Stammfunktionen 39
    - 3.2.8 Übungsaufgaben zu den Stammfunktionen 40
    - 3.2.9 Bestimmung von Funktionsgleichungen 42
    - 3.2.10 Umkehrfunktionen 44
  - 3.3 Kurvenuntersuchungen 45
    - 3.3.1 Definitionsbereich 48
    - 3.3.2 Wertebereich 49
    - 3.3.3 Symmetrie 50
    - 3.3.4 Senkrechte Asymptote (Pol) 52
    - 3.3.5 Waagerechte Asymptote 53
    - 3.3.6 Schiefe Asymptote 54
    - 3.3.7 Übungsaufgaben zu den Asymptoten 55
    - 3.3.8 Nullstellen 56
    - 3.3.9 Extrempunkte 58
    - 3.3.10 Wendepunkte 59
    - 3.3.11 Wendetangente 60
    - 3.3.12 Wertetabelle 61
    - 3.3.13 Graph (Schaubild) 62
    - 3.3.14 Übungsaufgaben zu den Kurvenuntersuchungen 63
    - 3.3.15 Übersicht zu den Kurvenuntersuchungen 64

3.4 Probleme und Anwendungen ... 67
    3.4.1 Tangente ... 68
    3.4.2 Normale ... 69
    3.4.3 Übungsaufgaben zu Tangenten und Normalen ... 69
    3.4.4 Schnittpunkt, Berührpunkt ... 70
    3.4.5 Steigung, Winkel, Orthogonalität ... 72
    3.4.6 Extremwert ... 73
    3.4.7 Geometrischer Ort ... 76
    3.4.8 Integrale ... 77
    3.4.9 Integrationsmethoden ... 79
    3.4.10 Flächenberechnung ... 82
    3.4.11 Volumenberechnung ... 84
    3.4.12 Definitionslücken ... 85
    3.4.13 Sätze der Analysis ... 86
    3.4.14 Übungsaufgaben zu den Sätzen der Analysis ... 88
    3.4.15 Gebietseinteilung ... 89
    3.4.16 Näherungskurven ... 91
    3.4.17 Beziehungen und Bedingungen ... 92
    3.4.18 Differenzialgleichungen ... 94
    3.4.19 Gegebene Integrale ... 95
    3.4.20 Arkusfunktionen ... 96

4. Lineare Algebra und analytische Geometrie
4.1 Notwendige Rechenfertigkeiten ... 98
    4.1.1 Lineare Gleichungssysteme (LGS) ... 99
    4.1.2 Gauß-Verfahren ... 101
    4.1.3 Lösungsmengen von linearen Gleichungssystemen ... 103
    4.1.4 Übersicht zu den linearen Gleichungssystemen ... 104
    4.1.5 Skizzen, Schrägbilder, Schnitte ... 107
    4.1.6 Übersicht zu verschiedenen Skizzen ... 108
4.2 Vektorrechnung ... 110
    4.2.1 Wichtige Vektoren ... 112
    4.2.2 Vektorraum ... 114
    4.2.3 Koordinatendarstellung ... 115
    4.2.4 Skalarprodukt ... 116
4.3 Geometrie ... 117
    4.3.1 Grundwissen und notwendige Rechenfertigkeiten ... 119
    4.3.2 Punkt, Gerade, Strecke, Teilverhältnis ... 122
    4.3.3 Ebenen ... 124
    4.3.4 Darstellung von Ebenen ... 125
    4.3.5 Übersicht zur Umwandlung von Ebenen ... 127
    4.3.6 Kreis und Kugel ... 129
    4.3.7 Kugel und spezielle Ebenen ... 130

Inhaltsverzeichnis

	4.3.8	Ebenen und Geraden an der Kugel	131
	4.3.9	Enthaltensein (Inzidenz)	133
	4.3.10	Schnittprobleme	134
	4.3.11	Abstandsprobleme	137
	4.3.12	Winkelbestimmung	140
	4.3.13	Flächen, Dreiecke	141
	4.3.14	Körper	143
	4.3.15	Textaufgaben	144
	4.3.16	Häufig auftretende Probleme	146
4.4	Strukturelle Betrachtungen	156
	4.4.1	Algebraische Grundprobleme	157
	4.4.2	Matrizen	159
	4.4.3	Wichtige Begriffe zur Matrixschreibweise	160
	4.4.4	Übersicht zu linearen Gleichungssystemen, Vektorgleichung und Matrixenrechnung	162
	4.4.5	Abbildungen	164
	4.4.6	Eigenschaften von Abbildungen	166
	4.4.7	Probleme bei Abbildungen	167
5	**Stochastik**		
5.1	Beschreibende Statistik	172
	5.1.1	Grafische Darstellungen	174
5.2	Wahrscheinlichkeitsrechnung	175
	5.2.1	Ereignisalgebra	177
	5.2.2	Kombinatorische Hilfen	179
	5.2.3	Wahrscheinlichkeit	180
	5.2.4	Baumdiagramm und Pfadregel	182
5.3	Berechnung von Wahrscheinlichkeiten	184
	5.3.1	Additionssatz	185
	5.3.2	Bedingte Wahrscheinlichkeit	187
	5.3.3	Multiplikationssatz	188
	5.3.4	Totale Wahrscheinlichkeit	189
	5.3.5	Satz von Bayes	190
5.4	Verteilungen	191
	5.4.1	Zufallsvariable	191
	5.4.2	Maßzahlen, Kenngrößen	192
	5.4.3	Bernoulli-Experimente	194
	5.4.4	Binomialverteilung	194
	5.4.5	Gesetz der großen Zahlen	195
	5.4.6	Gaußsche Glockenkurve	196
	5.4.7	Zentraler Grenzwertsatz	197
	5.4.8	Tschebyschew-Ungleichung	198
	5.4.9	Näherungen	199

5.5	Beurteilende Statistik	201
	5.5.1 Fehler erster und zweiter Art	202
	5.5.2 Schluss von der Gesamtheit auf Stichproben	202
	5.5.3 Schluss von der Stichprobe auf die Gesamtheit	204
	5.5.4 Schätzfunktionen	205
	5.5.5 Testen von Hypothesen	206
	5.5.6 Signifikanztest	207
	5.5.7 Schema des Signifikanztests	208
6	**Anhang**	
6.1	Mündliches Abitur	211
6.2	Begriffserklärungen	214
Stichwortverzeichnis		**220**

1 Ein etwas anderer Weg

Das sture »Einhämmern!« mittels leicht erlernbarer »Kochrezepte« ist vom methodischen, pädagogischen und mathematischem Gesichtspunkt her verpönt, aber für einen Schüler oder eine Schülerin in der Not oft der entscheidende Rettungsanker. Dieser Band beschränkt sich deshalb ganz bewusst auf die Beschreibung der wichtigsten fachlichen Inhalte.

Die Auswahl geschah auf der Grundlage der »EPAs«, der Einheitlichen Prüfungsanforderungen in der Abiturprüfung aus den Beschlüssen der Kultusministerkonferenz.

Die Stoffauswahl der einzelnen Länder und der einzelnen Schulen hält sich an diese Richtlinien, die aber variabel sind. Fragen Sie bei Ihrer Fachkraft nach, welche Gebiete in der Prüfung verlangt werden und wählen Sie mittels dieser Angaben die Kapitel aus, die Sie bearbeiten müssen.

Dieser Band wird Ihnen helfen, sofern Sie ihn vernünftig und gezielt einsetzen. Er ist bestimmt für:

- schlechte und mittelstarke Leistungskursschüler und -schülerinnen, die ihre Note verbessern wollen oder gar müssen,
- Grundkursschüler und -schülerinnen, die mit minimalem Zeitaufwand sich einen beruhigenden Überblick verschaffen wollen,
- Hektiker, die ganz schnell einen Überblick brauchen und denen zur Wiederholung die Zeit fehlt,
- »Antiprüfungstypen«, die aufgrund ihrer Nervosität in Stress-Situationen nicht cool denken können.

So gewaltig die Stofffülle im Fach Mathematik auch aussieht und so verschiedenartig die Aufgaben auch scheinen, Sie sollen in diesem Band lernen, mit einem einheitlichen Schema an das Lösen von Aufgaben »heranzugehen«.

Sie erhalten Übersichten und Beispiele für alle wichtigen Teilgebiete und Tipps, wie die erlaubten Hilfsmittel anzuwenden sind.

Es gibt drei Wege durch den Band. Je nach Wissensstand und zur Verfügung stehender Zeit, kann jeder Schüler und jede Schülerin seinen individuellen Weg wählen.

Bevor Sie mit der Arbeit starten noch ein Hinweis:

Bei allen Hilfen, die dieser Band bietet, bei allen Vereinfachungen, die eingebracht wurden und bei allem Verständnis für die Notsituation mancher Schüler und mancher Schülerinnen, darf dennoch nicht vergessen werden:

- Der Zeitaufwand kann minimiert, aber keinesfalls auf null zurückgeschraubt werden.
- Üben und lernen muss jeder Schüler und jede Schülerin selbst. Üben gehört nun mal zur Vorbereitung auf jede Klausur und insbesondere auf eine Prüfung.
- Die Hilfsmittel, die man einsetzen darf (und soll!!!) sind nur dann Hilfen, wenn man den Einsatz mit Ihnen vorher übt. Auch wenn es ganz einfach erscheint und auch wenn Zeit verloren geht!

1.1 Lösen von Aufgaben

Das Aufgabenlösen im Fach Mathematik besteht aus mehreren, meist gut trennbaren Schritten. Natürlich passt nicht jede Aufgabe in ein und dasselbe Schema, aber ganz grob kann man nach folgendem Raster arbeiten:

Die Schritte zur Lösung einer Aufgabe

Überblick: Genaues Durchlesen der gesamten Aufgabe
Zerlegung: Zerlegung in kleine Einzelschritte. Getrennte Betrachtung der angesprochenen Probleme
Umsetzung: Zuordnung eines sprachlichen Textes zu einer mathematischen Fertigkeit
Ansatz: Aufstellen des benötigten mathematischen Termes
Berechnung: Einsatz der Rechenfertigkeiten zur Lösung des aufgestellten Termes
Lösung: Beantwortung der gestellten Fragen

Denken Sie beim Bearbeiten einer Aufgabe immer an folgende Grundsätze, die bei auftauchenden Schwierigkeiten weiterhelfen können:

- Die Aufgaben sind nicht überbestimmt.
  Das bedeutet, dass Sie jede darin enthaltene Angabe auch benötigen.
- Benennen Sie die nicht benannten Größen.
  Wenn Sie bei einer Berechnung eine Größe benötigen, die Sie nicht (oder noch nicht) kennen, dann geben Sie dieser Größe einen Namen.
- Die Aufgaben sind für Sie lösbar.
  Denken Sie nie, dass Sie die Aufgabe nicht bearbeiten können. Alle Ihnen gestellten Aufgaben sind mit Ihren Mitteln auch lösbar.

1 Ein etwas anderer Weg

- Nützen Sie die vorgegebene Zeit.
  In der Zeit während einer Klausur oder einer Prüfung sollten Sie nicht abschweifen. Bleiben Sie konzentriert bei der Sache.

1.2 Die zugelassenen Hilfsmittel

Die Betrachtung der beiden Hilfsmittel ist einige Minuten wert: Ihnen ist doch klar, dass mit der Formelsammlung offiziell ein »Spickzettel« erlaubt wird, den Sie in dieser Vollkommenheit und Ausführlichkeit niemals selbst herstellen könnten.

Ferner dürfen Sie einen Taschenrechner benutzen, der Ihnen nicht nur bei der Aufstellung der Wertetabelle behilflich sein kann.

Nutzen Sie die erlaubten Hilfsmittel in Ihrem Interesse voll und gezielt aus. Dies ist nur mittels vorheriger (leider stupider) Übung möglich. Genau hier liegt einer der Schlüssel (ich denke sogar der größte aller Schlüssel) zum Erfolg. Nur wer etwas zu verschenken hat, setzt diese Hilfen halbherzig oder gar nicht ein.

Formelsammlung: Symbol √

In Prüfungen ist infolge der Stresssituation oftmals sogar das sonst selbstverständliche Grundwissen »einfach weg« und dann sind Sie froh, wenn Sie gelernt haben ohne nachzudenken stur, schnell und gezielt in der Formelsammlung nachzuschlagen!

Entscheiden Sie sich für eine Formelsammlung (am besten nach Rücksprache mit der Fachkraft) und benutzen Sie dann diese Formelsammlung immer. Im Unterricht, bei den Hausaufgaben, beim Üben; kurz bei allem, was auch nur im Entferntesten nach Mathematik aussieht. Der gezielt trainierte, richtige Einsatz der Formelsammlung muss und wird Sie auf eine mindestens ausreichende Leistung bringen.

Taschenrechner: Symbol ▦

Der Taschenrechner kann in der Regel ungleich mehr, als man von ihm verlangt. Zudem kann er bei wesentlich mehr Problemen als schlechthin angenommen wird, helfen. Freunden Sie sich mittels einiger Aufgaben mit Ihrem Taschenrechner an. Das fehlerhafte Rechnen mit dem Rechner oder gar der mangelnde Einsatz darf doch kein Hindernis für eine akzeptable Note sein!

1.3 Minimalprogramm

Nehmen Sie die nachfolgende Liste als grobes Raster und besprechen Sie mit Ihrer Fachkraft, was Sie streichen können und was Sie unbedingt ergänzen müssen.
Decken Sie alle örtlich gesetzten Schwerpunkte ab!
Die für Grundkursschüler und -schülerinnen nicht relevanten Themen sind eingeklammert.
Denken Sie auch an die örtlichen Verschiedenheiten. Fragen Sie die Fachkraft, vergleichen Sie mit dem Lehrbuch. Diese Aufstellung ist nicht komplett, sondern ein Minimalprogramm!

Analysis
- Notwendige Rechenfertigkeiten
  Einsetzen von Termen; Lösen von Gleichungen; Bestimmung Nullstellen; Polynomdivision; Berechnung Grenzwerte; Ableiten mit Regeln; Bestimmung Stammfunktion; (Integration durch Substitution); (Partielle Integration); (Iterationsverfahren)
- Verständnis und Bearbeitung der Begriffe
  Eigenschaften und Verständnis: Ganzrationale Funktion; Gebrochenrationale Funktion; Exponentialfunktion; (Logarithmusfunktion); Potenzfunktion; Trigonometrische Funktion; Wurzelfunktion; Betragsfunktion;
  Grenzwert (Stetigkeit); Differenzierbarkeit; Integral; Asymptoten; (uneigentliche Integrale); Umkehrfunktionen; Ableiten Umkehrfunktionen; Hauptsätze: Differenzialrechnung, Integralrechnung; Kurvenscharen
- Grundprobleme, Verfahren, Sachverhalte
  Funktionenuntersuchungen: Definitionsbereich, Monotonie, Symmetrie; Extrempunkte, Wendepunkte; Graph (Schaubild spezieller Funktionen); Bestimmungen von Funktionsgleichungen; Schnitt, Winkel, Steigung; Tangente, Normale; Flächenberechnung (uneigentliche); Volumenberechnung (Drehung um x- und y-Achse); Extremwertaufgaben; Ortslinien; geometrische Interpretationen

Lineare Algebra und analytische Geometrie

Alternative 1: Geometrie
- Notwendige Rechenfertigkeiten
  Lösen linearer Gleichungssysteme: LGS
  Längen und Winkel; Skalarprodukt

1 Ein etwas anderer Weg

- Verständnis und Bearbeitung der Begriffe
  Vektoren (Verknüpfungen, lineare Abhängigkeit, Länge, Lage) (Vektorraum, Unterraum, Basis, Dimension); Koordinatendarstellungen bzgl. einer Basis (Basiswechsel); Punktraum, affiner Raum; Punkte; Geraden; Ebenen; Scharen (Punkte, Geraden, Ebenen); Skalarprodukt; Geometrische Begriffe und Beziehungen der Mittelstufengeometrie
- Grundprobleme, Verfahren, Sachverhalte
  Lagebeziehungen; Schnittprobleme; Betrag, Winkel; (Normalenform); geometrische Anwendungen

Alternative 2: Strukturen

- Notwendige Rechenfertigkeiten
  Lösen linearer Gleichungssysteme: LGS
  Strukturen der LGS
- Verständnis und Bearbeitung der Begriffe
  Vektoren (Verknüpfungen, lineare Abhängigkeit, Länge, Lage) (Vektorraum, Unterraum, Basis, Dimension); Koordinatendarstellungen bzgl. einer Basis (Basiswechsel); homogen LGS; inhomogene LGS; Struktur Lösungsraum; Matrizen: Verknüpfungen, Einheitsmatrix, inverse Matrix, Matrizengleichungen
- Grundprobleme, Verfahren, Sachverhalte
  Lösungsstrukturen LGS; Verknüpfungen von Matrizen; Einheitsmatrix; inverse Matrix; Matrizengleichungen mit Anwendungen

Stochastik

- Notwendige Rechenfertigkeiten
  Lage- und Streuungsmaße: Mittelwert, Zentralwert, Varianz, Standardabweichung
  Kombinatorische Hilfsmittel: n^k, $n!$, $\binom{n}{k}$
  Berechnung von Wahrscheinlichkeiten: Bernoulli-Kette, Binomialverteilung, (Normalverteilung), Additionssatz, Multiplikationssatz
- Verständnis und Bearbeitung der Begriffe
  Ergebnisse, Ereignisse; Häufigkeiten (absolute und relative); Begriffe der Wahrscheinlichkeit; Lagemaße; Laplace; Bedingte Wahrscheinlichkeit; Unabhängigkeit; Erwartungswert, Varianz, Standardabweichung
- Grundprobleme, Verfahren, Sachverhalte
  (Gesetz der großen Zahlen); Probleme der beurteilenden Statistik; Aufstellen von Hypothesen; Einseitige und zweiseitige Tests; (Probleme mit Normalverteilung); Beurteilende Statistik

2 Wege durch den Band

2.1 Wegübersicht

Auf der rechten Seite sind die drei möglichen Wege durch das Buch in je zwei Varianten aufgelistet. Jeweils rechts steht die bei extremer Zeitnot eben noch akzeptable Alternative.
Bei Kapitel 4 (Geometrie) gibt es zwei Alternativen:
&boxed;Kap 4 Alt 1&boxed; heißt Geometrie Alternative 1 (die geometrischen Grundprobleme);
&boxed;Kap 4 Alt 2&boxed; Geometrie Alternative 2 (der algebraische und strukturelle Teil).
In der Regel wird nur eine Alternative im Unterricht behandelt. Aber Mischungen sind immer möglich und denkbar. Bitte informieren Sie sich. Bitte nehmen Sie auch im Grundkurs die Mathematik ernst. Die Punkte zählen genauso! Die für den Leistungskurs aufgestellten Wege gelten auch hier, da ein »Minimalprogramm LK« fast ein »Normalprogramm GK« ist. Aber nur fast. Sie dürfen etwas mehr überblättern. Bitte klären Sie dies im Detail mit Ihrer Fachkraft ab. Als grobe Richtlinie eine Auflistung der für den Grundkurs nicht oder kaum relevanten Kapitel:

Analysis
3.1.3/3.4.9/3.4.13/3.4.14/3.4.18/3.4.19/3.4.20
sowie die trigonometrischen Funktionen, uneigentlichen Flächen und Integrale

Lineare Algebra und Analytische Geometrie
4.4.4 und 4.4.5
und die strukturellen Betrachtungen mit Skalarproduktbestimmung und Dimension

Stochastik
5.3.2 bis 5.3.5 und 5.4.5 bis 5.4.9
Zur beurteilenden Statistik (→ 5.5, Seite 201 ff.) wird in der Regel nur sehr wenig (und dann örtlich sehr Verschiedenes) verlangt. Meist wird nur ein Testverfahren behandelt, also nicht zu tief einsteigen!
Lesen Sie sich in Ruhe die Beschreibungen der drei verschiedenen Wege durch diesen Band durch. Sie können sich natürlich auch außerhalb dieser Beschreibung einen individuellen Weg entsprechend Ihrem jetzigen Können (unter Berücksichtigung des nun folgenden Tests) und der Zeit, die Sie zu opfern bereit sind, suchen. Bei Zweifeln wählen Sie den ausführlicheren Weg. Keine Angst, es ist alles korrigierbar. Sie werden sehr bald merken, ob Sie den richtigen Weg gewählt haben. Wenn nicht, stellen Sie eben um.

2 Wege durch den Band

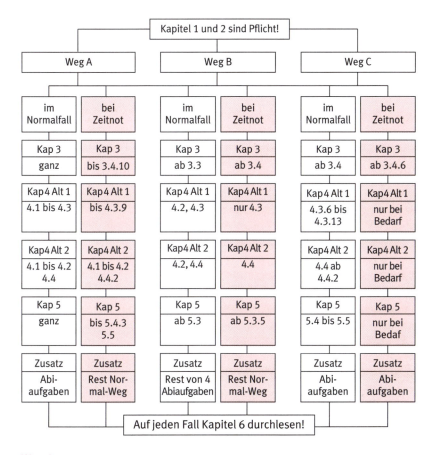

Weg A
Wenn Sie alles wiederholen müssen, sei es, dass Sie nicht durchblicken oder einfach bei Klassenarbeiten und Hausaufgaben noch zu viele Fehler machen, dann arbeiten Sie Seite für Seite dieses Bandes durch (natürlich nur, soweit es Ihrem Unterrichtsstoff entspricht). Weg A ist der normale Weg. Die notwendige Zeit für diesen Durchgang sollten Sie mitbringen.

Weg B
Wenn Sie keine Probleme mit den Grundlagen haben, das Oberstufenprogramm aber komplett wiederholen wollen (oder müssen!), bearbeiten Sie die Kapitel ohne Rechenfertigkeiten und Grundlagen.

Weg C
Wenn Sie die Grundaufgaben beherrschen und nur einen Überblick über die anstehenden Probleme wünschen, bearbeiten Sie nur die problemorientierten Teile der Kapitel und natürlich die Teile, bei denen Sie sich noch unsicher fühlen.

Wenn Sie nur hin und wieder Denkanstöße benötigen, legen Sie diesen Band zunächst beiseite und beginnen mit alten Abituraufgaben. (Aufgabensammlungen sind im Buchhandel erhältlich.) Treten Schwierigkeiten auf, benützen Sie diesen Band als Nachschlagewerk. Über das Inhaltsverzeichnis finden Sie das Problem, sofern es nicht zu ausgefallen ist.

Wenn Sie bei bestimmten Problemen oder Rechenfertigkeiten Schwierigkeiten haben, so ziehen Sie sich anhand des Inhaltsverzeichnisses die entsprechenden Punkte heraus und bearbeiten sie. Dabei dürfen Sie kreuz und quer durch diesen Band springen. Mein Vorschlag: Blättern Sie doch einmal in Ruhe Kapitel 6.1 durch.

Bedenken Sie immer, dass ein nicht fundiertes, nicht sorgfältig geübtes »Halb- oder Pseudowissen« die absolut schlechteste Voraussetzung für eine Prüfung ist. Viel zu oft will man zu viel und am Ende geht »gar nichts mehr«. Wenn Sie schon Zeit aufwenden (ob zähneknirschend oder nicht), dann lernen Sie besser weniges richtig!

Es ist nicht so einfach, sich selbst richtig einzuschätzen.
Als Entscheidungshilfe für den richtigen Weg durch diesen Band steht Ihnen auf der nächsten Seite ein Test zur Verfügung.
Um Zeit zu sparen, handelt es sich dabei um einen reinen »Entscheidungstest«, bei dem Sie nur eintragen müssen, ob die Aussagen wahr oder falsch sind (ein w bedeutet natürlich wahr, ein f steht für falsch). Die richtigen Antworten (ohne Erklärung, da wir mit der Arbeit erst nach dem Test beginnen wollen) stehen in der letzten Zeile.

Aber Vorsicht:
Bei Fragen, die nur zwei mögliche Antworten zulassen, ist die Wahrscheinlichkeit sehr groß, durch reines Raten die richtige Antwort zu finden.
Betrügen Sie sich nicht selbst. Es geht schließlich darum, den für Sie optimalen Weg durch diesen Band zu ermitteln. Nur so können Sie sich gezielt auf Ihre Abiturprüfung vorbereiten. Sie sollten deshalb jede Frage, bei der Sie das richtige Ergebnis lediglich erraten haben, als falsch werten.

Und nun zur Auswertung:
Bearbeiten Sie zuerst den Grundlagentest auf der folgenden Seite. Haben Sie hier von den 13 Fragen weniger als 9 richtig beantwortet, dann sollten Sie Weg A durch diesen

2 Wege durch den Band

Band wählen. Wurden von Ihnen 9 oder mehr als 9 Aufgaben richtig gelöst, können Sie mit dem zweiten Test fortfahren. Machen Sie bei diesem Test weniger als 4 Fehler, ist Weg C der richtige für Sie. Sind mehr als 4 Antworten nicht richtig beantwortet, schlage ich den Weg B vor.

Übrigens:
Länger als jeweils 7 Minuten dürfen Sie zur Beantwortung der Tests nicht benötigen. Ein Taschenrechner und eine Formelsammlung als Hilfe sind wie immer erlaubt.
Also, auf geht's!

2.2 Test

Test Grundlagen
Bitte die wahren Aussagen mit w, die falschen Aussagen mit f kennzeichnen.
1. ☐ Ein Vektor ist durch zwei Angaben (Länge und Richtung) eindeutig bestimmt.
2. ☐ Ist $P(x_p|y_p)$ ein Tiefpunkt des Graphen der Funktion $y = f(x)$, so gilt immer $f'(x_p) = 0$ und $f''(x) > 0$.
3. ☐ Man kann bei einem Kfz die vier Reifen auf 16 verschiedene Arten auf die vier Felgen montieren.
4. ☐ Der Graph einer ganzrationalen Funktion n-ten Grades hat höchstens n Nullstellen, höchstens $n - 1$ Extrempunkte und höchstens $n - 2$ Wendepunkte.
5. ☐ Zur Berechnung von Winkelweiten zwischen zwei Vektoren wird immer das Skalarprodukt und die Länge der Vektoren benötigt.
6. ☐ Der Grenzwert einer Summe ist gleich der Summe der Grenzwerte.
7. ☐ Wenn der Abstand der beiden Mittelpunkte zweier Kugeln kleiner als die Summe der beiden Radien ist, dann schneiden sich die Kugeln in einem Schnittkreis.
8. ☐ Bei einer binomialverteilten Zufallsgröße ist der Erwartungswert von der Zahl der Durchführungen unabhängig.
9. ☐ Durch die Angabe des Mittelpunktes und des Radius ist jeder Kreis im Raum eindeutig bestimmt.
10. ☐ Sind A und B zwei Ereignisse eines Zufalexperiments, dann gilt immer $P(A \cap B) = P(A) \cdot P(B)$.
11. ☐ Sind G und F jeweils Stammfunktionen von $y = f(x)$, dann gilt $(G - F) = 0$.
12. ☐ Die Gleichung $3x_1^2 - 3x_1 + 3x_2^2 + 5x_2 + 3x_3^2 - 3 = 0$ beschreibt eine Kugel.
13. ☐ Die Stammfunktion der Funktion $f(x) = xe^{2x+2}$ wird über die Produktintegration ermittelt.

Ergebnis: 1. w, 2. f, 3. f, 4. w, 5. w, 6. w, 7. f, 8. f, 9. f, 10. f, 11. w, 12. w, 13. w

Test Grundaufgaben

Bitte die wahren Aussagen mit w, die falschen Aussagen mit f kennzeichnen.

1. ☐ Das Schaubild der Funktion $y = f(x)$ ist zum Punkt $P(u|v)$ symmetrisch, wenn $f(x-u) = f(x+u)$ gilt für alle x.
2. ☐ Die Ableitungsfunktion von $f(x) = (3x^3 - 4)^5$ ist $f'(x) = 45x^2(3x^3 - 4)^4$.
3. ☐ Die Vektoren $\begin{pmatrix} 1 \\ -2 \\ 3 \end{pmatrix}$ und $\begin{pmatrix} -13 \\ -2 \\ 3 \end{pmatrix}$ sind orthogonal.
4. ☐ Wenn ein Fahrzeugtyp in vier verschiedenen Farben, mit drei verschiedenen Motoren und mit fünf verschiedenen Ausstattungen angeboten wird, so gibt es über 50 verschiedenartige Fahrzeuge des Typs.
5. ☐ Die Ableitung der Funktion $f(x) = \frac{3x^3 - \sqrt{3x}}{x}$ ist $f'(x) = 6x + \frac{\sqrt{0{,}75}}{\sqrt{x^3}}$
6. ☐ Die Gerade $g: x = \begin{pmatrix} 1 \\ 2 \\ 3 \end{pmatrix} + t \begin{pmatrix} 1 \\ 2 \\ 3 \end{pmatrix}$ ist parallel zur Ebene $E: x = \begin{pmatrix} 4 \\ 5 \\ 6 \end{pmatrix} + t \begin{pmatrix} 4 \\ 5 \\ 6 \end{pmatrix} + s \begin{pmatrix} 0 \\ 0 \\ 2 \end{pmatrix}$.
7. ☐ Der Punkt $P(1|2|3)$ liegt innerhalb der Kugel K mit Mittelpunkt $M(-1|0|1)$ und Radius $r = 3$.
8. ☐ Die Wahrscheinlichkeit mit zwei Würfeln gleiche Augenzahl zu erhalten, ist mindestens doppelt so groß, wie die Wahrscheinlichkeit, mit drei Würfeln drei gleiche Augenzahlen zu erhalten.
9. ☐ $F(x) = -12 e^{-\frac{1}{6}x^2} + e^2$ ist eine Stammfunktion von $f(x) = 4x e^{-\frac{1}{6}x^2}$.
10. ☐ Eine gebrochenrationale Funktion kann nicht gleichzeitig eine schiefe und eine waagerechte Asymptote haben.
11. ☐ $\begin{pmatrix} 0 \\ -1 \\ 0 \end{pmatrix}$ ist ein Normalenvektor der x_1-x_3-Ebene.
12. ☐ Zwei verschiedene Parabeln zweiten Grades haben höchstens zwei gemeinsame Punkte.

Ergebnis: 1. f, 2. w, 3. w, 4. w, 5. w, 6. f, 7. f, 8. w, 9. w, 10. w, 11. w, 12. w

3 Analysis

3.1 Grundwissen

Analysis ist ein griechisches Wort und bedeutet eigentlich »Lösung«. Früher verstanden die Mathematiker unter dem Begriff »Analysis« die gesamte Lehre von den veränderlichen Größen. Dabei wurde zwischen der niederen Analysis (auch algebraische Analysis) und der höheren Analysis (Analysis der unendlichen Größen) unterschieden. Ganz grob entspricht dies der Einteilung, die wir auch heute noch mit der Mittelstufenmathematik (Algebra) und der Oberstufenmathematik (Analysis) haben.

In einfachen Lexika steht unter dem Stichwort »Analysis« zum Beispiel: »Teil der Mathematik, in dem mit Grenzwerten gearbeitet wird (Differenzial- und Integralrechnung; Funktionentheorie)«.

Das Teilgebiet Analysis ist für jeden Leistungskursschüler- und jede Leistungskursschülerin und für jeden Grundkursschüler und jede Grundkursschülerin zwingend. In praktisch allen Bundesländern wird die Analysis gleichstark gewichtet und gelehrt: Die Hälfte der Abituraufgaben (und damit auch die Hälfte der Unterrichtszeit) im Fach Mathematik gehört der Analysis.

In der Schulmathematik beschäftigen uns in dem Teilgebiet, das wir mit Analysis bezeichnen, in erster Linie die Diskussionen von Funktionen (Untersuchungen von Funktionen und ihren Graphen) und der damit zusammenhängende Fragenkomplex. Dabei spielt der Grenzwertbegriff oftmals eine entscheidende Rolle. Leider werden im Teilgebiet Analysis (im Gegensatz zu den beiden anderen Gebieten der Mathematik) die Kenntnisse der Mittelstufenmathematik (also der Algebra) vorausgesetzt.

Der Analysis selbst kommt man eigentlich leicht bei. Obwohl mit der Grenzwertbildung, die bewusst oder unbewusst (glücklicherweise meist unbewusst) die »Schulanalysis« weitgehend beherrscht, eine ganz neue Denkweise kennen gelernt wird.

Dank geeigneter, stur anwendbarer Algorithmen und Regeln lässt sich eine Vielzahl der mathematischen Fragen auch ohne großes Verständnis und fast ohne mathematischen Überblick bearbeiten und lösen.

Probleme im Bereich der Analysis bringen meist die reinen Rechenfertigkeiten, ohne die eine vernünftige Bearbeitung der Aufgaben schlichtweg unmöglich ist. Und viel zu oft sind diese Probleme Versäumnisse der Mittelstufe, die Sie jetzt notwendigerweise ausbügeln müssen.

Deshalb werde ich, wenn immer möglich, die algebraischen Fertigkeiten mit in die folgenden Kapitel einbauen. Ein sture Trennung scheint mir echte Nachteile zu bringen. Denn eines lässt sich nicht wegdiskutieren: Die Mittelstufenalgebra ist überall!

Die unbedingt notwendigen Rechenfertigkeiten sind auf den nächsten Seiten grob zusammengefasst. Ein Lösungsschema soll Ihnen dabei zur Übersicht dienen. Denken Sie daran, dass das sture Einsetzen und die Bestimmung von Nullstellen die am häufigsten gebrauchten Fertigkeiten sind. Erst weit danach kommt das Ableiten und viel, viel seltener noch die Integration und die Grenzwertbildung.

3.1.1 Notwendige Rechenfertigkeiten

Einsetzen

ist das Ersetzen (Austauschen) einer Variablen durch eine Zahl oder einen mathematischen Term.
Das Einsetzen ist mit keiner Denkarbeit verbunden.

Lösungsmöglichkeit: Der 1. Schritt ist immer nur das Ersetzen. Anstelle der Variablen wird ganz stur eine Zahl oder ein Term gesetzt.
Erst beim 2. Schritt wird vereinfacht, zusammengefasst und berechnet.
Tipps und Hilfen: Je sturer Sie vorgehen, desto weniger Fehler werden Sie machen. Wenn Sie Zahlen einsetzen müssen, nehmen Sie die Zahl sofort in den Speicher des Rechners.
Wichtige Vorkommen: Eingesetzt wird eigentlich bei jedem Problem, insbesondere bei der Berechnung der Funktionswerte (Wertetabelle).
Beispiele: Gegeben sei die Funktionsgleichung $f_t(x) = tx\,e^{2t-3x}$
Berechnen Sie: $f_2(-3)$; $f_{2-s}(s+1)$; $f'_{-1}(2)$; $f_t(-x)$
Lösungsmöglichkeiten
e: [1][INV][ln] 🔲
$f'_t(x) = e^{2t-3x} \cdot (t - 3tx)$
$f_2(-3) = -6\,e^{4+9} \approx -2{,}6 \cdot 10^6$
$f_{2-s}(s+1) = (2-s)(s+1) \cdot e^{(4-2s)-(3s+3)}$
$f'_{-1}(2) = e^{-8} \cdot 5 \approx 0{,}0017$
$f_t(-x) = t(-x) \cdot e^{2t+3x}$

3 Analysis

Lösen von Gleichungen
oder Bestimmen der Lösungsmenge ist ein Problem der Mittelstufenmathematik. Bei Schwierigkeiten müssen Sie unbedingt sofort alle Lücken schließen!
Lösungsmöglichkeit: Die notwendigen Methoden zur Lösung stehen komplett in Ihrer √. Entscheidend ist, wo die zu berechnende Variable »steht« (z. B. im Exponent, im Argument einer trigonometrischen Funktion, in der Basis, …).
Tipps und Hilfen: Bei Problemen bringen Sie alle Summanden auf eine Seite. Versuchen Sie dann gemeinsame Faktoren auszuklammern und setzen Sie die einzelnen Faktoren gleich null. Die Lösungen dieser Teilgleichungen sind die Lösungen der Gleichung.
Wichtige Vorkommen: Bei jedem Problem! Insbesondere müssen Sie quadratische Gleichungen über die Formel lösen können, bei den e- und ln-Funktionen die Logarithmen- und Potenzsätze (nachschlagen) können und über die trigonometrischen Funktionen Bescheid wissen (alles √)!

Beispiele

$\frac{1}{8}x^4 - \frac{3}{2}tx^2 + \frac{5}{2}t^2 = 0$

$3e^{2x-t} = 4$

$\sin(3tx - 5) = \frac{\pi}{3}$

Es gibt infolge der Perioden ∞ viele Lösungen!

Lösungsmöglichkeiten

Substitution $u = x^2$
⇒ quadratische Gleichung mit Formel ⇒ $\begin{cases} u_1 = 10t \Rightarrow x_{1,2} = \pm\sqrt{10t} \\ u_2 = 2t \Rightarrow x_{3,4} = \pm\sqrt{2t} \end{cases}$

Logarithmus (Definition + und Gesetze) $x = \frac{1}{2}\left(\ln\frac{3}{4} + t\right)$

Argument muss $\frac{1}{2}\sqrt{3}$ sein, also $x = \frac{1}{3t}\left(\frac{1}{2}\sqrt{3} + 5\right) = \frac{1{,}96}{t}$.

Ableiten
müssen Sie bei jeder Aufgabe. Es lohnt sich, hier zu trainieren, aber Ableiten ist leicht: Ca. 10 Regeln (alle in der √) reichen voll aus (→ Seite 36 f.).

Lösungsmöglichkeit: Schauen Sie sich zunächst an, um was für eine Verknüpfung $(+, -, \cdot, :)$ es sich handelt und ob eine Verkettung (→ Seite 28 f.) vorliegt. Dann mit den zugehörigen Regeln arbeiten (wie immer: √).

Tipps und Hilfen: Quotientenregel immer anwenden, niemals auf Produktregel ausweichen.

Nicht $f(x) \cdot (g(x))^{-1}$ anstatt $\frac{f(x)}{g(x)}$!

Term erst vereinfachen. Dann nur ableiten, nicht gleich zusammenfassen!

Wichtige Vorkommen: Insbesondere bei der Kurvendiskussion zur Bestimmung der Extrem- und Wendepunkte. Bei Steigungen jeder Art (Tangenten und Normale). Bei Differenzialgleichungen.

Beispiele
Eine Aufgabe mit Quotienten-, Produkt- und Kettenregel: $f_t(x) = \dfrac{\sin(\pi x) \cdot \sqrt{x^3}}{tx - 1}$
Bitte Regeln in der √ nachschlagen!

Lösungsmöglichkeiten

$$\dfrac{\cos(\pi x) \cdot \pi \cdot x^{1,5} + \sin(\pi x) \cdot 1{,}5 x^{0,5} \, (tx-1) - \sin(\pi x) \cdot \sqrt{x^3} \cdot t}{(tx-1)^2}$$

Stammfunktionen

sind Funktionen, deren Ableitungsfunktion die gegebene Funktion ergibt.

Lösungsmöglichkeit: Entscheidend ist die Art der Funktion.
Als Hilfsmittel haben Sie das algebraische Umstellen, die Substitution und die Produktintegration.

Tipps und Hilfen: Die Vorbereitung ist mit Abstand das Wichtigste! Schreiben Sie bei Summanden x mit gebrochenrationalem Vorzeichen.

$\sqrt{3x} = \sqrt{3}\, x^{0,5}; \; \dfrac{2}{x} = 2x^{-1}$

Wichtige Vorkommen: Bei Flächen- und Volumenberechnungen. In den meisten Formelsammlungen sind sehr viele Stammfunktionen aufgelistet. Bitte in Ruhe durchschauen.

Beispiele

$f_t(x) = \dfrac{x^2 - t}{3x^3}$

$f(x) = \dfrac{4x^2 + 2x + 1}{2x - 1}$

(Polynomdivision → Seite 21 f.)

Lösungsmöglichkeiten

Über $f_t(x) = \dfrac{1}{3}x^{-1} - \dfrac{t}{3}x^{-3}$

$\Rightarrow F_t(x) = \dfrac{1}{3}\ln|x| + \dfrac{t}{6}x^{-2}$

$f(x) = 2x^2 + 2 + 3(2x-1)^{-1}$

$F(x) = \dfrac{2}{3}x^3 + 2x + 3\ln|2x-1| \cdot \dfrac{1}{2}$

3 Analysis

Grenzwertbildung
ist eigentlich das zentrale Problem der Oberstufenmathematik.
Behalten Sie den Überblick, notfalls berechnen Sie einfach einige Werte mit dem Rechner. Mehr in 3.1.4 (→ Seite 25).

Lösungsmöglichkeit: Am besten lernen Sie einige wenige Grenzwerte auswendig; und zusammen mit dem unmathematischen Satz: »x im Exponent läuft schneller als jede Potenz von x und der ln läuft langsamer als jede Potenz« klappt es (→ Seite 26).

Tipps und Hilfen: Bei der Grenzwertbildung nicht zu tief einsteigen!
Der Taschenrechner, »unmathematische« Sätze und natürlich der Satz von L'Hospital (→ Seite 26) und die $\sqrt{}$ reichen Ihnen.

Wichtige Vorkommen: Bei der Bestimmung der Asymptoten (→ Seite 52 ff.). (Grenzwertsätze stehen in der $\sqrt{}$.)
Bei der Berechnung uneigentlicher Flächen.

Beispiele

$$\lim_{x \to \infty} = \frac{2x^3 - 5x}{x^4 - 2x}$$

Berechnen Sie den Inhalt der Fläche zwischen der x-Achse, der Geraden $x = 1$ und dem Graphen der Funktion $f(x) = \frac{1}{3x^3}$

Lösungsmöglichkeiten

$$\frac{\frac{2x^3}{x^4} - \frac{5x}{x^4}}{\frac{x^4}{x^4} - \frac{2x}{x^4}} \Rightarrow \lim_{x \to \infty} = 0$$

Ansatz: $A(z) = \int_1^z \frac{1}{3} x^{-3} \, dx$

$A(z) = \left[-\frac{1}{6} x^{-2} \right]_1^z = -\frac{1}{6z^2} + \frac{1}{6}$

$\lim_{z \to \infty} A(z) = \frac{1}{6}$

3.1.2 Polynomdivision
Wird ein Polynom (hier kurz ZP für Zählerpolynom) durch ein Polynom (hier kurz NP für Nennerpolynom) dividiert, so heißt diese Division Polynomdivision. Sinnvoll ist diese Division nur, wenn der Grad von ZP ≥ Grad von NP ist. Im Leistungskurs »Analysis« gibt es drei wichtige Polynomdivisionen:

1. **Bestimmung der Nullstellen ganzrationaler Funktionen, deren Grad größer als zwei ist:** Wenn Sie eine Nullstelle x_0 der Funktion $f(x)$ kennen (ganz gleich woher), dividieren Sie $f(x)$ durch den Term $(x - x_0)$. Die Division »geht auf«, es bleibt kein Rest. Mathematisch zerlegen Sie $f(x)$ durch $f(x) = (x - x_0) \cdot g(x)$ und bestim-

men dann die Nullstelle von $g(x)$, die natürlich auch Nullstelle von $f(x)$ sein muss. Der Grad von $g(x)$ ist um 1 kleiner als der Grad von $f(x)$!

2. **Bestimmung einer schiefen Asymptote der gebrochenrationalen Funktionen:** Eine schiefe Asymptote existiert nur, wenn der Zählergrad um 1 höher als der Nennergrad ist. Zur Bestimmung der schiefen Asymptote sind zwei »Divisionsschritte« notwendig. Es bleibt in der Regel ein Rest.

3. **Vor der Bestimmung der Stammfunktion einiger gebrochenrationaler Funktionen:** Immer dann, wenn der Zählergrad größer oder gleich dem Nennergrad ist und kein anderes Verfahren zur Stammfunktion führt, sollten Sie eine Polynomdivision versuchen und den entstehenden Term (geht in der Regel nicht auf) zu integrieren versuchen. Das praktische Verfahren (Ein »Kochrezept«, mit dem Sie fast ohne Denkarbeit ganz stur auf das Ergebnis der Division kommen) gilt natürlich für alle drei oben beschriebenen Fälle.

Nachfolgend folgt den theoretischen Schritten jeweils das Rechenbeispiel für:
$(3x^4 + 2x^3 - x^2 + 5) : (2x^2 - x + 1) = ?$

1. Betrachten Sie nur die Summanden des Zählerpolynoms und des Nennerpolynoms mit den jeweils höchsten Exponenten. Die Division dieser beiden Summanden ergibt dann den 1. Summanden des Ergebnisses. Nur $3x^4$ (vom Zählerpolynom) und $2x^2$ (vom Nennerpolynom) werden dividiert und Sie erhalten als 1. Summanden: $\frac{3x^4}{2x^2} = \frac{3}{2}x^{4-2} = \frac{3}{2}x^2$.

2. Das Nennerpolynom wird mit diesem berechneten Summanden multipliziert und unter das Zählerpolynom geschrieben. Summanden mit derselben Hochzahl bei der Variablen stehen immer untereinander!
$(3x^4 + 2x^3 - x^2 + 5) : (2x^2 - x + 1) = \frac{3}{2}x^2 + ...$
$3x^4 - \frac{3}{2}x^3 + \frac{3}{2}x^2 \leftarrow \left[\text{aus } \frac{3}{2}x^2 \cdot (2x^2 - x + 1)\right]$

3. Dieser berechnete Term wir vom Zählerpolynom abgezogen. Es entsteht das »neue« Zählerpolynom, das wir hier kurz NZP nennen.
NPZ: $3x^4 - 3x^4 + 2x^3 - \left(-\frac{3}{2}x^3\right) - x^2 - \frac{3}{2}x^2 + 5 = \frac{7}{2}x^3 - \frac{5}{2}x^2 + 5$

4. Mit NZP (anstatt dem alten Zählerpolynom) werden die Schritte 1 bis 3 wiederholt. So lange, bis der Grad des NZP kleiner als der Grad des Nennerpolynoms ist. Der Rest wird als Bruch zum Ergebnis addiert.

3 Analysis

$$(3x^4 + 2x^3 - x^2 + 5) : (2x^2 - x + 1) = \frac{3}{2}x^2 + \frac{7}{4}x - \frac{3}{8} + \frac{-\frac{17}{8}x + \frac{43}{8}}{2x^2 - x + 1}$$

$$\underline{3x^4 - \frac{3}{2}x^3 + \frac{3}{2}x^2} \qquad \text{[Rest]}$$

$$\underline{\frac{7}{2}x^3 - \frac{5}{2}x^2 \quad + 5}$$

$$\underline{\frac{7}{2}x^3 - \frac{7}{4}x^2 + \frac{7}{4}x}$$

$$\underline{-\frac{3}{4}x^2 - \frac{7}{4}x + 5}$$

$$\underline{-\frac{3}{4}x^2 + \frac{3}{8}x - \frac{3}{8}}$$

$$-\frac{17}{8}x + \frac{43}{8}$$

Grad ist kleiner als der Nennergrad
$\Rightarrow$ Division wird beendet und Rest gebildet.

3.1.3 Iterationsverfahren – Näherungsverfahren

Das Bestimmen der Nullstellen ist das zentrale algebraische Problem der Schulmathematik. So bestimmen Sie die Lösungen der Gleichung $x^2 + 2 = 3x$ durch Umstellen in $x^2 - 3x + 2 = 0$ und lösen das Problem über die Bestimmung der Nullstelle des Terms $x^2 - 3x + 2$. Selbst das Bestimmen der Extrem- und Wendestellen ist eine »Nullstellenbestimmung«. (Die notwendigen Bedingungen sind $f' = 0$ bzw. $f'' = 0$.)

Auch Schnittprobleme sind »Nullstellenbestimmungen«:
Der Schnitt von $f(x)$ mit $g(x)$ führt über $f(x) = g(x)$ zu $f(x) - g(x) = 0$ und damit zur Bestimmung der Nullstelle der Hilfsfunktion $h(x) = f(x) - g(x)$. Leider ist es gar nicht so einfach, die Nullstellen (geometrisch: die gemeinsamen Punkte des Graphen mit der x-Achse) zu bestimmen. Es gibt viele Funktionsgleichungen in der Schulmathematik, deren Nullstellen nicht mit den zur Verfügung stehenden Mitteln berechnet werden können. Deshalb werden Näherungsverfahren oder Iterationsverfahren gelehrt.

Dieser Band stellt Ihnen zwei Verfahren vor:
Das **Intervall-Halbierungsverfahren**, das mathematisch und rechentechnisch wohl das mit Abstand Einfachste sein dürfte. Es hat allerdings den Nachteil, dass es sehr langsam ist. Das heißt, um eine ordentliche Genauigkeit zu erhalten, müssen relativ viele (allerdings immer gleiche) Schritte gemacht werden.
Als Zweites das **Newton-Verfahren**, das Sie in jeder Formelsammlung finden und das sehr schnell ist. Spätestens nach 4 Schritten haben Sie eine ausreichende Genauigkeit. Der Nachteil: Bei einem ungeschickt gewählten Anfangswert muss man notfalls mit einem anderen Wert neu starten.

Das Intervall-Halbierungsverfahren

> Ein Intervall ist eine Teilmenge der reellen Zahlen:
> $[a; b] = \{x \in \mathbb{R} \text{ mit } a \leq x \leq b\}$ heißt ein abgeschlossenes Intervall.
> $[a; b] = \{x \in \mathbb{R} \text{ mit } a < x < b\}$ heißt ein offenes Intervall.
> $[a; b] = \{x \in \mathbb{R} \text{ mit } a < x \leq b\}$ und
> $[a; b] = \{x \in \mathbb{R} \text{ mit } a \leq x < b\}$ sind halboffene Intervalle.

Wenn bei einer stetigen Funktion $y = f(x)$ die Funktionswerte an den Stellen a und b (also $f(a)$ und $f(b)$) verschiedene Vorzeichen haben, muss dazwischen der Graph die x-Achse schneiden und damit die Funktion eine Nullstelle haben.
Bestimmt man in der Mitte des Intervalls $[a; b]$ den Funktionswert $f\left(\frac{a+b}{2}\right)$, so erhält man eine Nullstelle oder einen Wert, der ein entweder von $f(a)$ oder von $f(b)$ verschiedenes Vorzeichen hat.
In dem halbierten Intervall, das an den Rändern verschiedene Vorzeichen hat, muss die Nullstelle liegen.
Weitere Halbierungen (immer Mitte und Randwert mit entgegengesetztem Vorzeichen wählen) verkleinern das für die Nullstelle zuständige Intervall jeweils auf die Hälfte der ursprünglichen Länge. Damit kann die gesuchte Nullstelle immer genauer beschrieben werden.
Will man die Nullstelle relativ genau bestimmen (auf zwei, drei Dezimalen zum Beispiel), sind leider sehr viele Halbierungsschritte notwendig. Obwohl Ihnen ein Rechner zur Verfügung steht, ist der Zeitaufwand nicht unerheblich.

Das Newton–Verfahren

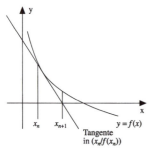

Das Newton-Verfahren nützt nicht nur den Wert der Funktion, sondern auch ihre Steigung aus. Man bestimmt vom Anfangswert x_0 die Tangente und nimmt als nächsten Wert den Schnittpunkt dieser Tangente mit der x-Achse, der ja nahe bei der gesuchten Nullstelle sein muss.
Von diesem Wert wird wieder der Funktionswert, die Tangente in diesem Punkt und der Schnittpunkt der Tangente berechnet und zur nächsten Näherung verwendet.
Für Sie ist es nur eine »Einsetzübung«, die problemlos mit dem 🖩 bewältigt werden kann. Ist x_n der gerade aktuelle Wert, so ist der nächstgenauere Wert
$$x_{n+1} = x_n - \frac{f(x_n)}{f'(x_n)}.$$

3 Analysis

3.1.4 Grenzwert

Wenn Sie unendlich oft zu einer positiven Zahl eine positive Zahl addieren, scheint die Summe dieser unendlich vielen positiven Zahlen unendlich groß zu werden.

Dieser Schluss ist nicht immer richtig:
Nehmen Sie die Zahl 1 und addieren 0,1 dann 0,01; dann 0,001; 0,0001; … Sie erhalten (auch bei ∞ vielen Summanden) eine Summe, die kleiner sein wird als $1{,}11111\ldots = 10:9$.
Wir nennen die Zahl $10:9$, der Sie immer näher kommen, je mehr Summanden Sie addieren, Grenzwert der Summe der obigen Zahlen.

Der Grenzwert bleibt eine nur theoretisch erreichbare Zahl. Grenzwerte werden in der Regel nur für $x \to \pm\infty$; für $x \to$ Definitionslücke und für $x \to$ Rand eines nicht definierten Intervalls bestimmt.
Typische Problemstellungen sind die Asymptoten ($\to$ Seite 52 ff.) und die uneigentlichen Flächeninhalte ($\to$ Seite 84).

> Eine Zahl g heißt Grenzwert der Funktion $f(x)$ für x gegen a ($x \to a$) bzw. x gegen plus oder minus unendlich ($x \to \pm\infty$), wenn sich beim Annähern von x an a ($x \to a$) oder $x \to \pm\infty$ auch die Funktionswerte $f(x)$ immer mehr der Zahl g nähern.
> Oder: Berechnen wir für immer näher an a liegende Werte (bzw. Werte $\to \pm\infty$) die Funktionswerte und nähern sich dann diese Funktionswerte immer mehr einer Zahl g, so sagen wir zu dieser Zahl g Grenzwert der Funktion für $x \to a$ (bzw. $x \to \pm\infty$).

Wir unterscheiden zwischen verschiedenen Grenzwertarten. Hier eine stark vereinfachte Übersicht.

Bezeichnung	Schreibweise	Beschreibung
linksseitiger Grenzwert	$\lim\limits_{x \to a^-} f(x)$	Wenn man sich der Zahl a nur von links nähert. Man kommt von kleineren Zahlen, deshalb das »–« Zeichen.
rechtsseitiger Grenzwert	$\lim\limits_{x \to a^+} f(x)$	Entsprechend bei Annäherung nur von rechts (»+« Zeichen) $\lim \sqrt{x}$ für $x \to 0$ ist zum Beispiel nur von rechts möglich.
einseitiger Grenzwert	$\lim\limits_{x \to a} f(x)$	Oberbegriff für links- oder rechtsseitigen Grenzwert. Anwendung insbesondere an Definitions-Rändern.
uneigentlicher Grenzwert	$\lim\limits_{x \to a} f(x) \to \pm\infty$	Wenn bei der Annäherung die Funktions-Werte betragsmäßig unendlich groß werden, sich keiner Zahl annähern.
eigentlicher Grenzwert	$\lim\limits_{x \to a} f(x) = g$	Wenn ein Grenzwert g existiert. Dabei muss der linksseitige gleich dem rechtsseitigen Grenzwert sein.
Grenzwert	$\lim\limits_{x \to a} f(x) = g$	Kurz für eigentlicher Grenzwert. Obwohl g nie ganz erreicht wird, rechnet man mit g weiter!

3.1.5 Bestimmung des Grenzwertes

Die Grenzwertbildung ist eine der problematischsten Rechenfertigkeiten der Schulmathematik überhaupt. Allein die Theorie dieser Problematik wäre einige Seiten wert. Da ich davon ausgehe, dass Sie weder Lust noch Zeit dafür haben, biete ich Ihnen drei »Kochrezepte« an, mit denen es sich (gerade noch) leben lässt.

Leider haben die »Rezepte« gewaltige Mängel: Es fehlt die mathematische Korrektheit und Schärfe. Für Übungszwecke sind sie aber in den allermeisten Fällen brauchbar und geben Ihnen die notwendige Sicherheit.

Methode 1: Grenzwertbestimmung mit dem 🖩

Für die Probleme der Schulmathematik ist der Grenzwert sehr häufig am einfachsten und am fehlerfreisten mit dem 🖩 zu bestimmen.

»Tasten« Sie sich von beiden Seiten an die Stelle a heran:

Für $x \to 2$ ist mit der Berechnung $f(1,9)$; $f(1,999)$; $f(1,999999)$ und $f(2,1)$; $f(2,001)$; $f(2,000001)$ in weniger als zwei Minuten der Grenzwert für $x \to 2$ klar. Für $x \to \pm\infty$ bestimmen Sie $f(\pm 10)$; $f(\pm 100)$; $f(\pm 1000)$, notfalls noch $f(\pm 10\,000)$ und $f(\pm 100\,000)$ und sind in knapp einer Minute fertig.

Methode 2: Regel von De L'Hospital

Bei einem Quotienten kann die Regel (oder der Satz) von De L'Hospital (auch Bernoulli-L'Hospitalsche Regel), die in jeder √ steht, Hilfe bringen. Sie nützt die Ableitungen des Zählers und des Nenners (nicht der Funktion!) und deren Grenzwerte aus.

! L'Hospital: $\lim\limits_{x \to a} \dfrac{f(x)}{g(x)} = \lim\limits_{x \to a} \dfrac{f'(x)}{g'(x)}$

Leiten Sie den Zähler und den Nenner getrennt ab und bilden Sie von beiden Ableitungen die Grenzwerte.

In der √ nachschlagen, unter welchen Bedingungen die Regel einsetzbar ist!

Methode 3: »Unmathematischer Satz«

Die Grenzwerte eines einfachen Terms mit nur einmal vorkommender Variablen sind einsichtig und lassen sich leicht merken.

Merkt man sich diese wenigen wichtigen Grenzwerte, so kann man mittels der Grenzwertsätze der √ und eines total unmathematischen Satzes die Grenzwerte einigermaßen schnell und sicher bestimmen:

3 Analysis

e^x läuft schneller als jede Potenz von x und jede Potenz von x läuft schneller als der $\ln x$.

Oder: Das Grenzwertverhalten wird in erster Linie von e^x, dann von den Potenzen von x und danach vom $\ln x$ bestimmt.

Lernen Sie dazu folgende Grenzwerte auswendig (Manche √ bringen sehr gute Auswahlen wichtiger Grenzwerte; dann bitte nachschlagen!):

$$\lim_{x \to \pm\infty} \frac{a_1 x^n + a_2 x^{n-1} + \ldots}{b_1 x^m + b_2 x^{m-1} + \ldots} \begin{cases} \to \pm\infty & \text{für } n > m \\ = \frac{a_1}{b_1} & \text{für } n = m \\ = 0 & \text{für } n < m \end{cases} \qquad n \in \mathbb{N}: \lim_{x \to \infty} \frac{x^n}{e^x} = 0 \text{ und } \lim_{x \to -\infty} \frac{x^n}{e^x} \to \infty$$

$$\lim_{x \to \infty} e^x \to \infty \qquad \lim_{x \to -\infty} e^x \to 0 \qquad n \in \mathbb{N}: \lim_{x \to \infty} \frac{e^x}{x^n} \to \infty \text{ und } \lim_{x \to -\infty} \frac{e^x}{x^n} x = 0$$

$$\lim_{x \to \infty} e^{-x} = \lim_{x \to \infty} \frac{1}{e^x} = 0 \qquad \lim_{x \to -\infty} e^{-x} = \lim_{x \to -\infty} \frac{1}{e^x} \to \infty \qquad n \in \mathbb{N}: \lim_{x \to \infty} \frac{x^n}{\ln x} \to \infty \text{ und } \lim_{x \to 0} \frac{x^n}{\ln x} = 0$$

$$\lim_{g(x) \to 0} (\ln g(x)) \to -\infty \qquad \lim_{g(x) \to 0} \sqrt{g(x)} = 0 \qquad n \in \mathbb{N}: \lim_{x \to \infty} \frac{\ln x}{x^n} = 0 \text{ und } \lim_{x \to 0} \frac{\ln x}{x^n} \to -\infty$$

Bitte beachten Sie die folgenden Aufgaben. Sie sind nicht nur als Übungen, sondern auch als Beispiele verwendbar.

3.1.6 Übungsaufgaben zum Grenzwert

Funktionsgleichung $f(x)$	$\lim\limits_{x \to \infty} f(x)$	$\lim\limits_{x \to -\infty} f(x)$	a	$\lim\limits_{x \to a} f(x)$	b	$\lim\limits_{x \to b} f(x)$	Bemerkungen
$\frac{\sin(nx)}{mx}$	0	0	0	$\frac{n}{m}$	2	$\frac{\sin(2n)}{2m}$	$\lim\limits_{x \to 0} \frac{\sin x}{x} = 1$
$\frac{e^x - 1}{2x}$	$\to \infty$	0	0	$\frac{1}{2}$	-3	$\frac{e^{-3}-1}{-6}$	typisches Beispiel für die Regel von De L'Hospital
$\frac{\ln(1+x)}{x}$	0	nicht definiert	0	1	-1	$\to \infty$	bei $x \to -1$ rechtsseitiger Grenzwert
$\frac{4(2-x)}{(x-1)^3}$	0	0	1	$\to \pm\infty$	2	0	Pol bei $x = 1$ mit Zeichenwechsel
$1 - \frac{2e^x}{e^x + t}$	-1	1	0	$1 - \frac{2}{1+t}$	1	$1 - \frac{2e}{e+t}$	Pol bei $x = 1$ Links- und rechtsseitiger Grenzwert verschieden
$3x(1 - t\sqrt{x})$	$\to \infty$	nicht definiert	0	0	1	$3 - 3t$	$x \to 0$; nur rechtsseitiger Grenzwert
$(x^2 - 4) e^{-x^2}$	0	0	0	-4	-1	$\frac{-3}{e}$	Graph ist symmetrisch
$\ln\left(\frac{1+x}{1-x}\right)$	nicht definiert	nicht definiert	-1	$\to -\infty$	1	$\to \infty$	$= \ln(1+x) - \ln(1-x)!$

Funktions-gleichung $f(x)$	$\lim_{x \to \infty} f(x)$	$\lim_{x \to -\infty} f(x)$	a	$\lim_{x \to a} f(x)$	b	$\lim_{x \to b} f(x)$	Bemerkungen
$\frac{x^2-4}{x+3}$	$\to \infty$	$\to -\infty$	-3	$\to \pm\infty$	± 2	0	bei $x = 3$ Pol mit Zeichenwechsel
$\frac{3x^2-4}{(2x-1)^2}$	$\frac{3}{4}$	$\frac{3}{4}$	$\frac{1}{2}$	$\to -\infty$	0	-4	bei $x = \frac{1}{2}$ Pol ohne Zeichenwechsel
$\frac{\sqrt{x+1}-1}{2x}$	0	nicht definiert	0	$\frac{1}{4}$	-1	$\frac{1}{2}$	Regel von De L'Hospital $x \to -1$ rechtsseitiger Grenzwert
$\frac{\sqrt{2-x}}{2\ln x}$	nicht definiert	nicht definiert	0	0	2	0	zwei einseitige Grenzwerte!

Wenn Sie diese Seite ohne Schwierigkeiten gemeistert haben, kann Ihnen nicht mehr allzu viel bei der »Grenzwertbildung« passieren. Bei Problemen sollten Sie wenigstens versuchen sich so gut wie möglich so viel wie möglich zu merken.

3.2 Funktionen

Wird jeder Zahl x einer Teilmenge $\mathbb{D}$ der reellen Zahlen eindeutig eine reelle Zahl y durch eine gegebene Vorschrift zugeordnet, so nennen wir diese Zuordnung Funktion.
$\mathbb{D}$ heißt Definitionsmenge der Funktion. Die Menge der y-Werte heißt Wertemenge $\mathbb{W}$.

Die Vorschriften werden üblicherweise durch eine Gleichung vorgegeben.

Schreibweisen:

$y = f(x)$ $(y = -3x^2 + 0,5x - 17)$ oder $f: x \to f(x)$ $(f: x \to -3x^2 + 0,5x - 17)$

Die Schaubilder (Graphen) der Funktion haben häufig andere Namen als die Funktionen selber. So kann beispielsweise das Schaubild der Funktion $y = f(x)$ K heißen.

Enthält die Funktionsgleichung einen Parameter (meist t), so beschreibt die Gleichung für jeden zugelassenen Wert des Parameters genau eine Funktion. Mit $f_t(x)$ werden dann unendlich viele Funktionen beschrieben, wir nennen das **Funktionenschar**.

Die für t zugelassenen Werte sind in der Regel reelle Zahlenintervalle. $f_t(x) = t - e^{tx}$ ($t \in \mathbb{R}^+$) ist eine Funktionenschar, deren Schaubilder C_t heißen sollen.

3 Analysis

Die einzelnen Funktionen der Schar (und damit auch ihre Schaubilder) haben einiges gemeinsam, sind aber untereinander verschieden.

Für $t = 1$ gilt: $f_1(x) = 1 - e^x$ mit dem Schaubild C_1.
Für $t = 501$ gilt: $f_{501}(x) = 501 - e^{501x}$ mit dem Schaubild C_{501}.
Fü $t = \sqrt{7}$ gilt: $f_{\sqrt{7}}(x) = \sqrt{7} - e^{\sqrt{7} \cdot x}$ mit dem Schaubild $C_{\sqrt{7}}$.

Funktionen können verknüpft, zuammengesetzt oder verkettet sein.
Verknüpfte Funktionen sind durch die üblichen Verknüpfungen (+, −, ·, :, hoch, ...) aus Grundfunktionen gebildete Funktionen.

$f_t(x) = tx^5 - 2x \ln x$; $f(x) = \frac{3x^7 - 4x^3}{\sin x - e^x}$; $f_t(x) = tx^4 - (3-t)x^3 + 2x$

Zusammengesetzte Funktionen sind abschnittsweise definierte Funktionen. Das heißt, dass verschiedene Vorschriften für verschiedene Teile des Definitionsbereichs gelten. Hinter der entsprechenden Vorschrift steht jeweils der Bereich, in dem diese Vorschrift gilt. Üblicherweise verwendet man zur Beschreibung eine geschweifte Klammer.

$f(x) = \begin{cases} -3x^2 - 4x + 1 & \text{für } x \leq -2 \\ \sin x + \pi x & \text{für } -2 < x < 7; \\ e^{2x-5} \end{cases}$ $f_t(x) = \begin{cases} 3x^2 - 27 & \text{für } x \neq \pm 3 \\ 17t & \text{für } x = \pm 3 \end{cases}$

Verkettete Funktionen liegen vor, wenn bei einer Funktion f anstelle der Variablen x eine Funktion g der Variablen x steht. f heißt dann äußere, g innere Funktion.

äußere Funktion $f(x)$	innere Funktion $g(x)$	verkettete Funktion $h(x) = f(g(x))$	äußere Funktion $f_t(x)$	innere Funktion $g_t(x)$	verkettete Funktion $h_t(x) = f(g(x))$
$f(x) = x^3$	$g(x) = 5x^2 - 6$	$h(x) = (5x^2 - 6)^3$	$f_t(x) = tx^3$	$g_t(x) = 5x^2$	$h_t(x) = t(5x^2)^3$
$f(x) = e^x$	$g(x) = -31x$	$h(x) = e^{-31x}$	$f_t(x) = te^x$	$g_t(x) = -3tx$	$h_t(x) = te^{-3tx}$
$f(x) = x + e^x$	$g(x) = 5x + 3$	$h(x) = 5x + 3 + e^{5x+3}$	$f_t(x) = t + e^x$	$g_t(x) = tx^3$	$h_t(x) = t + e^{tx^3}$

3.2.1 Übersicht über die Funktionsarten

ga-Fkt

Name der Funktion
ganzrationale Funktion

Allgemeine Form der Funktion
$f(x) = a_n x^n + a_{n-1} x^{n-1} + \ldots + a_1 x^1 + a_0 x^0$ mit $x_1 = x$; $x_0 = 1 \rightarrow$

! $f(x) = a_n x^n + \ldots + a_2 x^2 + a_1 x + a_0$

$a_n x^n + \ldots + a_0$ heißt Polynom vom Grad n.

typische Beispiele

$f(x) = 3x^3 - 2x^2 - 1;\ f(x) = (2-3x)^2;\ f_t(x) = -tx^4 + (t-1)x;\ f_t(x) = -\frac{4}{9}t^2x^3 - \frac{\sqrt{3}}{t^2}x$

Bemerkungen und Besonderheiten

Die reellen Zahlen a_i vor den Variablen heißen Koeffizienten. Die Hochzahlen der Variablen x sind natürliche Zahlen. Die größte Hochzahl n heißt Grad oder Dimension der ga-Fkt.
Eine ga-Fkt vom Grad n hat höchstens:
n Nullstellen, $n-1$ Extremwerte, $n-2$ Wendestellen.

ge-Fkt

Name der Funktion

gebrochenrationale Funktion

Allgemeine Form der Funktion

 $f(x) = \frac{g(x)}{h(x)}$ Mit den ga-Fkt $g(x)$ und $h(x)$ ($h(x) \to 0$).

typische Beispiele

$f(x) = \frac{3x^2 - 2x}{x+5};\ f_t(x) = \frac{2x}{x^2+t} + \frac{3t}{2x}$

Bemerkungen und Besonderheiten

Eine ge-Fkt ist ein Bruch zweier ga-Fkt $g(x)$ und $h(x)$. Dabei heißt $g(x)$ hier Zählerfunktion (*Z-Fkt*) mit dem Zählergrad *ZG*. $h(x)$ heißt bei mir Nennerfunktion (*N-Fkt*) mit dem Nennergrad *NG*. ge-Fkt werden am häufigsten als Aufgaben gewählt.

e-Fkt

Name der Funktion

natürliche Exponential-Funktion (Exponentialfunktion mit der Basis e), kurz: *e*-Funktion

Allgemeine Form der Funktion

 $f(x) = u(x) \cdot e^{v(x)}$

$u(x)$ und $v(x)$ sind (in der Regel) ga-Fkt. e ist die Eulersche Zahl ($e \approx 2{,}7182818279...$) Im 🖩 über [1][INV][ln].

typische Beispiele

$f(x) = 3x \cdot e^{-0{,}5x^2};\ f_t(x) = (x^2 - t^2)e^{-x^2};\ f_t(x) = 1 - \frac{2e^x}{e^x + t}$

3 Analysis

Bemerkungen und Besonderheiten
Wenn die Variable auch (oder nur) im Exponenten der Basis $e = \lim\limits_{n \to \infty} \left(1 + \frac{1}{n}\right)^n$ vorkommt.
Ganz wichtig ist folgende Definition (√): $y = e^x \Leftrightarrow x = \ln y$ (mit $\ln = \log_e$)
Bei Grenzwertbetrachtungen immer getrennt $\to +\infty$ und $-\infty$, (»e^x läuft am schnellsten $\to \infty$«, $\to$ Seite 26).

ln-Fkt

Name der Funktion
natürliche Logarithmus-Funktion (Grundzahl ist e)

Allgemeine Form der Funktion
! $f(x) = u(x) \cdot \ln(v(x))$

$u(x)$ und $v(x)$ sind (in der Regel) ga-Fkt. ln-Fkt ist Umkehrfunktion der e-Fkt.

typische Beispiele
$f(x) = x \cdot \ln \frac{x^2}{3}$; $f(x) = 2x - 2\ln x + 2$; $f_t(x) = \ln\left(t \cdot \frac{1+x}{1-x}\right)$

Bemerkungen und Besonderheiten
Wenn die Variable auch (oder nur) im Argument des natürlichen Logarithmus vorkommt. Vorsicht bei der Anwendung der Logarithmengesetze! Immer die √ mit den Gesetzen aufschlagen ($\to$ Seite 36).

sin-Fkt; cos-Fkt; tan-Fkt; cot-Fkt

Name der Funktion
trigonometrische Funktionen
Kreis-Funktionen der Mittelstufe: Sinus; Cosinus; Tangens; Cotangens

Allgemeine Form der Funktion
! $f(x) = u(x) \cdot \sin(v(x))$
$f(x) = u(x) \cdot \cos(v(x))$
$f(x) = u(x) \cdot \tan(v(x))$
$f(x) = u(x) \cdot \cot(v(x))$

$u(x)$ und $v(x)$ sind (in der Regel) ga-Fkt.

typische Beispiele
$f(x) = x \sin x$; $f_t(x) = tx \cdot \cos(2\pi - tx)$; $f(x) = \frac{4}{\pi}x - \tan x$; $f_t(x) = \cot(t-x)^2$;
$f(x) = \sin x - \cos x$

Bemerkungen und Besonderheiten

Die Variable kommt auch (oder nur) im Argument einer der vier aus der Mittelstufe bekannten Kreisfunktionen vor.

Gefährlich sind die periodischen Wiederholungen, insbesondere weil der 🔲 nur die Werte zwischen $-\pi$ und π angibt. Bitte immer im Bogenmaß rechnen! Dazu muss meist der Rechner umgestellt werden (»DRG-Taste«; »RAD« einstellen). Bitte bei jedem »ON« überprüfen.

po-Fkt

Name der Funktion

Potenzfunktion (Exponenten sind rationale Zahlen)

Allgemeine Form der Funktion

$f(x) = a_0 + a_1 x^{r_1} + \ldots + a_n x^{r_n}$
$f(x) = (u(x))^r$

Wie ga-Fkt, nur sind bei po-Fkt als Hochzahlen alle rationale Zahlen zugelassen.

typische Beispiele

$f_t(x) = 3x^{\frac{2}{3}} - \frac{2}{x^3}$; $f_t(x) = \frac{1}{\sqrt{x}(1-x)}$

Bemerkungen und Besonderheiten

Als Hochzahlen kommen nicht nur ganze, sondern alle rationalen Zahlen in Frage. Wichtig: Hochzahl $\frac{1}{2}$ führt zu den Wurzel-Funktionen. Vorsicht bei der Bestimmung des Definitions-Bereichs. Potenzgesetze beachten ($\sqrt{}$)!

| |-Fkt

Name der Funktion

Betragsfunktion

Allgemeine Form der Funktion

$f(x) = |u(x)| = \begin{cases} u(x) & \text{für } u(x) \geq 0 \\ -u(x) & \text{für } u(x) < 0 \end{cases}$

Natürlich muss nicht die ganze Funktion innerhalb des Betragszeichens stehen!

typische Beispiele

$f_t(x) = \frac{tx(2x+t)}{(x-|x|+t)^2}$ wird sofort zu $f_t(x) = \begin{cases} -\frac{1}{2}x^2 + x & \text{für } x \geq 0 \\ -2 - \frac{4}{x-2} & \text{für } x < 0 \end{cases}$

3 Analysis

Bemerkungen und Besonderheiten
Ein Teil der (oder die ganze) Funktion steht zwischen den Betragsstrichen. Betragsstriche müssen Sie immer vermeiden: Eine Betragsfunktion wird zu zwei verschiedenen Funktionen mittels der geschweiften Klammer. (Term T innerhalb der Betragsstriche wird einmal positiv ($T \geq 0$) und einmal negativ ($T < 0$).

3.2.2 Monotonie

Für die Analysis ist die strenge Monotonie weit wichtiger als die Monotonie. Das Wort »streng« entfällt, wenn beim Vergleich der Funktionswerte bzw. der ersten Ableitungen die Relationszeichen $<$ und $>$ durch $\leq$ bzw. $\geq$ ersetzt werden.

! Eine Funktion ist im Intervall $I = [a; b]$ streng monoton
$$\begin{cases} \text{steigend} \\ \text{fallend} \end{cases}, \text{ wenn mit } x_1 < x_2 \Rightarrow \begin{cases} f(x_1) < f(x_2) \text{ für alle } x_1, x_2 \text{ aus} \\ f(x_1) > f(x_2) \text{ dem Intervall } I. \end{cases}$$

Eine Funktion ist streng monoton steigend (fallend), wenn für größer werdende x-Werte die Funktionswerte echt größer (echt kleiner) werden. Das heißt, dass bei der monoton steigenden (fallenden) Funktion die Steigung immer größer null (kleiner null) sein muss. Damit haben wir ein Kriterium, um sehr einfach und sehr schnell die Monotonie festzustellen:

Gilt für alle $x \in I$: $f'(x) \begin{cases} > 0 \\ < 0 \end{cases} \Rightarrow f(x)$ streng monoton $\begin{cases} \text{steigend} \\ \text{fallend} \end{cases}$.

Nur eine streng monotone Funktion hat eine Umkehrfunktion ($\rightarrow$ Seite 44).

Die Funktion $f(x) = x^2$ ist im Intervall.
- $[0; \infty]$ streng monoton steigend $(f'(x) = 2x > 0$ für $x > 0)$.
- $[-\infty; 0]$ streng monoton fallend $(f'(x) = 2x < 0$ für $x < 0)$.

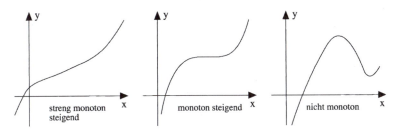

3.2.3 Stetigkeit

! Eine Funktion $f(x)$ ist an der Stelle $x = x_i$ stetig, wenn gilt:
- $f(x_i)$ existiert.
- $\lim_{x \to x_i} f(x)$ existiert.
- $\lim_{x \to x_i} f(x) = f(x_i)$.

Wenn sie beim Zeichnen des Schaubildes bei x_i den Bleistift nicht absetzen müssen, ist $f(x)$ an der Stelle x_i stetig.

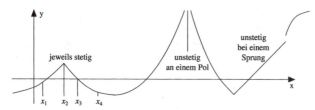

An den nicht definierten Stellen (Nullstellen des Nennerpolynoms) sind die gebrochen-rationalen Funktionen unstetig (nicht stetig). Eine Funktion, die Sie diskutieren müssen, ist an allen definierten Stellen auch stetig.

Zusammengesetzte Funktionen ($\to$ Seite 28) können an den »Nahtstellen« unstetig sein.

Für welches b ist $f(x)$ stetig?
Ist $g(2) = h(2) \Rightarrow f(x)$ ist in $x = 2$ stetig.
Ist $g(2) \neq h(2) \Rightarrow f(x)$ ist in $x = 2$ unstetig.

$$f(x) = \begin{cases} 2x + b & \text{für } x \geq 2 \; (= g(x)) \\ x^2 + 1 & \text{für } x < 2 \; (= h(x)) \end{cases}$$

$f(x)$ ist nur für $b = 1$ auf ganz $\mathbb{R}$ stetig, an allen anderen Stellen (sie sind ja definiert), ist $f(x)$ ohnehin stetig.

Lassen Sie sich nicht dadurch verwirren, dass nur eine der Teilfunktionen an der Stelle $x_0 = 2$ definiert ist (im Beispiel $g(x)$). Einfach ganz stur den Wert der anderen Gleichung (im Beispiel $h(x)$) bei x_0 berechnen.

3.2.4 Differenzierbarkeit

! Eine Funktion $f(x)$ heißt an der Stelle $x = x_i$ differenzierbar, wenn der $\lim_{x \to x_i} \frac{f(x) - f_i(x)}{x - x_i}$ existiert.

Dieser Grenzwert heißt 1. Ableitung an der Stelle x_i ($f'(x_i)$).

$f(x)$ darf an der Stelle x_i keine »Ecke« haben.

3 Analysis

Oder: Der Grenzwert der Sekanten ergibt die Tangente. Von beiden Seiten muss aus dem »Sekantengrenzwert« dieselbe Tangente werden.

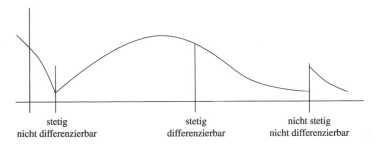

| stetig | stetig | nicht stetig |
| nicht differenzierbar | differenzierbar | nicht differenzierbar |

Nur wenn Funktionen zusammengesetzt werden (geschweifte Klammer oder Betrag), wird bei den vorkommenden Funktionen im stetigen Bereich eine Stelle vorkommen, in der $f(x)$ nicht differenzierbar ist.

Eine in x_i differenzierbare Funktion ist in x_i auch stetig. Die Umkehrung des Satzes gilt nicht! Aber es gilt die Verneinung: Ist $f(x)$ in x_i nicht stetig, so ist sie in x_i auch nicht differenzierbar.

! Die in x_0 stetige Funktion
$f(x) = \begin{cases} g(x) & \text{für } x \geq x_0 \\ h(x) & \text{für } x < x_0 \end{cases}$ ist differenzierbar in x_0, wenn $g'(x_0) = h'(x_0)$ gilt!

Gegeben ist die Funktion $f(x) = \begin{cases} 2x^2 - x & \text{für } x \geq -1 \\ ax + b & \text{für } x < -1 \end{cases}$

Gesucht sind a und b, sodass die Funktion an der Stelle -1 stetig und differenzierbar ist. (An allen anderen Stellen ist sie sowohl stetig als auch differenzierbar.)
Damit $f(x)$ an der Stelle $x = -1$ stetig ist (notwendige Bedingung für die Differenzierbarkeit), muss der Funktionswert der beiden Teilfunktionen bei $x = -1$ übereinstimmen. Das heißt: $a \cdot (-1) + b = 3$ (Gleichung 1).
Differenzierbar ist $f(x)$ an der Stelle $x = -1$, wenn zusätzlich noch die Ableitung der beiden Teilfunktionen übereinstimmt.

$f'(x) = \begin{cases} 4x - 1 & \text{für } x \geq -1 \\ a & \text{für } x < -1 \end{cases} \Rightarrow$ Gleichung 2: $4(-1) - 1 = a \Rightarrow a = -5$
und aus der Gleichung 1 über $5 + b = 3 \Rightarrow b = -2$

Ergebnis: Nur für $a = -5$ und $b = -2$ ist $f(x)$ an der Stelle $x = -1$ differenzierbar (und damit auch stetig).

Sowohl die Stetigkeit als auch die Differenzierbarkeit sind lokale Eigenschaften. Man kann nur feststellen, ob sie an irgendeiner Stelle erfüllt sind oder nicht. Sind sie an jeder Stelle der Funktion erfüllt, sagt man, die Funktion $f(x)$ ist stetig bzw. differenzierbar.

3.2.5 Ableitungen

Die Ableitungsfunktion $f'(x)$ gibt zu jeder Stelle x die Steigung der Tangente im Punkt $P(x|f(x))$ an den Graphen der Funktion $f(x)$ an.
Oder (unschärfer): $f'(x_0)$ ist die Steigung des Graphen in $P(x_0|f(x_0))$.
Sie können jede zu diskutierende Funktion durch fest vorgegebene Regeln beliebig oft ableiten!
Sie müssen nur einige einfache Ableitungsfunktionen und vier Regeln beherrschen. Bitte nicht auswendig lernen, schauen Sie besser nach, welche Seite Ihrer $\sqrt{\,}$ zuständig ist.

Notwendige Ableitungsfunktionen

$f(x)$	c	$x^r\, r \in \mathbb{R}$	e^x	$\sin x$	$\cos x$	$ax+b$	$\ln x$	$\tan x$	$\cot x$	$\arcsin x$	$\arctan x$	a^x	$\log_a x$	$\sqrt{x}$
$f'(x)$	0	rx^{r-1}	e^x	$\cos x$	$-\sin x$	a	$\frac{1}{x}$	$\frac{1}{\cos^2 x}$	$\frac{-1}{\sin^2 x}$	$\frac{1}{\sqrt{1-x^2}}$	$\frac{1}{1+x^2}$	$a^x \cdot \ln a$	$\frac{1}{x \cdot \ln a}$	$\frac{1}{2\sqrt{x}}$

Weitere Ableitungsfunktionen in der $\sqrt{\,}$!

Notwendige Ableitungsregeln

Linearität
$(f \pm g)' = f' \pm g'$
Bei Strichrechnungen die Summanden einzeln ableiten.

Produktregel
$f = g \cdot h \Rightarrow f' = g \cdot h' + g' \cdot h$ und
$f = u \cdot v \cdot w \Rightarrow f' = u' \cdot v \cdot w + u \cdot v' \cdot w + u \cdot v \cdot w'$

Die Ableitung eines Produkts aus n Faktoren besteht aus n Summanden mit jeweils einem abgeleiteten und den restlichen nicht abgeleiteten Faktoren.

Quotientenregel
$f = \frac{h}{g} \Rightarrow f' = \frac{g \cdot h' - h \cdot g}{g^2}$

Befolgen Sie stur diese Reihenfolge:
1. Nenner ist (alter Nenner)^2! Diesen Term niemals ausmultiplizieren oder vereinfachen!

3 Analysis

2. Zähler ist **alter** Nenner mal Ableitung **alter** Zähler minus **alter** Zähler mal Ableitung **alter** Nenner.
3. Aus dem Zähler, wenn möglich, Nennerterm ausklammern und mit Nenner kürzen. Dies geht auf jeden Fall immer ab der 2. Ableitung!
4. Wenn nichts mehr zu kürzen ist, Zähler so weit wie möglich vereinfachen (ausmultiplizieren, zusammenfassen), aber Nenner lassen!

Bei der gebrochenrationalen Funktion erhöht sich der Nennergrad bei jeder Ableitung nur um 1 (wegen des Kürzens)!

Spätestens bei der 2. Ableitung benötigen Sie die Kettenregel.

Kettenregel

$$f(g(x))' = f'(g(x)) \cdot g'(x)$$

Äußere Funktion mit zuständiger Ableitungsfunktion ableiten, dabei wird die innere Funktion wie eine einzige Variable behandelt. Diesen Term mit der Ableitung der inneren Funktion multiplizieren, dabei die äußere Funktion ganz außer acht lassen.

Meist benötigen Sie mehrere dieser Regeln bei einer Ableitung. Bitte üben Sie die Ableitungen anhand der folgenden Aufgaben, da Sie sonst schon bei einer Kurvendiskussion nicht mehr reparierbare Lücken erhalten!

3.2.6 Übungsaufgaben zu den Ableitungen

In ca. 15 Minuten sollten Sie die folgenden Funktionen jeweils zweimal abgeleitet haben. Ich gebe die von mir benutzten Ableitungsfunktionen und Regeln an, damit Sie besser vergleichen können. Bei der Bearbeitung decken Sie natürlich diesen Teil und die Musterlösungen ab.

Funktionen $f_t(x) = \dfrac{x^2 - 4}{x^2 + t}$

Ableitungs-Regel

x^n; Linearität; Quotientenregel; Kettenregel

1. Ableitung $f'_t(x)$ und 2. Ableitung $f''_t(x)$

$$f': \frac{(x^2+t) \cdot 2x - (x^2-4) \cdot 2x}{(x^2+t)^2} = \frac{2x^3 + 2tx - 2x^3 + 8x}{(x^2+t)^2} = \frac{(2t+8)x}{(x^2+t)^2}$$

$$f'': \frac{(x^2+t)^2 \cdot (2t+8) - (2t+8)x \cdot 2(x^2+t) \cdot 2x}{(x^2+t)^4} \text{ (ausklammern)} = \frac{(x^2+t)(2t+8)[(x^2+t) - x \cdot 2 \cdot 2x]}{(x^2+t)^4}$$

(kürzen, ausmultiplizieren, zusammenfassen) $\dfrac{(2t+8)(-3x^2+t)}{(x^2+t)^3}$ oder $\dfrac{-6tx^2 - 24x^2 + 2t^2 + 8t}{(x^2+t)^3}$

Funktionen $f_t(x) = (t - x)e^{tx}$

Ableitungs-Regel

$x^n e^x$; Produktregel, Kettenregel

1. Ableitung $f'_t(x)$ und 2. Ableitung $f''_t(x)$

$f'_t(x) = (-1) \cdot e^{tx} + (t-x)e^{tx} \cdot t = e^{tx}(t^2 - tx - 1)$

$f''(x) = e^{tx} \cdot t \cdot (t^2 - tx - 1) + e^{tx}(-t) = e^{tx}(t^3 - t^2 x - 2t)$

Funktionen $f(x) = \arcsin(2x - 1)$

Ableitungs-Regel

$\sqrt{}$; x^r; Kettenregel; Quotientenregel

1. Ableitung $f'_t(x)$ und 2. Ableitung $f''_t(x)$

$f'(x) = \dfrac{1}{\sqrt{1-(2x-1)^2}} \cdot 2 = \dfrac{2}{\sqrt{4(x-x^2)}} = \dfrac{1}{\sqrt{x-x^2}} = (x-x^2)^{-0,5}$

$f''(x) = -0{,}5(x-x^2)^{-1,5} \cdot (1-2x) = \dfrac{1-2x}{2(x-x^2)^{1,5}}$

Oder man erhält $f''(x)$ durch Ableiten von $\dfrac{1}{\sqrt{x-x^2}}$ mithilfe der Quotientenregel.

Funktionen $f(x) = \ln \dfrac{4}{4+x^2}$

Ableitungs-Regel

$\ln x$; x^n; Quotientenregel; Kettenregel; ln-Gesetze in der $\sqrt{}$!

1. Ableitung $f'_t(x)$ und 2. Ableitung $f''_t(x)$

$f'(x) = \dfrac{\frac{1}{4}}{4+x^2} \cdot \dfrac{(4+x^2) \cdot 0 - 4 \cdot 2x}{(4+x^2)^2} = \dfrac{(4+x^2) \cdot (-8x)}{4 \cdot (4+x^2)^2} = \dfrac{-2x}{4+x^2}$

Wird wesentlich einfacher, wenn Sie die ln-Gesetze einsetzen (noch vor dem Ableiten).

$\ln \dfrac{4}{4+x^2} = \ln 4 - \ln(4+x^2) \Rightarrow f'(x) = 0 - \dfrac{1}{4+x^2} \cdot 2x = \dfrac{-2x}{4+x^2}$

$f''(x) = \dfrac{(4+x^2) \cdot (-2) - (-2x) \cdot 2x}{(4+x^2)^2} = \dfrac{-8 - 2x^2 + 4x^2}{(4+x^2)^2} = \dfrac{2x^2 - 8}{(4+x^2)^2}$

3 Analysis

3.2.7 Einfache Stammfunktionen

Der Hauptsatz der Differenzial- und Integralrechnung zeigt den Zusammenhang der Integralrechnung mit den Stammfunktionen.

$$\int_a^b f(x)\,dx = F(b) - F(a), \text{ wobei } F \text{ eine beliebige Stammfunktion von } f \text{ ist.}$$

Schreibweise: $\int_a^b f(x)\,dx = [F(x)]_a^b = F(b) - F(a)$

Um Flächen- und Rauminhalte zu berechnen, müssen Stammfunktionen gebildet werden; eine Rechenfertigkeit der Oberstufe.

> Sind F und f über demselben Intervall I definierte Funktionen und F ist in diesem Intervall differenzierbar (die 1. Ableitungsfunktion existiert), dann heißt F Stammfunktion von f, wenn für alle $x \in A$ $F'(x) = f(x)$ gilt.

Mit F ist natürlich auch $F + c$ ($c \in \mathbb{R}$) eine Stammfunktion, da c als konstanter Summand beim Ableiten »wegfällt«. Im Folgenden werden nur die Stammfunktionen mit $c = 0$ aufgeführt.

Dass das Auffinden von Stammfunktionen die »Umkehrrechenart« des Ableitens ist, hat für die Rechenpraxis Folgen:
Wie bei der Ableitung benötigen wir einige »**Grundfunktionen**«, die selbstverständlich in jeder √ nachzuschlagen sind.

$$f(x) = c x^r \Rightarrow F(x) = \frac{c}{r+1} x^{r+1} \quad r \in \mathbb{R}$$

Alte Hochzahl um eins erhöhen. Term durch die nun erhaltene neue Hochzahl dividieren. Koeffizienten bleiben erhalten.

Einzige Ausnahme ist die Hochzahl -1, denn sie wird beim Erhöhen um 1 zu 0. Da wir nie durch 0 dividieren dürfen, versagt die Regel. Es liegt ein **Spezialfall** vor: Die Stammfunktion von $f(x) = x^{-1}$ ist $F(x) = \ln|x|$.

Entnehmen Sie bitte in Zukunft alle Stammfunktionen Ihrer √.

Weiter wichtige Grundregeln:			
$f(x) = e^x$	$\Rightarrow F(x) = e^x$	$f(x) = -2e^x$	$\Rightarrow F(x) = -2e^x$
$f(x) = \ln x$	$\Rightarrow F(x) = x \ln x - x$	$f(x) = 5\ln x + 3$	$\Rightarrow F(x) = 5(x \ln x - x) + 3x$
$f(x) = \sin x$	$\Rightarrow F(x) = -\cos x$	$f(x) = 6x - 3\sin x$	$\Rightarrow F(x) = 3x^2 + 3\cos x$
$f(x) = \cos x$	$\Rightarrow F(x) = \sin x$	$f(x) = \pi - 4\cos x$	$\Rightarrow F(x) = \pi x - 4\sin x$
$f(x) = \tan x$	$\Rightarrow F(x) = -\ln|\cos x|$	$f(x) = -7\tan x$	$\Rightarrow F(x) = +7\ln|\cos x|$
$f(x) = \cot x$	$\Rightarrow F(x) = \ln|\sin x|$	$f(x) = \cot x + \sin x$	$\Rightarrow F(x) = \ln|\sin x| - \cos x$

Diese »Grundstammfunktionen« gelten nicht, wenn anstatt der Variablen x eine Funktion der Variablen x steht, also bei Verkettung ($\rightarrow$ Seite 28).
Bei $f(x) = e^x \Rightarrow F(x) = e^x$, aber für $f(x) = e^{x^2}$ gilt nicht $F(x) = e^{x^2}$ oder $f(x) = \cos x \Rightarrow F(x) = \sin x$, aber für $f(x) = \cos x^3$ gilt nicht $F(x) = \sin x^3$.

Um die Stammfunktionen von verketteten Funktionen bestimmen zu können, müssen zusätzliche Regeln angewendet werden.
Wichtig ist für Sie vor allem die **lineare Substitution**:
$f(x) = g(ax + b) \Rightarrow F(x) = G(ax + b) : a$.
Sie gilt nur, wenn die innere Funktion linear ist (Variable hat nur die Exponenten 0 und/oder 1).

Steht anstelle der Variablen x in einer Funktion (äußere Funktion) eine lineare Funktion $ax + b$ (innere Funktion), so ist die zugehörige Stammfunktion die mit den »Grundstammfunktionen« gebildete Stammfunktion der äußeren Funktion (innere Funktion wie bei Kettenregel wie eine Variable behandeln) durch die Ableitung der inneren Funktion.

Leider können die anderen Ableitungsregeln (Quotienten-, Produkt- und Kettenregel) nicht zur Bildung der Stammfunktion übernommen werden. Dies bedingt, dass Sie auch nicht von jeder Funktion eine Stammfunktion bilden können. Aber wenn nach einer Stammfunktion gefragt wird, dann ist dies für Sie auch machbar (Integrationsmethoden $\rightarrow$ Seite 79 ff.).

3.2.8 Übungsaufgaben zu den Stammfunktionen

Auch bei den Stammfunktionen sollten Sie eine kurze Übungsphase einlegen (ca. 15 Minuten). Geben Sie jeweils eine beliebige Stammfunktion an.
Nur zur Erinnerung: Ist $F(x)$ eine Stammfunktion von $f(x)$, so ist auch $G(x) = F(x) + c$ eine Stammfunktion von $f(x)$; und sind $G(x)$ und $F(x)$ Stammfunktionen von $f(x)$, so gilt $F(x) - G(x) = c$. (Wegen $G'(x) = F'(x) = f(x)$ und $G'(x) - F'(x) = 0$)
Unsere Ergebnisse können (und dürfen) sich um eine Konstante unterscheiden.
Bitte Musterlösungen bei der Bearbeitung abdecken.

Vor der Bestimmung von Stammfunktionen ist sehr häufig eine algebraische Umformung der Funktion notwendig. Beachten Sie bitte, dass es keine Produkt-, Quotienten- und Kettenregel wie bei den Ableitungen gibt. Die Integrationsmethoden »Produktintegration oder partielle Integration« und »Integration durch Substitution«

3 Analysis

finden Sie in Kap. 3.4.9 (→ Seite 81). Bei diesem Übungsblatt geht es nur um einfache Stammfunktionen bis zur linearen Substitution (in etwa das Grundkurswissen).

Funktion $f_t(x) = \frac{x^2 - 4}{x + 1}$

Grundregel

$x^n \Rightarrow \frac{x^{n+1}}{n+1}$

$\frac{1}{x} \Rightarrow \ln|x|$

lineare Substitution

Stammfunktion $F_t(x)$

Zuallererst mit der Polynomdivision Funktion umschreiben: Der häufigste Fehler ist, dass Zähler und Nenner getrennt behandelt werden. Bitte diesen Fehler meiden. Man kann nicht einfach den Bruch trennen!

$(x^2 - 4) : (x + t) = x - t + \frac{t^2 - 4}{x + t}$
$x^2 + tx$
$ -tx - 4$
$ -tx - t^2$
$ t^2 - 4$

$F_t(x) = \frac{1}{2}x^2 - tx + (t^2 - 4)\ln|x + t|$ (die »innere Ableitung« ist 1!)

Funktion $f_t(x) = (t - 5)e^{tx}$

Grundregel

$e^x \Rightarrow e^x$

lineare Substitution

Stammfunktion

$F_t(x) = (t - 5)e^{tx} : t$ Konstanter Faktor $t - 5$ bleibt erhalten. Division durch die »innere Ableitung« (hier t) nicht vergessen!

Funktion $f(x) = \frac{4}{\pi}x - \tan x$

Grundregel

$x^n \Rightarrow \frac{x^{n+1}}{n+1}$ $\tan x$ (√)

Stammfunktion

$F(x) = \frac{4}{2\pi}x^2 + \ln|\cos x|$ Stammfunktionen der Winkelfunktionen siehe √!

Funktion $f_t(x) = 3x(1 - \sqrt{t}\,x)$

Grundregel

$x^r \Rightarrow \frac{x^{r+1}}{r+1}$

Stammfunktion

Ausmultiplizieren und danach die Variable mit reeller Hochzahl schreiben und auf jeden Fall vom Koeffizienten »trennen« (getrennt schreiben):

$f_t(x) = 3x - 3\sqrt{t} \cdot x^{1,5} \Rightarrow F_t(x) = \frac{3}{2}x^2 - \frac{3\sqrt{t}}{2,5}x^{2,5}$

Wenn notwendig (z. B. zur weiteren Berechnung), umschreiben:

$F_t(x) = 1,5 \cdot x^2 - 1,2 \cdot \sqrt{t} \cdot x^2 \cdot \sqrt{x}$

Funktion $f(x) = \ln\frac{1+2x}{1-3x}$

Grundregel

$\ln x \Rightarrow (\sqrt{})$

$x \ln x - x$

lineare Substitution

Stammfunktion

Die Logarithmen-Gesetze stehen in der $\sqrt{}$. Formen Sie den Term so um, dass eine Summe entsteht.

$f(x) = \ln(1 + 2x) - \ln(1 - 3x)$, dann zweimal mittels der linearen Substitution:

$F(x) = \frac{(1+2x) \cdot \ln(1+2x) - (1+2x)}{2} - \frac{(1-3x) \cdot \ln(1-3x) - (1-3x)}{(-3)}$

3.2.9 Bestimmung von Funktionsgleichungen

Das Auffinden einer Funktion bedeutet das Bestimmen der Koeffizienten der Funktion. Gehen Sie bitte folgendermaßen vor:

1. **Allgemeiner Ansatz:** Schreiben Sie die in der Aufgabe gesuchte Funktion in allgemeiner Art (mit Platzhalter für die Koeffizienten).
2. **Bestimmung der Ableitungen:** Bestimmen Sie die notwendigen Ableitungen vom allgemeinen Ansatz.
3. **Einsetzen der angegebenen Eigenschaften:** In die Gleichungen $f(x) = \ldots$, $f'(x) = \ldots$, $f''(x) = \ldots$ werden die im Text angegebenen Eigenschaften der gesuchten Funktion eingesetzt. Da bei jeder Gleichung die x-Werte und die dazugehörigen y, y' oder y''-Werte eingesetzt werden, entsteht ein Gleichungssystem für die Koeffizienten $a, b, \ldots$

Die Aufgaben sind nicht überbestimmt, sie enthalten keine nicht notwendigen Angaben. Sie müssen damit praktisch jedes im Text vorkommende Wort verwenden. Sollte Ihnen eine Gleichung fehlen, lesen Sie den Text nach noch nicht verwendeten Worten durch! Ist n die Anzahl der gesuchten Koeffizienten, so benötigen Sie, sofern eine Funktionenschar gesucht ist, $n - 1$, sofern nur eine Funktionsgleichung gesucht ist, n Gleichungen.

3 Analysis

4. **Lösen des Gleichungssystems:** Bestimmen Sie mithilfe der Ihnen bekannten Verfahren (Gleichsetzungs-, Einsetzungs- und Additionsverfahren, → Seite 103 ff.) die Koeffizienten und setzen Sie diese in den allgemeinen Ansatz ein.

Sollte Ihnen trotz mehrmaligem Durchlesen des Textes eine Angabe (Gleichung) fehlen, hören Sie trotzdem nicht mit der Aufgabe auf. Wählen Sie einfach einen Wert, sodass Sie wenigstens die Teilaufgabe bearbeiten können! Wird bei der Aufgabe das (Teil-)Ergebnis angegeben, so rechnen Sie mit diesem Ergebnis weiter. Auch wenn Ihre Berechnung andere Zahlen aufweist. Suchen Sie bitte nicht den Fehler! Sie werden nur nervös.

Als Hilfe eine Auflistung der am häufigsten vorkommenden **Textangaben**:

a **Symmetrie zum Ursprung:** $f(x) = -f(-x)$: Bei ganzrationalen Funktionen alle Koeffizienten vor den Variablen mit geraden Hochzahlen im Ansatz $y = \ldots$ null setzen! Bei allen anderen Funktionsarten (kommt nur ganz selten vor!) Gleichung $f(x) = -f(-x)$ bilden.

b **Symmetrie zur y-Achse:** $f(x) = f(-x)$: Bei ganzrationalen Funktionen alle Koeffizienten vor den Variablen mit ungeraden Hochzahlen im Ansatz $y = \ldots$ null setzen! Bei allen anderen Funktionsarten (kommt nur ganz selten vor!) Gleichung $f(x) = f(-x)$ bilden.

c **Ein Punkt $P(u|v)$ liegt auf dem Graphen der Funktion:** Im Ansatz $y = \ldots$ u für x; v für y einsetzen. Sie erhalten eine Gleichung mit den »Koeffizientenvariablen« $a, b, \ldots$

d **Ein Extrempunkt $P(u|v)$ ist gegeben:** u; v wie in c in die Gleichung $y = \ldots$ einsetzen. Zusätzlich gilt auch $y'(u) = 0$ dies ergibt eine 2. Gleichung.
Die Information Hoch- oder Tiefpunkt ($y'' <$ oder > 0) nützt leider nichts.
Wissen Sie nur die Stelle für einen Extrempunkt (»… hat bei $x = 5$ einen Tiefpunkt …«), erhalten Sie nur eine Gleichung durch Einsetzen in y'.

e **Ein Wendepunkt $P(u|v)$ ist gegeben:** u; v wie in c in die Gleichung $y = \ldots$ einsetzen. Zusätzlich gilt auch $y''(u) = 0$. Dies ergibt eine 2. Gleichung.
Die Information $y''' \neq 0$ nützt nichts. Ohne v wieder nur eine Gleichung.

f **Die Steigung an der Stelle r:** Die Bedingung wird in y' eingesetzt. Weiß man die Steigung an einem Punkt, wird sofort der Punkt in $y = \ldots$ eingesetzt, Sie erhalten zwei Gleichungen (über den Punkt und über die Steigung je eine).

g **Parameter:** Steht in einer der Gleichungen der Parameter t (»… geht durch den Punkt $P(t|-1)$…«), so behandeln Sie t wie eine Zahl. Gehen Sie nicht davon aus, t sei zu berechnen. Ihre Koeffizienten sind eben dann ganz oder teilweise Terme mit t. Als Ergebnis erhalten Sie eine Funktionenschar.

3.2.10 Umkehrfunktionen

Sei $f: x \to f(x)$ eine Funktion mit der Definitionsmenge $\mathbb{D}$ und der Wertemenge $\mathbb{W}$.
Gilt für alle $f(x) \in \mathbb{W}$: $\bar{f}(f(x)) = x$, so heißt $\bar{f}: f(x) \to x$ die Umkehrfunktion von f. $\mathbb{D}_f$ wird zu $\mathbb{W}_{\bar{f}}$, $\mathbb{W}_f$ wird zu $\mathbb{D}_{\bar{f}}$ und $\mathbb{D}_{\bar{f}}$ wird zu $\mathbb{W}_f$; $\mathbb{W}_{\bar{f}}$ wird zu $\mathbb{D}_f$.

Eine Funktion f hat nur dann im Intervall I eine Umkehrfunktion, wenn f auf ganz I streng monoton ($\to$ Seite 33) ist.

Den Nachweis der strengen Monotonie führt man über die 1. Ableitung:
$f'(x) > 0$ für alle $x \in I$ $\Rightarrow$ f ist streng monoton steigend in I.
$f(x) < 0$ für alle $x \in I$ $\Rightarrow$ f ist streng monoton fallend in I.
Einfache Folgerungen: $\bar{f}(f(x)) = x$; $f(\bar{f}(x)) = x$.

e^x ist die Umkehrfunktion von $\ln x$ und umgekehrt.
Für $x \in \mathbb{R}^+$ ist f: $x \to \sqrt[n]{x}$ die Umkehrfunktion von $f: x \to x^n$ und umgekehrt. Die Arkusfunktionen ($\to$ Seite 96 f.) sind die Umkehrfunktionen der trigonometrischen Funktionen.

Geometrische Deutung der Umkehrfunktion

Der Graph der Umkehrfunktion $\bar{f}$ von f ist der an der 1. Winkelhalbierenden ($y = x$) gespiegelte Graph der Funktion f. Damit hängen natürlich auch die beiden Steigungen $f'(x_0)$ und $\bar{f}'(f(x_0))$ voneinander ab.

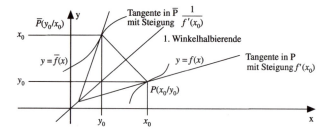

Die Ableitung der Umkehrfunktion

Sei $\bar{f}: y \to \bar{f}(y) = x$ die Umkehrfunktion von $f: x \to f(x)$ dann gilt für $\bar{f}'(x_0) \neq 0$:
$$\bar{f}'(f(x_0)) = \bar{f}'(y_0) = \frac{1}{\bar{f}'(x_0)}.$$
Damit hat man eine Möglichkeit, die Ableitung einer Funktion, deren Gleichung man nicht kennt (bzw. nicht berechnen kann) an bestimmten Stellen über die Ableitung ihrer Umkehrfunktion zu bestimmen.

3 Analysis

Es sei $f(x) = x - e^{-x}$. Wegen $f'(x) = 1 + e^x(1 + e^x > 0$ für alle $x \in \mathbb{R})$ existiert eine Umkehrfunktion $\bar{f}$, die wir nicht berechnen können. (x kann aus $y = f(x)$ nicht berechnet werden.) Gesucht sei $\bar{f}'(-1)$.
Wegen $f(0) = -1$ ist $f(-1) = 0$ und damit $\bar{f}'(-1) = \dfrac{1}{f'(0)} = \dfrac{1}{1+x^0} = \dfrac{1}{2}$.

Bestimmung einer Umkehrfunktion $\bar{f}(x)$ von $f(x)$ im Intervall I
1. Nachweis der Existenz der Umkehrfunktion (über $f'(x)$):
   Leiten Sie $f(x)$ ab und untersuchen Sie, ob für alle $x \in I$ $f'(x) > 0$ (f streng monoton steigend in I) oder $f'(x) < 0$ (f streng monoton fallend in I) gilt.
   Ist dies nicht der Fall, kann auch keine Umkehrfunktion existieren und Sie sind mit der Betrachtung fertig. Sonst:
2. Berechnung der Umkehrfunktion:
   Zunächst wird die Variable x aus der Gleichung $y = f(x)$ berechnet. Danach werden die beiden Variablen getauscht ($x \leftrightarrow y$). Die nach dem Variablentausch entstandene Gleichung ist die Gleichung der Umkehrfunktion.

$f_t(x) = 3te^{-2x}$ mit $t \in \mathbb{R}^+$
1. $f'_t(x) = -6te^{-2x} < 0 \Rightarrow$ Es existiert eine Umkehrfunktion.
2. Aus $y = 3te^{-2x} \Rightarrow x = -0{,}5 \cdot (\ln y - \ln 3t)$. Nach dem Tausch erhält man die Gleichung der Umkehrfunktion: $\bar{f}_t(x) = -0{,}5 \cdot (\ln x - \ln 3t)$.

3.3 Kurvenuntersuchungen

Die Kurvenuntersuchung (auch Kurvendiskussion) ist in der Regel der Beginn einer Aufgabe. Das Ziel der Kurvenuntersuchung ist, die Funktion (bzw. einzelne Funktionen der Schar) graphisch darzustellen. Dieser Graph (auch Schaubild) dient dann im weiteren Verlauf der Aufgabe als Planfigur. Eine Planfigur muss stimmen: Bitte keinen Fehler beim Zeichnen des Graphen machen! (Üben, üben, ...)

Seit der 🖩 bei den Prüfungen zugelassen wurde, könnten Fehler beim Graphen vermieden werden. Voraussetzung ist die sichere Beherrschung des 🖩 , was aber ohne Training so gut wie unmöglich ist. Gehen Sie nicht davon aus, dass Sie den 🖩 »im Griff haben«. Fehler mit dem Rechner sind (leider) die häufigsten! Vermeiden Sie diese Fehler; üben Sie mit dem 🖩 !

Theoretisch könnten Sie ohne jegliche Information außer der Funktionsgleichung über die Wertetabelle beliebig genau das Schaubild jeder Funktion zeichnen. Es ist nur eine Frage der Anzahl der Punkte, die Sie ja so leicht über den 🖩 bekommen.

Je weniger Sie über den Graphen wissen, je weniger Sie bei einer Diskussion durchblicken und je weniger Sie Ihren »Rechenkünsten« (Nullstellen, Ableitungen, ...) vertrauen, desto mehr Punkte müssen Sie berechnen.

Gesucht ist der Graph der Funktion $f(x) = \frac{2x+1}{x^2-2}$.

Die berechneten Punkte (mit 🖩):

x	−4	−3	−2	−1	0	1	2	3	4
y	−0,5	−0,7	−1,5	1	−0,5	−3	2,5	1	0,6

Ich habe für die Berechnung der Werte 2 min 40 s gebraucht über:
[Zahl x][Kin1][X][2][+][1][=][:][(][Kout1][x^2][−][2][)][=]

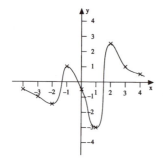

Verbindet man nun diese berechneten Punkte (was soll man sonst tun, um einen zusammenhängenden Graphen zu erhalten?), ergibt sich dieses »Bild«:

Die Zwischenwerte, deren Berechnung immer sinnvoll ist, lauten (Rechenzeit wieder unter 3 Minuten):

x	−3,5	−2,5	−1,5	−0,5	0,5	1,5	2,5	3,5
y	−0,6	−0,9	−8	0	−1,1	16	1,4	0,8

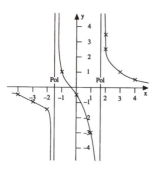

Schon die Zwischenwerte zeigen, dass der Graph vollkommen falsch gezeichnet wurde. Die hohen Werte an den Stellen $x = -1,5$ und $x = 1,5$ lassen einen Pol in dieser »Gegend« vermuten (es handelt sich schließlich um eine gebrochenrationale Funktion).

Zwei weitere Werte (oder mehr) bringen Gewissheit: $f(-1,4) = 45$; $f(1,4) = -95$.

Also nicht bei der Berechnung der Punkte sparen, nehmen Sie sich die 5 Minuten Zeit, es lohnt sich! Der Graph bleibt natürlich ein »Provisorium«, die genauen Werte der Extrempunkte, Wendepunkte, Pole, ... erkennen Sie dabei nicht. Aber Sie können mit der Skizze weiterarbeiten und das ist das Wichtigste.

Dass die auf dieser Seite beschriebene Methode zur Bestimmung eines Graphen mathematisch untragbar ist, werden wir wohl kaum diskutieren müssen. Mir ging es nur darum, Ihnen den 🖩 als »Nothilfe« vorzustellen.

Die »richtig durchgeführte« Kurvenuntersuchung besteht aus mehreren Einzelbetrachtungen, die in 3.3.1 bis 3.3.14 (→ Seite 48 ff.) vorgestellt werden.

3 Analysis

Wenn bei der Aufgabe angegeben ist, was Sie untersuchen sollen, dann bearbeiten Sie nur die verlangten Teile, bitte in der angegebenen Reihenfolge.
Die Betrachtungen bzw. Rechenschritte der Kurvenuntersuchungen sind für alle Funktionsarten gleich. Trotzdem können Sie sich zur besseren Übersicht folgende Besonderheiten merken:

Ganzrationale Funktion (ga-Fkt)
- Hat die Funktion den Grad n, so existieren höchstens n Nullstellen, höchstens $n-1$ Extrempunkte und höchstens $n-2$ Wendepunkte.
- Die Funktion hat keine Asymptoten.
- Bitte Linearität beachten (Summanden einzeln ableiten und integrieren).
- Die Funktion ist auf ganz $\mathbb{R}$ stetig und differenzierbar.

Gebrochenrationale Funktion (ge-Fkt)
- Ist n der Grad des Zählers (ZG = n), m der Grad des Nenners (NG = m) so hat die Funktion höchstens n Nullstellen, höchstens $n+m-1$ Extrempunkte und höchstens $n-2m-2$ Wendepunkte.
- Beim Ableiten immer die Quotientenregel (√!) benutzen.
- Beim Integrieren: meist zuerst algebraisch umstellen (z. B. Polynomdivision).
- Die Pole (Nullstellen des Nenners) nicht vergessen!

Natürliche Exponentialfunktion (e-Fkt)
- Zahl »e« mit 🖩: [1][INV][ln x]. Zahl sofort in den Speicher nehmen.
- Asymptoten für $x \to \infty$ und $x \to -\infty$ getrennt bestimmen ($\to$ Seite 52 ff.).
- Ableiten immer mit der Kettenregel ($\to$ Seite 36 ff.).
- Schlagen Sie gleich zu Beginn der Diskussion die Rechengesetze in der √ auf:
  $x = \ln a \Leftrightarrow e^x = a$ (ln ist $\log_e$) $\quad e^k > 0$ für alle $k \in \mathbb{R}$ (auch $k < 0$)
  $e^{ax+b} = c \Rightarrow x = \frac{\ln c - b}{a} \quad e^k = 1 \Rightarrow k = 0$ (für jeden Term k)

Natürliche Logarithmusfunktion (ln-Fkt)
- Pole sind möglich bei: $\lim\bigl(\ln(g(x))\bigr) \Rightarrow -\infty$ für $g(x) \to 0$.
- Beim Ableiten und Integrieren bitte immer √ benutzen!
- √ vor der Kurvenuntersuchung aufschlagen (Seite mit den log-Gesetzen!):
  $\ln = \log_e$; $\ln(f(x)) = 0 \Rightarrow f(x) = 1$.
- ln ist nur für positive Argumente definiert; aber $\ln x < 0$ für $0 < x < 1$: $\ln(-1)$ ist nicht definiert, aber $\ln x = -1$ ist möglich.

Trigonometrische Funktionen (tri-Fkt)

- Vorsicht, Argument steht im Bogenmaß (Radiand): Darauf achten, dass der 🖩 im Bogenmaß arbeitet! Notfalls nach jedem Einschalten neu umstellen.
- Wichtigste Eigenschaft der Funktion ist die Periodizität (√ aufschlagen).
- Zusammenhänge der Funktion siehe √.
- Ableitungen mit Kettenregel.
- tan und cot haben Pole.
- sin und cos sind über ganz ℝ stetig und differenzierbar.
- Bei $f(x) = a \sin(b(x+c)) + d$ gilt:
  a Streckung in y-Richtung (Amplitude) (Wertebereich $[-a; a]$ anstatt $[-1; 1]$)
  b Streckung in x-Richtung. Periode ändert sich (statt 2π nun $2\pi : b$!).
  c Verschiebung in x-Richtung (um $-c$)
  d Verschiebung in y-Richtung (um $+d$)

Potenzfunktion (po-Fkt)

- Vorsicht beim Definitionsbereich (Exponenten $\in \mathbb{Q}$!).
- Variable mit gebrochenem Exponenten schreiben für Ableitung und Integration.
- Wie ganzrationale Funktion behandeln.

Betragsfunktion (||-Fkt)

- Umschreiben als zwei Funktionen mit geschweifter Klammer.
- Beide entstandenen Teilfunktionen algebraisch vereinfachen.
- Kurvenuntersuchung komplett für beide Funktionen (mit verschiedenen Definitionsbereichen) durchführen.
- Vorzeichen nur vom Term innerhalb der Betragsstriche ändern, nicht von der ganzen Funktion.

3.3.1 Definitionsbereich

> Unter dem Definitionsbereich $\mathbb{D}$ einer Funktion versteht man die Menge der reellen Zahlen, die Sie für die Variable x verwenden dürfen.
> Mit anderen Worten: Schließt man aus der Menge ℝ aller reellen Zahlen die Zahlen aus, die nicht an der Stelle der Variablen eingesetzt werden dürfen, so erhält man die so genannte maximale Definitionsmenge.

»Verboten« ist lediglich:

- Division durch Null.
- Null oder negative Zahlen im Argument des Logarithmus.
- Negative Zahlen unter der Quadratwurzel, 4. Wurzel, 6. Wurzel, ...

3 Analysis

Wenn Sie alle Zahlen ausschließen, die zu diesen »3 Verboten« zählen, bleibt der maximale Definitionsbereich übrig. Bei den ganzrationalen Funktionen; den e-Funktionen und den Sinus- und Kosinusfunktionen ist der Definitionsbereich ganz $\mathbb{R}$. Bei den anderen Funktionsarten müssen Sie unter Umständen einzelne Zahlen oder ganze Intervalle ausschließen. Dazu checken Sie einfach die »3 Verbote« ab.

Gesucht sei der Definitionsbereich der Funktionenschar $f_t(x) = \frac{3x}{x^2 - t}$.
Als »Verbot« kommt nur die Division durch 0 in Frage, da kein Logarithmus und keine Wurzel vorkommen.
Will man die Nullstellen des Nenners ausschließen, müssen drei verschiedene Fälle unterschieden werden:
$t > 0$: $\mathbb{D} = \mathbb{R} \setminus \{-\sqrt{t}, \sqrt{t}\}$ (Pole: $x = \pm t$) Der Nenner wird an zwei Stellen null!
$t = 0$: $\mathbb{D} = \mathbb{R} \setminus \{0\}$ (Pol bei $x = 0$) Der Nenner wird nur bei $x = 0$ null!
$t < 0$: $\mathbb{D} = \mathbb{R}$ Der Nenner wird nie null, keine Stelle muss ausgeschlossen werden.

Bei der weiteren Diskussion sind diese »ausgeschlossenen« Stellen nicht etwa wegzulassen, sondern von besonderer Wichtigkeit. An diesen Stellen sind die Lücken ($\rightarrow$ Seite 85) oder die Pole ($\rightarrow$ Seite 52).
Behandeln Sie eine Funktionenschar mit Parameter t, so sind die Definitionslücken möglicherweise von t abhängig.

3.3.2 Wertebereich

! Unter dem Wertebereich $\mathbb{W}$ versteht man die Menge der reellen Zahlen, die als Funktionswerte auch wirklich vorkommen. Nicht zu verwechseln mit dem Definitionsbereich, der Menge der reellen Zahlen, die als x-Werte erlaubt sind.

Wenn Sie den Wertebereich (meist ist nach dem maximalen Wertebereich gefragt) bestimmen müssen, genügt es nicht, die y-Werte der Extrempunkte zu betrachten. Es handelt sich ja um lokale und nicht um absolute Extrema.
Sie müssen zusätzlich die Funktionswerte für $|x| \rightarrow \infty$ betrachten und feststellen, wohin die Funktionswerte bei einem eventuell vorhandenen Pol streben. Erst mithilfe dieser Angaben können Sie entscheiden, welche Werte als Funktionswerte möglich sind bzw. welche Zahlen oder Intervalle nicht vorkommen können.
Ist eine Funktion nur auf einem Intervall definiert (z. B. zusammengesetzte Funktionen, $\rightarrow$ Seite 28), so müssen noch die Werte an den Intervallgrenzen betrachtet werden.

Am Schaubild sehen Sie den Wertebereich wohl am besten. Verschieben Sie die Beantwortung der Frage nach dem $\mathbb{W}$, bis Sie den Graphen vor sich haben. Dann dürften Sie keine Schwierigkeiten zu erwarten haben.

Wenn Sie eine Umkehrfunktion $\bar{f}$ von $f(x)$ bilden, wird $\mathbb{D}_f$ zu $\mathbb{W}_{\bar{f}}$ und $\mathbb{W}_f$ zu $\mathbb{D}_{\bar{f}}$.
Die Bestimmung des Definitionsbereiches ist wesentlich wichtiger und wesentlich häufiger als die Bestimmung des Wertebereiches.

3.3.3 Symmetrie

Muss im Rahmen einer Kurvenuntersuchung eine Funktion oder eine Funktionenschar auf Symmetrie untersucht werden, so ist nur die Symmetrie zur y-Achse oder zum Ursprung gemeint.

Sie gehen folgendermaßen vor, ganz gleich welche Funktionsart vorliegt:
- Sie ersetzen in der Funktionsgleichung die Variable x durch $(-x)$ (und zwar jedes x durch $(-x)$!).
- Sie vergleichen die erhaltene Funktion $f(-x)$ mit der Funktion $f(x)$

Folgende Fälle können auftreten:
- $f(x) = f(-x)$. Dann ist die Funktion symmetrisch zur y-Achse.
- $f(x) = T - f(-x)$. Dann ist die Funktion symmetrisch zum Ursprung $(0 | 0)$.
- Keiner der beiden obigen Fälle. Dann ist keine Symmetrie erkennbar. »Nicht symmetrisch« wäre als Schluss falsch, da die Funktion bzgl. einer Geraden ungleich der y-Achse oder eines Punktes ungleich dem Ursprung symmetrisch sein könnte, was bei obigem Ansatz nicht zu sehen ist.

Sind Funktionenscharen gegeben, kann sich für verschiedene t die Symmetrieeigenschaft ändern. Sie müssen notfalls eine Fallunterscheidung durchführen. Wenn sich das Symmetrieverhalten ändert, dann meist für $t = 0$.

$$f_t(x) = \frac{x-t}{x^2-4} \Rightarrow f_t(-x) = \frac{-x-t}{x^2-4} = \frac{x+t}{x^2-4}$$

ist für $t = 0$ symmetrisch zum Ursprung $(f_0(x) = f_0(-x))$; für $t \neq 0$ ist die Symmetrie aber nicht erkennbar $(f_t(x) \neq \pm f_t(-x))$.

Wenn Sie Symmetrie feststellen, haben Sie nur die »halbe« Arbeit. Es genügt dann, bei der Kurvenuntersuchung die Funktion für $x \in \mathbb{R}^+$ zu betrachten.

Nicht erkannte Symmetrie wirkt sich nicht als Fehler aus. Es müssen lediglich einige Berechnungen zusätzlich erledigt werden, der Zeitaufwand wird größer. Schlimmer ist

3 Analysis

es, wenn Sie fälschlicherweise annehmen, dass die Funktion symmetrisch ist. Überprüfen Sie einige Punkte beim Aufstellen der Wertetabelle.

Das Folgende gehört nicht zu einer »normalen« Kurvenuntersuchung, aber zum notwendigen Grundwissen auf jeden Fall. Da die Betrachtung dem Verständnis der Symmetriebetrachtung innerhalb der Kurvendiskussion (→ linke Spalte) dient, wurde es hier eingeschoben.

Symmetrie zum Punkt $P(u|v)$

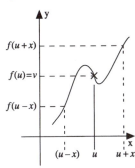

Eine Funktion ist symmetrisch zum Punkt $P(u|v)$, wenn für alle $x \in \mathbb{D}$ v der Mittelwert von $f(u-x)$ und $f(u+x)$ ist.

Es muss folgende Gleichung erfüllt sein:

$f(u-x) + f(u+x) = 2 \cdot f(u) = 2v$

Mit anderen Worten:

Sie ersetzen die Variable x zunächst durch den Term $(u-x)$, dann durch den Term $(u+x)$, und addieren die beiden Funktionsterme. Ist das Ergebnis $2 \cdot v$, so ist der Graph von $f(x)$ symmetrisch zum Punkt $P(u|v)$.

Liegt P auf $f(x)$, so ist P ein Wendepunkt.

Symmetrie zur Geraden $x = u$

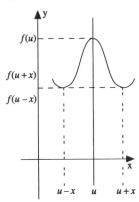

Eine Funktion ist symmetrisch zur Geraden $x = u$, wenn für alle x die Gleichung

$f(u-x) = f(u+x)$ erfüllt ist.

Mit anderen Worten:

Sie ersetzen die Variable x zunächst durch den Term $(u-x)$, dann durch den Term $(u+x)$ und vergleichen die beiden Funktionsterme. Sind beide Terme gleich, so ist der Graph von $f(x)$ symmetrisch zur Geraden $x = u$.

Liegt P auf $f(x)$, so muss P ein Extrempunkt sein.

3.3.4 Senkrechte Asymptote (Pol)

Eine Asymptote ist eine Gerade, an die sich eine Kurve anschmiegt, ohne sie im Endlichen zu erreichen. Wir müssen dieses »Anschmiegen« ein klein wenig genauer betrachten. Wir beginnen mit der senkrechten Asymptote (auch Pol genannt), einer Geraden, die parallel zur y-Achse liegt.

Die Pole müssen Sie bei jeder Kurvendiskussion finden. Wenn Sie einen Pol falsch einzeichnen oder gar vergessen, kann Ihr Graph niemals richtig sein.

Bei der Bestimmung der Pole hilft Ihnen leider die √ so gut wie nicht; der 🔲 leistet schon mehr. Allerdings müssen Sie bereit sein einige zusätzliche Werte zu berechnen.

! $x = k$ heißt Pol des Graphen von $f(x)$, wenn $\lim\limits_{x \to k} f(x) \to \pm\infty$ gilt!

Mit anderen Worten: Nähert man sich mit den x-Werten dem Wert k und werden dabei die Funktionswerte betragsmäßig unendlich groß, so heißt die Gerade $x = k$ senkrechte Asymptote oder Pol. Man sagt: Der Graph hat an der Stelle k einen Pol.

Ein Pol kann nur an einem nicht definierten Wert der Funktion oder am Rande eines Intervalls, in dem die Funktion nicht definiert ist, vorkommen!

Bilden Sie gegen alle nicht definierten Werte bzw. Randwerte eines nicht definierten Intervalls den Grenzwert. »Geht« dieser Grenzwert gegen $\pm\infty$, liegt an den entsprechenden Stellen ein Pol.

Bilden Sie den Grenzwert von beiden Seiten. Erhalten Sie dasselbe Vorzeichen, liegt ein Pol ohne Zeichenwechsel, bei verschiedenen Vorzeichen ein Pol mit Zeichenwechsel vor.

Bei Problemen mit dem Grenzwert:

Berechnen Sie mit dem 🔲 einige Werte sehr nahe an der nicht definierten Stelle, wieder von beiden Seiten. Sie erkennen an den Funktionswerten sehr schnell, ob ein Pol vorliegt (das heißt, ob die Funktionswerte gegen $\pm\infty$ »laufen«).

Manche Rechner zeigen bei sehr großen bzw. sehr kleinen Zahlen »ERROR« oder »-E-« an. Vergessen Sie dann den eingegebenen Wert und rechnen Sie mit einem benachbarten Wert weiter!

$f(x) = \frac{5x}{3x-6}$ ist für $x = 2$ nicht definiert.

$\lim\limits_{x \to 2^+} f(x) \to \infty$ und $\lim\limits_{x \to 2^-} f(x) \to -\infty$. Es liegt ein Pol mit Zeichenwechsel vor.

3 Analysis

Wenn Sie bei der notwendigen Grenzwertbetrachtung Schwierigkeiten haben sollten, setzen Sie den 🖩 ein: ([x-Wert][Kin1][X][3][−][6][=][1/x][X][5][X][Kout1][=]) wäre eine gute »Tippfolge« für das anstehende Problem.

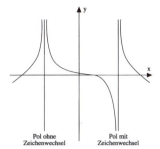

Pol ohne Zeichenwechsel   Pol mit Zeichenwechsel

Sie würden damit folgende Werte erhalten:
$f(1,9) = 231,67$
$f(2,1) = 35$
$f(1,9999) = -33\,331,67$
$f(2,0001) = 33\,335$
Genügt eigentlich für den Pol, oder?
Geometrisch sieht der Graph am Pol dann wie links abgebildet aus:

3.3.5 Waagerechte Asymptote

Eine waagerechte Asymptote ist eine Gerade parallel zur x-Achse mit der Gleichung $y = k$. ($k \in \mathbb{R}$), an die sich der Graph der Funktion anschmiegt.
Bei der Bestimmung der waagerechten Asymptote hilft Ihnen leider die √ so gut wie nicht; der 🖩 leistet schon mehr. Allerdings müssen Sie bereit sein einige zusätzliche Werte zu berechnen. Und zwar Werte weit außerhalb des Zeichenbereichs (z. B. $f(\pm 100)$; $f(\pm 1000)$ ...). Beachten Sie bitte dabei, dass bei zu großen bzw. zu kleinen Werten der 🖩 eine Fehlermeldung bringt. Sie müssen dann mit neuen Zahlen, die nicht so extrem groß oder klein sind, neu beginnen.

 Wenn $\lim\limits_{x \to \pm\infty} (f(x) - k) = 0$ gilt, ist $y = k$ waagerechte Asymptote des Graphen von $f(x)$.

Mit anderen Worten: Der Graph der Funktion $f(x)$ nähert sich für sehr große bzw. sehr kleine Werte ($\to -\infty$) immer mehr der Geraden $y = k$.

Nicht jede Funktion hat eine waagerechte Asymptote. Für $x \to \infty$ gibt es höchstens eine waagerechte Asymptote und für $x \to -\infty$ ebenfalls. Beide können verschieden sein, was allerdings selten vorkommt.

◆ Ganzrationale Funktionen haben keine waagerechte Asymptote.
◆ Für gebrochenrationale und Potenzfunktionen gilt:
Zählergrad > Nennergrad ⇒ keine waagerechte Asymptote.
Zählergrad = Nennergrad ⇒ Ist r der Quotient der Summanden im Zähler und im Nenner mit den jeweils höchsten Exponenten bei der Variablen, so ist $y = r$ waagerechte Asymptote für $x \to \pm\infty$.

Zählergrad < Nennergrad ⇒ waagerechte Asymptote: $y = 0$ (x-Achse) für $x \to \pm\infty$.

♦ Bei sonstigen Funktionsarten, verknüpften und verketteten Funktionen: Grenzwertbildung getrennt für $x \to +\infty$ und $x \to -\infty$ (→ Seite 25 ff.).

3.3.6 Schiefe Asymptote

Eine schiefe Asymptote ist eine Gerade mit der Gleichung $y = mx + b$ ($m \neq 0$), an die sich der Graph der Funktion anschmiegt.

! Wenn $\lim\limits_{x \to \pm\infty} (f(x) - (mx + b)) = 0$ gilt, ist $y = mx + b$ schiefe Asymptote des Graphen von $f(x)$.

Eine schiefe Asymptote hat nur eine gebrochenrationale Funktion, deren Zählergrad um genau 1 höher ist als ihr Nennergrad.
Die schiefe Asymptote wird durch eine Polynomdivision (→ Seite 21 f.) bestimmt.
Als Ergebnis der Polynomdivision (Zählerpolynom durch Nennerpolynom) erhält man ein lineares Glied mx, ein konstantes Glied b (das im Sonderfall auch 0 sein kann) und einen Rest.

$y = mx + b$ ist die schiefe Asymptote, da der Rest für $x \to \pm\infty$ gegen null strebt.

Eine Funktion kann höchstens eine schiefe Asymptote haben.
Eine schiefe Asymptote und eine waagerechte Asymptote können nie gleichzeitig vorkommen.
Eine Funktion mit schiefer Asymptote oder waagerechter Asymptote kann gleichzeitig einen oder mehrere Pole haben.

Für $f(x) = \dfrac{3x^2 - x + 4}{x + 2}$ gilt: Nennergrad + 1 = Zählergrad.

Durch Polynomdivision ergibt sich:

$(3x^2 - x + 4) : (x + 2) = 3x - 7 + \dfrac{18}{x+2}$ (Rest; Zählergrad < Nennergrad)
$\quad \underline{3x^2 + 6x}$
$\quad\quad\; -7x + 4$
$\quad\quad\; \underline{-7x - 14}$
$\quad\quad\quad\quad\; 18$

⇒ Schiefe Asymptote ist die Gerade $y = 3x - 7$.

3.3.7 Übungsaufgaben zu den Asymptoten

Bestimmen Sie für die folgenden Funktionen (bzw. Funktionsscharen) die Pole, die waagerechten und die schiefen Asymptoten.
Bitte decken Sie zunächst die Lösungen ab. Die Zeitvorgabe: maximal 15 Minuten.
Bitte immer zuerst nach möglichen Polen untersuchen: Nenner gleich null und gleichzeitig Zähler ungleich null bzw. Argument des ln gleich null.
Erst danach werden die waagerechten und schiefen Asymptoten gesucht, notfalls ganz unmathematisch mit dem Taschenrechner über die Berechnung geeigneter Funktionswerte. z. B. $f(\pm 10)$; $f(\pm 100)$; $f(\pm 1000)$; ...
Die mathematischen Hilfen: Polynomdivision ($\to$ Seite 21 ff.); Grenzwertsätze ($\to$ Seite 25 ff.), Regel von L'Hospital ($\to$ Seite 26), ... Sie finden natürlich alle angegebenen Hilfen auch in der $\sqrt{}$.

Funktion $f_t(x) = \dfrac{15tx^3 - 2x^2 + t^4x - 3^5}{5x^3 + 40t^3}$

Lösung: Pol mit Zeichenwechsel bei $x = -2t$; Zählergrad = Nennergrad
$\Rightarrow$ waagerechte Asymptote: $y = 3t$.

Funktion $f_t(x) = \dfrac{15tx^3 - 2x^2 + t^4x - 3^5}{5x^2 + 8t^3}$

Lösung: Pol mit Zeichenwechsel fü $t \leq 0$ bei $x = \sqrt{-1,6t^3}$.
Zählergrad = Nennergrad + 1
$\Rightarrow$ schiefe Asymptote: $y = 3tx - 0,4$ (Berechnung über Polynomdivision).

Funktion $f_t(x) = \dfrac{3tx^3 - 2x^2 + t^4x - 3^5}{x^4 - 8x^2 + 16}$

Lösung : Pol ohne Zeichenwechsel jeweils bei $x = \pm 2$; Zählergrad < Nennergrad
$\Rightarrow$ waagerechte Asymptote $y = 0$ (x-Achse).

Funktion $f_t(x) = \dfrac{3x^4 - 12x^3}{x^2 - 2x - 8}$

Lösung: Pol mit Zeichenwechsel bei $x = -2$. Kein Pol bei $x = 4$, da für $x = 4$ auch der Zähler null wird (Lücke, $\to$ Seite 85 f.) Keine schiefe und waagerechte Asymptote, da Zählergrad > Nennergrad + 1.

Funktion $f_t(x) = (t-x) \cdot \dfrac{e^x}{2t}$

Lösung: Kein Pol. $\lim\limits_{x \to +\infty} f_t(x) \to \infty$ $\Rightarrow$ keine waagerechte Asymptote für $x \to \infty$.
$\lim\limits_{x \to -\infty} f_t(x) = 0$ $\Rightarrow$ $y = 0$ ist waagerechte Asymptote für $x \to -\infty$.

Funktion $f_t(x) = \frac{\sqrt{x} - 3e^{tx}}{x-2}$

Lösung: Pol bei $x = 2$ mit Zeichenwechsel. $x \to -\infty$ wegen Definitionsbereich nicht möglich.

$$\lim_{x \to +\infty} f_t(x) \begin{cases} \to -\infty & \text{für } t > 0 \Rightarrow \text{ keine waagrechte Asymptote.} \\ = 0 & \text{für } t = 0 \Rightarrow y = 0 \text{ ist waagrechte Asymptote.} \\ = 0 & \text{für } t < 0 \Rightarrow \text{ keine waagrechte Asymptote.} \end{cases}$$

Funktion $f_t(x) = \frac{t + \ln x}{x}$

Lösung: »Einseitiger« Pol $x = 0$ ($\lim_{x \to 0} f_t(x) \to -\infty$).
$\lim_{x \to +\infty} f_t(x) = 0 \Rightarrow y = 0$ (x-Achse) ist waagrechte Asymptote. $x \to -\infty$ wegen Definitionsbereich nicht möglich.

Funktion $f_t(x) = 1 - \frac{2e^x}{e^x + t}$

Lösung: Pol für $t < 0$ bei $x = \ln(-t)$; $t \geq 0$ kein Pol ($\ln x$ für $x \leq 0$ nicht definiert).
$\lim_{x \to +\infty} f_t(x) = -1 \Rightarrow$ waagrechte Asymptote für $x \to +\infty$ ist $y = -1$.
$\lim_{x \to -\infty} f_t(x) = 1 \Rightarrow$ waagrechte Asymptote für $x \to -\infty$ ist $y = 1$.

3.3.8 Nullstellen

Die Nullstellen der Funktion $f(x)$ sind die x-Werte x_i, für die $f(x_i) = 0$ wird. Die zugehörigen Punkte sind $N_i(x_i|0)$. Geometrisch: An den Nullstellen schneidet oder berührt das Schaubild der Funktion die x-Achse. Die Ordinate ist null.

Die Rechenfertigkeit »Nullstellenbestimmung« von Funktionen und deren Ableitungen ist identisch mit der Rechenfertigkeit »Lösen von Gleichungen«.

Da ein Produkt nur null ist, wenn mindestens einer der Faktoren null ist, können Sie, sofern der Term als Produkt vorliegt, die Faktoren einzeln »gleich null setzen«. Ist eine Nullstelle x_1 eines Terms T bekannt, so können Sie den Term T durch $(x - x_1)$ ohne Rest teilen und die Nullstellen des neuen Terms betrachten. Sie sind (zusätzlich zu x_1) Nullstellen des Terms T.

Bei den einzelnen Funktionsarten hilft Ihnen folgende Liste der Möglichkeiten:

Ganzrationale Funktion (ga-Fkt)

◆ Ausklammern: Aus $y = 3x^3 - 2x^2 + 5x \Rightarrow x(3x^2 - 2x + 5) = 0$ mit der Lösung $x_1 = 0$ und den Lösungen der quadratischen Gleichung $3x^3 - 2x^2 + 5x = 0$.

3 Analysis

- Substitution: Aus $y = 3x^4 - 5x^2 - 1 \Rightarrow y = 3u^2 - 5u - 1$ (Substitution $u = x^2$). Nach dem Lösen der quadratischen Gleichung $y = 3u^2 - 5u - 1$ x aus u berechnen.
- Polynomdivision ($\rightarrow$ Seite 21): Aus $y = x^3 - 6x^2 + 8x = 3$ bei bekannter Nullstelle $x_1 = 3 \Rightarrow (x^3 - 6x^2 + 8x + 3) : (x - 3) = x^2 - 3x - 1$, eine lösbare quadratische Gleichung.

Gebrochenrationale Funktion (geb-Fkt)

Es liegt nur dann eine Nullstelle an der Stelle $x = x_i$ vor, wenn der Zähler bei x_1 null wird und gleichzeitig der Nenner bei x_1 ungleich null ist (beide gleich null $\Rightarrow$ Lücke, $\rightarrow$ Seite 85). Nullstelle von Zähler und Nenner getrennt bestimmen oder Nullstelle des Zählers in den Nenner einsetzen.

$y = \frac{x^2 - 4}{x + 2}$ hat an der Stelle $x = 2$ eine Nullstelle, bei $x = -2$ eine Lücke.

Natürliche Exponentialfunktion (e-Fkt)

Klammern Sie immer den Term mit e^x aus. (Dies ist spätestens ab der 1. Ableitung immer möglich!) Da e^x nie null werden kann, muss nur noch der nach dem Ausklammern bleibende Restfaktor null gesetzt werden:
$3xe^x - te^x$ wird zu $e^x(3x - t)$ mit der Nullstelle $x = \frac{t}{3}$ (über $3x - t = 0$).

Natürliche Logarithmusfunktion (ln-Fkt)

$\ln(g(x))$ ist für $g(x) = 1$ null und für $g(x) = 0$ nicht definiert.
$\ln(g(x)) = 0 \Leftrightarrow g(x) = 1$! Also $g(x) - 1 = 0$. Eine ln-Funktion wird dann und nur dann gleich null, wenn das Argument im ln eins ist.

Trigonometrische Funktion (tri-Fkt)

Der 🖩 gibt immer nur eine der periodisch wiederkehrenden Nullstellen an. Und zwar diejenige zwischen $-90°$ und $90°$ (zwischen $-0,5\pi$ und $0,5\pi$).
$\sin(g(x)) = 0$ bei $g(x) = z \cdot \pi$; $z \in \mathbb{Z}$; tan hat dieselben Nullstellen wie sin.
$\cos(g(x)) = 0$ bei $g(x) = \frac{z \cdot \pi}{2}$; $0 \neq z \in \mathbb{Z}$; cot hat dieselben Nullstellen wie cos.

Potenzfunktion (po-Fkt)

Die Nullstellenbestimmung ist immer problematisch, da algebraische Umformungen in der Regel nicht zu umgehen sind. Denken Sie auch hier an die $\sqrt{}$ und vor allem daran: Strichrechnungen sind Fehlerquellen!
$\sqrt{a^2 + x^2} \neq a + x$; $(\sqrt{x} + 5)^2 \neq x + 25$; $(3 + x)^{1:3} \neq 3^{1:3} + x^{1:3}$, ...
Bei den Potenzfunktionen ist eine Probe angebracht. Prüfen Sie, ob die berechnete Nullstelle tatsächlich den y-Wert null ergibt (mit dem 🖩 kein Problem).

Betragsfunktion (||-Fkt)

Schreiben Sie die Betragsfunktion um und vereinfachen Sie die beiden Terme, sofern es möglich ist. Dann werden die Terme nach der geschweiften Klammer wie zwei Funktionen mit verschiedenen »Nullstellen-Bestimmungen« behandelt. Darauf achten, ob die Nullstelle im entsprechenden Definitionsbereich liegt.

3.3.9 Extrempunkte

> Extrempunkte sind die Punkte des Schaubildes, die gegenüber ihren unmittelbaren Nachbarpunkten die größten oder kleinsten Funktionswerte haben.

Extrempunkte sind nicht unbedingt die größten oder kleinsten Funktionswerte der Funktion, sondern nur die innerhalb der Umgebung größten oder kleinsten (relative Extrempunkte).

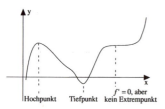

Hochpunkt (HP) heißt der Punkt mit dem größten Funktionswert der Umgebung. Tiefpunkt (TP) heißt der Punkt mit dem kleinsten Funktionswert der Umgebung. Der Tiefpunkt ist im gezeichneten Beispiel auch der kleinste Wert der Funktion, der Hochpunkt aber nur der größte Wert der Umgebung.

Bestimmung der Extrempunkte

- Notwendige Bedingung: Der Graph muss an jedem Extrempunkt eine waagerechte Tangente haben. (Die Steigung muss null sein, also $f' = 0$). Deshalb werden zunächst alle Stellen x_i berechnet, für die $f'(x_i) = 0$ gilt.
- Hinreichende Bedingung: Wechselt f' an der Stelle x_i das Vorzeichen, liegt ein Extrempunkt vor. Wechsel von + nach − (vor x_i steigt, nach x_i fällt der Graph) bedeutet Hochpunkt bei x_i. Ist $f''(x_i) < 0$, ist diese Bedingung auf jeden Fall erfüllt. Wechsel von − nach + (vor x_i fällt, nach x_i steigt der Graph) bedeutet Tiefpunkt bei x_i. Ist $f''(x_i) > 0$, ist diese Bedingung auf jeden Fall erfüllt.
- Berechnung der Ordinate: Die unter 1. gefundenen und unter 2. geprüften x-Werte werden in die Funktionsgleichung eingesetzt.

Man erhält damit den Funktionswert (y-Wert, Ordinate) des Extrempunktes.

> Die Lösungen der Gleichung $f'(x) = 0$ seien die Werte $x_1, x_2, \ldots$ Es gilt
> $$f''(x_i) \begin{cases} > 0 \;\Rightarrow\; (x_i | f(x_i)) \text{ ist Tiefpunkt.} \\ = 0 \;\Rightarrow\; \text{Sonderfall.} \\ < 0 \;\Rightarrow\; (x_i | f(x_i)) \text{ ist Hochpunkt.} \end{cases}$$

3 Analysis

Sonderfall $f'(x_i) = 0$ und $f''(x_i) = 0$:
Setzen Sie x_i in f''' ein. Ist $f'''(x_i) \neq 0$, ist $P(x_i | f(x_i))$ ein Wendepunkt und kein Extrempunkt. Ansonsten (also für $f'''(x_i) = 0$) müssen Sie untersuchen, ob f' an der Stelle x_i das Vorzeichen wechselt.

Ist eine Lösung x_i von $f' = 0$ von einem Parameter abhängig, müssen Sie bei $f''(x_i)$ möglicherweise eine Fallunterscheidung vornehmen. $f''(x_i)$ kann ja für verschiedene t verschiedene Vorzeichen haben (oder null werden). Mathematisch korrekt müssten Sie $f'(x_i - \delta)$ und $f'(x_i + \delta)$ mit einer kleinen Zahl δ vergleichen.

Wechselt das Vorzeichen von + nach –, ist $P(x_i | f(x_i))$ ein Hochpunkt; von – nach + ist $P(x_i | f(x_i))$ ein Tiefpunkt; und wechselt das Vorzeichen nicht, ist P auch kein Extrempunkt.

Da über das Schaubild und die Wertetabelle ohnehin sicher und schnell zu sehen ist, ob es sich um einen Extrempunkt handelt und welcher Art er gegebenenfalls ist, lohnt sich der Rechenaufwand beim Vorzeichenwechsel nicht.

Es sei $f'(x_i)$; $f''(x_i)$ und $f'''(x_i)$ gleich null.

- Kennen Sie alle Nullstellen von f', dann wählen Sie die Zahl d, die kleiner ist als der Abstand zur nächsten Nullstelle, bestimmen die Vorzeichen von $f'(x_i + d)$ und $f'(x_i - d)$ und vergleichen.
- Kennen Sie nicht alle Nullstellen, so berechnen Sie mit dem 🖩 die Werte $f(x_i - 0{,}1)$ und $f(x_i + 0{,}1)$ und entscheiden damit, ob ein Extrempunkt vorliegt (und wenn ja, welcher Art) oder nicht.

3.3.10 Wendepunkte

! Wendepunkte sind die Punkte des Graphen einer Funktion, bei denen der Graph der Funktion von einer Rechts- in eine Linksdrehung (oder von einer Links- in eine Rechtsdrehung) übergeht.

Wie bei den Extrempunkten müssen wir bei den Wendepunkten zwischen einer notwendigen Bedingung (hier $f''(x_i) = 0$) und einer hinreichenden Bedingung (hier $f'''(x_i) \neq 0$) unterscheiden. Wird $f'''(x_i) = 0$, so muss man wie bei den Extrempunkten nach dem Vorzeichenwechsel (diesmal bei f'') schauen. Beachten Sie hierzu auch die Informationen in der √.

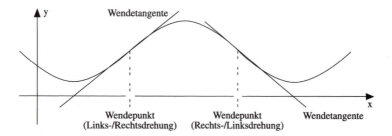

Die Rechenschritte zum Bestimmen der Wendepunkte entsprechen genau den Rechenschritten zum Bestimmen der Extrempunkte, jeweils jeder einzelne Schritt in der »nächst höheren« Ableitung. (f'' anstatt f' und f''' anstatt f'').

Bestimmung eines Wendepunktes für: $f(x) = x^4 + 2x^3 - 12x^2$

- Bestimmung der 2. Ableitung $f''(x)$: $f''(x) = 12x^2 + 12x - 24$
- Nullstellen $f''(x) = 0$ mit Lösungen x_i: $x_1 = 1$; $x_2 = -2$
- Bestimmung der 3. Ableitung $f'''(x)$: $f'''(x) = 24x + 12$
- Einsetzen der x_i in f''': $f'''(1) = 36 \neq 0$
  $f'''(x_i) \neq 0 \Rightarrow (x_i | f(x_i))$ ist Wendepunkt. $f'''(-2) = -36 \neq 0$
  $f'''(x_i) = 0 \Rightarrow$ Untersuchen Sie, ob f'' an   Wendepunkt $W_1(1|-9)$
  der Stelle x_i das Vorzeichen wechselt.   Wendepunkt $W_2(-2|-48)$
  Bei Vorzeichenwechsel ist $(x_i | f(x_i))$
  Wendepunkt, sonst nicht.

3.3.11 Wendetangente

Die mit Abstand am häufigsten verlangte Tangente an eine Kurve ist die Tangente im Wendepunkt des Graphen, die kurz Wendetangente heißt.

 Eine Tangente an einen Graphen im Punkt P ist die Gerade, die durch den Punkt P geht und die Steigung des Graphen im Punkt P hat.

Die Tangente (nicht nur die Wendetangente) wird in der Regel durch die Punkt-Steigungsform einer Geraden (siehe √) bestimmt, es wird für die Geradengleichung lediglich ein Punkt und die Steigung der Geraden benötigt.

3 Analysis

In der Praxis sieht die Bestimmung der Wendetangente folgendermaßen aus:
- Bestimmung Bestimmung des Wendepunktes $(x_w|f(x_w))$: $f(x) = x^4 + 2x^3 - 12x^2$
  $$\Rightarrow W(1|-9)$$
- Bestimmung Bestimmung der Steigung des Graphen an der Stelle x_w $(f'(x_w) = m)$:
  $$f'(1) = 4 + 6 - 24 = -14$$
- Bestimmung Einsetzen der berechneten Werte in die Punkt-Steigungsform der Geraden:
  $$y - 9 = -14(x - 1)$$
  $\Rightarrow$ Tangente:
  $$y = -14x + 5$$

Die Gleichung der Wendetangente allgemein ist $y - f(x_w) = f'(x_w) \cdot (x - x_w)$.

Wenn Sie zum Graphen die Wendetangente zeichnen müssen, so zeichnen Sie die Tangente vor dem Graphen. Sie können dann das Schaubild der Geraden anpassen und damit sieht die Gerade auch wie eine Tangente aus.
Ist das Schaubild bereits gezeichnet, kann (so zeigt die Erfahrung) ganz schlecht eine Gerade so eingezeichnet werden, dass sie auch wie eine Tangente aussieht.

3.3.12 Wertetabelle

Eine Wertetabelle (kurz auch Tabelle) ist eine Menge berechneter Punkte eines Graphen aus der Funktionsgleichung. Theoretisch kann man mithilfe von genügend vielen berechneten Punkten den Graphen jeder Funktion beliebig genau zeichnen.
Die speziellen Punkte (Nullstellen, Extrempunkte, Wendepunkte) kann man daraus (bis auf Sonderfälle) nur auf höchstens eine Dezimale genau der Wertetabelle oder der Zeichnung entnehmen. Auch noch so viele Werte in der Tabelle ersetzen die anderen Kurvenuntersuchungspunkte nicht ganz.
Erfahrungsgemäß ist auf die Wertetabelle Verlass. Sollte je ein Punkt »nicht ins Bild passen«, so berechnen Sie einfach einen Nachbarpunkt und lassen beim Zeichnen den »unsicheren« Punkt weg. Prinzipiell sollten Sie so viele Punkte in Ihrer Wertetabelle berechnen, dass kein Zweifel mehr über den Verlauf des Graphen aufkommen kann. Die schon berechneten speziellen Punkte übernehmen Sie natürlich aus der Kurvenuntersuchung. Zur Berechnung der Wertetabelle benützen Sie selbstverständlich den 🖩. Denken Sie daran, dass er nicht nur die Werte ganzer Zahlen, sondern alle Werte, die Sie benötigen, berechnen kann. Insbesondere wenn Sie nicht sicher sind, lassen Sie den 🖩 für sich arbeiten.
Müssen Sie einen bestimmten Graphen einer Funktionenschar zeichnen, schreiben Sie die entsprechende Funktionsgleichung zunächst einmal auf (Parameter durch die entsprechende Zahl ersetzen).

Bitte erst danach den *x*-Wert einsetzen, um den *y*-Wert zu berechnen.

Besser einige Punkte zu viel berechnen als auch nur einen einzigen zu wenig! Trainieren Sie wenigstens eine Stunde lang das Berechnen von *y*-Werten.

3.3.13 Graph (Schaubild)

Unter dem Graphen oder dem Schaubild einer Funktion verstehen wir die »zeichnerische Darstellung« der Funktion im rechtwinkligen, ebenen Koordinatensystem. Die Punkte der Ebene, die die Funktionsgleichung erfüllen, werden ins Koordinatensystem eingezeichnet und ergeben (verbunden miteinander) das Schaubild.

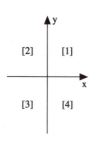

Das Zeichenblatt wird durch das rechtwinklige Koordinatensystem in 4 Flächen aufgeteilt. Man spricht von 4 Feldern (oder 4 Quadranten), die, wie in der Skizze angegeben, mathematisch positiv durchnummeriert werden (also entgegen dem Uhrzeigersinn).

Der Graph wird auch als **Kurve** oder **Kurvenbogen** bezeichnet. Er hat in der Regel einen anderen »Namen« als die Funktion.

In der Praxis zeichnet man wenige spezielle Punkte ein, die verbunden werden und das Schaubild ergeben. In der Regel sind dies:
- Die Nullstellen, in denen der Graph die *x*-Achse schneidet oder berührt $(f(x) = 0)$.
- Die Extrempunkte, die die höchsten oder tiefsten Funktionswerte in der Umgebung haben $(f'(x) = 0$ und $f''(x) \neq 0)$.
- Die Wendepunkte, in denen der Graph von einer Rechts- in eine Linksdrehung (oder umgekehrt) übergeht $(f''(x) = 0$ und $f'''(x) \neq 0)$.

Um den Verlauf der Kurve möglichst genau festzulegen, berechnet man noch weitere Punkte (Wertetabelle). Sofern der Graph Asymptoten hat, müssen diese vor dem Zeichnen des Graphen in das Achsenkreuz eingezeichnet werden; insbesondere die Pole!

Zeichnen Sie nicht leichtfertig mehr »spezielle« Punkte (Nullstellen, Extrempunkte, Wendepunkte) ein, als Sie berechnet haben. Besser ist es auf jeden Fall, nochmals (auch wenn die Zeit knapp ist) zum Rechner zu greifen.

3 Analysis

3.3.14 Übungsaufgaben zu den Kurvenuntersuchungen

Untersuchen Sie die Funktionenscharen 1 bis 4 nach Definitionsbereich (DB), Wertebereich (WB), Symmetrie (Sy), Nullstellen (NS), Polen (Pol), waagerechten und schiefen Asymptoten (wA, sA), Extrempunkten (HP, TP) und Wendepunkten (WP). Berechnen Sie geeignete Werte für das angegebene t und zeichnen Sie dazu das Schaubild dieser Funktion der Schar. Bitte decken Sie die Lösungen zunächst ab. Zeitvorgabe: maximal 25 Minuten pro Aufgabe!

$f_t(x)$	1 Graph für $t=3$ $\frac{1}{t}x^3 + 2x^2 + tx$	2 Graph für $t=4$ $\frac{x}{x^2-t}$ ($t>0$)	3 Graph für $t=1$ $e - e^{tx}$	4 mit $-\frac{\pi}{2} < x < \frac{\pi}{2}$ $\frac{4}{\pi}x - \tan x$
Sy	nicht erkennbar	symmetrisch 0|0	nicht erkennbar	nicht erkennbar
DB	$\mathbb{R}$	$\mathbb{R} \setminus \{\pm\sqrt{t}\}$	$\mathbb{R}$	$\mathbb{R}$
WB	$\mathbb{R}$	$\mathbb{R}$	$W = \{y\|-\infty < y < e\}$	$\mathbb{R}$
NS	(0|0); (−t|0)	(0|0)	(1 : t|0)	nicht berechenbar
Pol	kein Pol	$x = \pm\sqrt{t}$ mit ZW	kein Pol	$x = \pm 0,5(2z+1)\pi$; $z \in \mathbb{Z}$
wA	keine waager. A.	$y = 0$ für $x \to \pm\infty$	$y = e$ für $x \to -\infty$	keine waager. A.
sA	keine schiefe A.	keine schiefe A.	keine schiefe A.	keine schiefe A.
HP	(−t|0)	kein Hochpunkt	kein Hochpunkt	$(0{,}482 \pm 2z\pi\|f(...))$
TP	$(-t:3\|-4t^2:27)$	kein Tiefpunkt	kein Tiefpunkt	$(-0{,}482 \pm 2z\pi\|f(...))$
WP	(4|4t)	(0|0)	kein Wendepunkt	$(z\pi\|f(z\pi))\, z \in \mathbb{Z}$

Weitere Werte über den Taschenrechner:

Achtung: Die Schaubilder der Funktionen sind grob skizziert. Sie dienen nur dem Vergleich.

	−5	−4	−3	−2	−1	0	1	2	3	4	5	8
$f_1(x) = \frac{1}{3}x^3 + 2x^2 + 3x$	−6,7	−1,3	0	−0,7	−1,3	0	5,3	16,7				
$f_4(x) = \frac{x}{x^2-4}$	−0,2	−0,3	−0,6	Pol	0,3	0	−0,3	Pol	0,6	0,3	0,2	0,1
$f_1(x) = e - e^x$	2,7	2,7	2,7	2,6	2,4	1,7	0	−4,7	−17	−52		
$f(x) = \frac{4}{\pi}x - \tan x$	−9,7	−3,9	−4,0	−4,7	0,3	0	−0,3	4,7	4,0	3,9	9,7	17,0

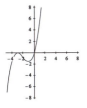
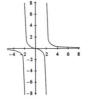
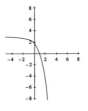
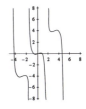

1 für $t=3$ 2 für $t=4$ 3 für $t=1$ 4 mit $-\frac{\pi}{2} < x < \frac{\pi}{2}$

3.3.15 Übersicht zu den Kurvenuntersuchungen

Ganzrationale Funktion (ga-Fkt)
Definitionsbereich: Ganz $\mathbb{R}$. Die Funktion ist auch stetig und differenzierbar in ganz $\mathbb{R}$.
Symmetrie: Über $f(-x)$. Oder: nur gerade Exponenten $\Rightarrow$ symmetrisch zur y-Achse; nur ungerade Exponenten $\Rightarrow$ symmetrisch zu $(0|0)$.
Asymptoten: Es existieren keine Asymptoten.
Nullstellen: Ist eine Nullstelle x_0 bekannt, mit Polynomdivision $f(x) : (x - x_0)$ bilden. Bei Grad n existieren höchstens n Nullstellen.
Extrempunkte: Grad $n \Rightarrow$ höchstens $n-1$ Extremstellen. Summanden einzeln ableiten. Bei der hinreichenden Bedingung auf Parameterwert achten ($+$ oder $-$).
Wendepunkte: Grad $n \Rightarrow$ höchstens $n-2$ Wendestellen.
Wertetabelle: Werte nicht nur für ganze Zahlen von x-Werten berechnen. Besser verstärkt in der Nähe der Nullstellen, Extrem- und Wendepunkte.
Graph (Schaubild): Nicht mehr als n Nullstellen und $n-1$ Extrempunkte einzeichnen! Jede ganzrationale Funktion strebt für $x \to \pm\infty$ gegen ∞ oder $-\infty$.

Gebrochenrationale Funktion (ge-Fkt)
Definitionsbereich: $\mathbb{R}$ ohne die Nullstellen des Nenners.
Symmetrie: Nur über $f(-x)$! Nie mit geraden oder ungeraden Exponenten! $f(-x) = f(x)$ $\Rightarrow$ symmetrisch zur y-Achse. $f(-x) = -f(x)$ $\Rightarrow$ symmetrisch zu $(0|0)$.
Asymptoten: Pole bei den Nullstellen des Nenners (Zähler $\neq$ 0). Vergleich höchster Zähler- und Nenner-Exponenten ergibt waagerechte oder schiefe Asymptote (Polynomdivision).
Nullstellen: Mit Z (= Zähler) und N (= Nenner) gilt: Z = 0 und N $\neq$ 0 $\Rightarrow$ Nullstelle Z = 0 und N = 0 $\Rightarrow$ Lücke Z $\neq$ 0 und N = 0 $\Rightarrow$ Pol. Mit Z-Grad n und N-Grad m $\Rightarrow$ maximal n Nullstellen.
Extrempunkte: Bei Nennergrad n und Zählergrad m $\Rightarrow$ höchstens $n + m - 1$ Extremstellen! Ableiten mit Quotientenregel, Funktion nicht umschreiben!
Wendepunkte: Höchstens $n + 2m - 2$ Wendestellen! Wenn Wendetangente verlangt ist, vor dem Schaubild die Tangente zeichnen.
Wertetabelle: Werte in der Nähe der Pole berechnen. Nicht zu viele Nullstellen einzeichnen. Werte mit ▦ berechnen: e aus ▦ über [1][INV][ln]!
Graph (Schaubild): Asymptoten immer vor dem Schaubild einzeichnen. Lücken einzeichnen, Funktionsgleichung danach kürzen und mit gekürzter Funktion weitermachen.

3 Analysis

Exponentialfunktion (e-Fkt)
Definitionsbereich: Reine e-Funktionen sind auf ganz $\mathbb{R}$ definiert. Vorsicht: $e^x > 0$!
Symmetrie: Über $f(-x)$. Wichtig: $-e^x \neq e^{-x} = \frac{1}{e^x}$.
Asymptoten: $\lim \to \infty$ und $\lim \to -\infty$ getrennt bestimmen. »e^x läuft schneller als jede Potenz von x!«
Nullstellen: $e^x \neq 0 \Rightarrow e^x$, wenn möglich, ausklammern und vom Restfaktor Nullstellen bestimmen.
Extrempunkte: Nach dem Ableiten e^x ausklammern! Immer daran denken: $e^x > 0$ für alle x.
Wendepunkte: 1. Ableitung mit Produktregel weiter ableiten.
Wertetabelle: Man benötigt viele Punkte, wenn man sonst wenig weiß. Mit Speicher im 🔢 arbeiten.
Graph (Schaubild): Vorsicht: Waagerechte bzw. schiefe Asymptoten gelten meist nur entweder für $x \to \infty$ oder $x \to -\infty$.

Logarithmus-Funktion (ln-Fkt)
Definitionsbereich: $\ln g(x)$ ist nur für $g(x) > 0$ definiert. Bei Scharen an Fallunterscheidungen denken!
Symmetrie: Nur über $f(-x)$. $f(-x) = f(x) \Rightarrow$ symmetrisch zur y-Achse. $f(-x) = -f(x)$ $\Rightarrow$ symmetrisch zu $(0|0)$.
Asymptoten: Pol für $\ln(g(x))$ für $g(x) \to 0^+$ (rechtsseitiger Grenzwert $\to -\infty$).
»$\ln x$ läuft langsamer als jede Potenz von x!«
Nullstellen: $\ln(g(x)) = 0$ für $g(x) = 1$, da $\ln 1 = 0$.
Vorsicht bei jeder Strichrechnung im Argument!
Extrempunkte: Ableitung von $\ln x$ ist $1 : x$! Innere Ableitung nicht vergessen. Ableitung ist meist eine gebrochenrationale Funktion.
Wendepunkte: 2. Ableitung ist meist eine gebrochenrationale Funktion.
Wertetabelle: Werte in Polnähe bestimmen. Logarithmus-Gesetze ($\sqrt{}$) beachten. Immer 🔢 verwenden!
Graph (Schaubild): Vorsicht: $\ln x$ »geht« für $x \to \infty$ sehr langsam $\to \infty$. Bitte nicht an Punkten sparen vor dem Einzeichnen.

Trigonometrische Funktionen (tri-Fkt) – sin cos
Definitionsbereich: Ganz $\mathbb{R}$ (die Periode ist 2π)
Symmetrie: Achsensymmetrisch zur Geraden durch den Extrempunkt. Punktsymmetrisch zur Nullstelle.
Asymptoten: Keine Asymptoten.

Nullstellen: $\sin(g(x)) = 0$, wenn $g(x) = \pm \frac{n}{2} \cdot$ Periode, $n \in \mathbb{N}_0$. $\cos(g(x)) = 0$, wenn $g(x) = \frac{2n+1}{4} \cdot$ Periode, $n \in \mathbb{N}_0$.
Extrempunkte: In einer Periode ein Hoch-, ein Tiefpunkt. Jeweils genau zwischen den Nullstellen.
Wendepunkte: Nullstellen sind Wendepunkte
Wertetabelle: Vorsicht mit dem 🖩 : Immer auf RAD stellen, nicht mit Grad rechnen. Vielfache von π verwenden. Auch beim tan kein Gradmaß.
Graph (Schaubild): Beim Zeichnen an die Periode denken.

Trigonometrische Funktionen (tri-Fkt) – tan cot

Definitionsbereich: Polstellen ausnehmen: $\tan: \pm 0,5\pi + g\pi$; $\cot: g\pi$ mit $g \in \mathbb{G}$
Symmetrie: Punktsymmetrisch: tan zu $P\left(g \cdot \frac{\pi}{0}\right)$; cot zu $Q\left(\pm 0,5\pi + g\frac{\pi}{0}\right)$ jeweils mit $g \in \mathbb{G}$.
Asymptoten: tan hat Pole bei $\pm 0,5\pi \pm$ Periode. cot hat Pole bei 0 und $\pi \pm$ Periode. Periode ist π.
Nullstellen: $\tan(g(x)) = 0$ für $g(x) = g\pi$. $\cot(g(x)) = 0$ für $0,5\pi + g\pi$.
Extrempunkte: Keine Extrempunkte. Ableiten wegen der Wendepunkte, auch wenn $f' \neq 0$ gilt.
Wendepunkte: Nullstellen sind Wendepunkte
Wertetabelle: Vorsicht mit dem 🖩 : Immer auf RAD stellen, nicht mit Grad rechnen. Vielfache von π verwenden. Auch beim tan kein Gradmaß.
Graph (Schaubild): Beim Zeichnen an die Periode denken.

Potenzfunktion (po-Fkt)

Definitionsbereich: Bei $x^{n:m}$ muss wegen $\sqrt[m]{x^n}$ für gerade m und ungerade n $x \geq 0$ sein!
Symmetrie: Nur über $f(-x)$, nicht über gerade oder ungerade n, m bei $x^{n:m}$.
Asymptoten: Alle Arten der Asymptoten möglich, z. B. $f(x) = x^{-1}$ hat Pol ($x = 0$) und waagerechte Asymptote ($y = 0$).
Nullstellen: Teils schlecht bestimmbar. Vorsicht bei Umstellungen bei Strichrechnungen!
Extrempunkte: Vorsicht bei negativen Exponenten beim Ableiten.
Wendepunkte: Für die Anzahl sind global keine Aussagen möglich.
Wertetabelle: Mit der [x^y]-Taste werden die meisten Fehler gemacht! Mit Speicher arbeiten und vorher üben.
Graph (Schaubild): Vorsicht vor »versteckten« Polen bei negativen Exponenten. Bei unsicheren Punkten Nachbarpunkte berechnen.

3 Analysis

Betragsfunktion (||-Fkt)

Definitionsbereich: $f(x) = \begin{cases} g(x) \\ h(x) \end{cases}$ Definitionsbereich von g und h nehmen.

Symmetrie: $g(-x)$ und $h(-x)$ im Definitionsbereich betrachten. Praktisch nie symmetrisch.
Asymptoten: Getrennt für g und h bestimmen. Auf Definitionsbereich achten.
Nullstellen: Ebenfalls einzeln bestimmen und mit Definitionsbereich überprüfen.
Extrempunkte: Einzeln bei g und h nach Extrempunkten untersuchen.
Wendepunkte: Bei beiden Teilfunktionen berechnen und nachschauen, ob Punkte im Definitionsbereich liegen.
Wertetabelle: Zwei Wertetabellen aufstellen, für jeden Definitionsbereich einzeln.
Graph (Schaubild): Zwei unabhängige Graphen im jeweiligen Definitionsbereich zeichnen.

3.4 Probleme und Anwendungen

Auf den ersten Blick scheint jede bei einer Prüfung vorgelegte Aufgabe sich von allen durchgerechneten Übungsaufgaben stark zu unterscheiden. In der Regel ist der Prüfling absolut überzeugt, das nun angesprochene Problem und die im Text beschriebene Fragestellung sei für ihn völlig neu, ungewohnt und deshalb schwer und kaum zu bewältigen. Doch dies stimmt nicht. Es gibt nur endlich viele Probleme, die als Aufgabe gestellt werden können.

Es gibt nur sehr wenige (je nach grober oder feiner Differenzierung etwa zwischen 15 und 30) im Grundsatz verschiedene Anwendungen der Rechenfertigkeiten.

Die Mathematik ist so herrlich frei von Ausnahmen und so stur, dass man bei den »Grundproblemen« einiges (wenn nicht sogar alles) trainieren kann.
Unter den »Grundproblemen« verstehe ich die üblichen Fragen, die meiner Schätzung nach im Schnitt ca. 75 % einer »normalen« Aufgabe ausmachen.
Die »Verpackung« (und damit meine ich die verbale Fragestellung) wird sich von Fall zu Fall (teilweise sogar stark) unterscheiden, aber der Lösungsweg ist so gut wie immer gleich.

Wichtig ist eigentlich nur, dass Sie den sinnvollen Einsatz der richtigen Rechenfertigkeiten erlernen. Eigentlich müsste bereits ein Wort genügen, um Sie bei den meisten Problemen auf die richtige Spur zu bringen. Was ich meine, wird sicherlich an einem einfachen Beispiel deutlicher. Lesen Sie bitte die folgenden Aufgaben in aller Ruhe aufmerksam durch.

- Bestimmen Sie die Extrempunkte der gegebenen Funktion.
- Welche Bedingung muss t erfüllen, damit die gegebene Funktion zwei Extrempunkte hat?
- Welche Beziehung muss zwischen t_1 und t_2 gelten, damit die Extrempunkte der gegebenen Funktion zusammenfallen?
- Zeigen Sie, dass die gegebene Funktion keine Extrempunkte hat.
- Für welche t ist die Abszisse des Hochpunktes größer als die Abszisse des Tiefpunktes bei der gegebenen Funktionenschar?
- Zeigen Sie: Die gegebene Funktion hat nur dann 2 Nullstellen, wenn sie keinen Extrempunkt hat.
- Begründen Sie, dass für $t = 0$ die Funktion keinen Extrempunkt hat.
- Weisen Sie nach, dass die Ordinate des Tiefpunktes der gegebenen Funktion kleiner als 4 ist.
- Beweisen Sie: Der Hochpunkt jeder Funktion der Schar liegt im ersten Quadranten.

Lauter verschiedene Aufgaben. Oder etwa nicht?
Nein, das mathematische Problem aller dieser Fragen ist der Extrempunkt. Alle Lösungen führen über denselben Rechengang, denselben Lösungsweg. Schon das Wort »Extrempunkt« oder »Hoch- bzw. Tiefpunkt« muss Ihnen zum Ansatz der Rechnung reichen: Sofort 1. Ableitung, Nullsetzen, 2. Ableitung, ...
Sie müssen auf jeden Fall so beginnen, ganz gleich ob Sie die gestellte Frage verstehen oder nicht. Und erst nachdem Sie die Extrempunkte berechnet haben, versuchen Sie (notfalls mit einer Fallunterscheidung) die gestellte Frage zu beantworten.
Ein Wort muss Sie sofort auf den richtigen Weg lenken und starten lassen. Erst nach der Berechnung kümmern Sie sich um die gestellte Frage.

3.4.1 Tangente

> Die Gerade durch den Punkt $P(x_0|f(x_0))$ des Graphen der Funktion $y = f(x)$ mit der Steigung $m = f'(x_0)$ heißt Tangente an f in P.
> Die Gleichung dieser Geraden heißt Tangentengleichung oder Tangentenfunktion in P an f.

Salopper ausgedrückt: Die Gerade, die den Graphen der Funktion f im Punkt P berührt, heißt Tangente an f in P (auch Kurventangente).
Die Berechnung der Tangente erfolgt über die Punkt-Steigungsform, wobei die Steigung über die 1. Ableitung leicht berechnet werden kann.

3 Analysis

Tangentengleichung an f in $P(x_0|f(x_0))$:
$y = f'(x_0) \cdot (x - x_0) + f(x_0)$ oder $y = f'(x_0) \cdot x + (-f'(x_0) \cdot x_0 + f(x_0))$

3.4.2 Normale

! Die Gerade durch den Punkt $P(x_0|f(x_0))$ des Graphen der Funktion $y = f(x)$ mit der Steigung $m = -1 : (f'(x_0))$ heißt Normale an f in P.
Die Gleichung dieser Geraden heißt Normalengleichung oder Normalenfunktion in P an f.

Salopper ausgedrückt: Die Gerade, die den Graphen der Funktion f in P rechtwinklig schneidet, heißt Normale an f in P (auch Kurvennormale).
Die Berechnung der Normalen erfolgt über die Punkt-Steigungsform, wobei die Steigung der negative Kehrwert der 1. Ableitung ist.

Normalengleichung an f in $P(x_0|f(x_0))$:
$y = \frac{-1}{f'(x_0)} \cdot (x - x_0) + f(x_0)$ oder $y = \frac{-1}{f'(x_0)} \cdot x + \left(\frac{x_0}{f'(x_0)} + f(x_0)\right)$

3.4.3 Übungsaufgaben zu Tangenten und Normalen

Geben Sie jeweils die Tangentengleichung und die Normalgleichung an den Graphen der Funktion f im Punkt $P(x_0/f(x_0))$ in Hauptform ($y = mx + b$) an.

$f(x) = e^x\left(1 - \frac{1}{4}e^x\right)$ $x_0 = 1$

y-Wert $f(x_0)$: $y_0 = e\left(1 - \frac{e}{4}\right) = e - \frac{e^2}{4}$

1. Ableitung $f'(x)$: $f'(x) = e^x\left(1 - \frac{1}{2}e^x\right)$

Tangenten-Steigung $f'(x_0)$: $f'(1) = e\left(1 - \frac{1}{2}e\right) = e - \frac{e^2}{2}$

Normalen-Steigung $\frac{-1}{f'(x_0)}$: $m_n = \frac{2}{e^2 - 2e}$

Punkt-Steigungsform der Tangente: $y - \left(e - \frac{e^2}{4}\right) = \left(e - \frac{e^2}{2}\right)(x - 1)$

Tangente: $y = \left(e - \frac{e^2}{2}\right)x + \frac{e^2}{4}$

Normale: $y = \frac{2}{e^2 - 2e}x - \frac{2}{e^2 - 2e} + \frac{4e - e^2}{4}$

$f_t(x) = tx \cdot \sin x \quad x_0 = \frac{\pi}{6}$

y-Wert $f(x_0)$: $f_t\left(\frac{\pi}{6}\right) = \frac{t\pi}{12}$

1. Ableitung $f'(x)$: $f'(x) = tx\cos x + t\sin x$

Tangenten-Steigung $f'(x_0)$: $f'_t\left(\frac{\pi}{6}\right) = \frac{6t + \pi t\sqrt{3}}{12}$

Normalen-Steigung $\frac{-1}{f'(x_0)}$: $m_n = \frac{-12}{6t + \pi t\sqrt{3}}$

Punkt-Steigungsform der Tangente: $y - \frac{t\pi}{12} = \frac{6t + \pi t\sqrt{3}}{12}\left(x - \frac{\pi}{6}\right)$

Tangente: $y = \frac{6t + \pi t\sqrt{3}}{12}x - \frac{\pi^2 t\sqrt{3}}{72}$

Normale: $y = \frac{-12}{6t + \pi t\sqrt{3}}x + \frac{2\pi}{6t + \pi t\sqrt{3}} + \frac{t\pi}{12}$

$f_t(x) = 3x(1 - t\sqrt{x}) \quad x_0 = 1$

y-Wert $f(x_0)$: $f_t(1) = 3(1-t) = 3 - 3t$

1. Ableitung $f'(x)$: $f'_t(x) = 3(1 - t\sqrt{x}) - \frac{3tx}{2\sqrt{x}}$

Tangenten-Steigung $f'(x_0)$: $f'_t(1) = 1$

Normalen-Steigung $\frac{-1}{f'(x_0)}$: $m_n = -1$

Punkt-Steigungsform der Tangente: $y - (3 - 3t) = 1(x - 1)$

Tangente: $y = x + 2 - 3t$

Normale: $y = -x + 4 - 3t$

3.4.4 Schnittpunkt, Berührpunkt

Die gemeinsamen Punkte zweier Funktionsschaubilder heißen:

Schnittpunkt, wenn die Schaubilder am gemeinsamen Punkt verschiedene Steigungen haben, wenn sich die Graphen also wirklich schneiden.

Berührpunkt, wenn die Schaubilder am gemeinsamen Punkt gleiche Steigungen haben, wenn sich die Graphen also echt berühren.

Bei der Berechnung gemeinsamer Punkte zweier Graphen gehen Sie immer folgendermaßen vor:

- ◆ Setzen Sie die Funktionsterme der beiden Funktionsgleichungen gleich. Aus dieser Gleichung werden die Lösungen für die Variable *x* berechnet.

3 Analysis

- Das Einsetzen der berechneten Lösungen in eine beliebige (aber bitte die »einfachere« auswählen) der Funktionsgleichungen (Zahl oder Term anstelle der Variablen x) ergibt die Ordinate (y-Wert) des Schnitt- oder Berührpunktes.
- Ein Vergleich der Steigungen (Einsetzen der x-Werte in die 1. Ableitungen) zeigt die Art des gemeinsamen Punktes: Gleiche Steigungen $\Rightarrow$ Berührpunkt, ungleiche Steigungen $\Rightarrow$ Schnittpunkt.

Schnitt eines Graphen mit der x-Achse (»Bestimmung Nullstellen«): Sie setzen bei der Funktionsgleichung des Graphen y gleich null $(f(x) = 0)$ und lösen nach x auf. Ist die Steigung $(f'(x))$ an dieser Stelle $\neq 0$, so handelt es sich um einen Schnittpunkt, ist die Steigung $= 0$, um einen Berührpunkt.

Schnitt des Graphen mit der y-Achse: Sie ersetzen die Variable x durch die Zahl 0 und erhalten die Ordinate (y-Wert) des Schnittpunktes auf der y-Achse. (Das ist zwangsläufig immer ein Schnittpunkt und es existiert höchstens ein Schnittpunkt!). Spezialfälle sind in der Regel schwieriger zu behandeln.

Zur Skizze: Gesucht sind die gemeinsamen Punkte der Geraden $y = 0,5x + 2$ und des Graphen der Funktion $f(x) = \frac{1}{2}x^3 - 2x^2 + \frac{1}{2}x + 2$.

Gleichsetzen: $\frac{1}{2}x^3 - 2x^2 + \frac{1}{2}x + 2 = \frac{1}{2}x + 2$ ergibt die Lösungen $x_{1,2} = 0$ und $x_3 = 4$.

Wegen $f'(0) = 0,5$ (gleiche Steigung wie die Gerade) berühren sich die beiden Graphen im Punkt $B(0|2)$.

Wegen $f'(4) = 8,5$ (Steigung ungleich der Geradensteigung) ist $S(4|4)$ ein Schnittpunkt.

Die Berechnung der Nullstelle des Graphen der Funktion $f(x)$ ist problematisch. Bitte an dieser Stelle nicht bestimmen: Die erste Nullstelle ist nur durch Ausprobieren oder durch eine Näherungsrechnung ($\rightarrow$ Seite 23) möglich. Danach Polynomdivision ($\rightarrow$ Seite 21) und Berechnung der restlichen Nullstellen. Die Nullstellen (gerundet): $N_1(-0,8|0)$; $N_2(1,5|0)$; $N_3(3,3|0)$. Der Schnittpunkt mit der y-Achse dagegen ist einfach bestimmbar: Setzt man $x = 0$, erhält man den y-Wert 2.

3.4.5 Steigung, Winkel, Orthogonalität

Dreht man die Halbgerade g in mathematisch positiver Richtung (entgegen dem Uhrzeigersinn) auf die Halbgerade h (g und h gehen von demselben Punkt S aus), so überstreicht g einen Winkel α. Die Größe des Winkels (oder die Winkelweite) wird in Teilen einer ganzen Drehung (g wird ganz gedreht, bis g in die alte Lage kommt) gemessen.

Gradmaß: 1° ist der 360-ste Teil des Vollkreises. Steigungen und Schnittwinkel werden im Gradmaß gemessen.

Bogenmaß: Ein Winkel kann auch als Teil eines Kreisumfangs im Bogenmaß (Einheit Radiant, abgekürzt RAD) gemessen werden. Der Vollkreis hat die Bogenlänge 2π, da man im Einheitskreis (Radius = 1) arbeitet und damit den Kreisumfang $2\pi r = 2\pi \cdot 1 = 2\pi$ hat. Der große Vorteil dabei ist, dass damit der Winkel mittels der Längeneinheit gemessen werden kann.

Einige 🖩 schalten automatisch beim Einschalten in das Gradmaß. Um mit dem Bogenmaß arbeiten zu können, müssen Sie umschalten. Im Bogenmaß werden sämtliche trigonometrischen Funktionen diskutiert.

Die Steigung einer Geraden ist der Tangens des Winkels α zwischen Gerade und x-Achse mit $-90° \leq \alpha \leq 90°$.

Eine eventuell notwendige Umrechnung »Steigung ↔ Winkel« ist immer ein »🖩-Problem« im Gradmaß.

Die Gerade $y = -3x + 7$ hat die Steigung -3 und damit zur x-Achse den Winkel $\alpha \approx -71.57°$ (über ([3][+/−][SHIFT][tan]).
Umgekehrt hat eine Gerade, die mit der x-Achse einen Winkel von 20° einschließt, die Steigung $m \approx 0{,}37$ (über [20][tan]).

Die Steigung eines Graphen $y = f(x)$ im Punkt $P(u|f(u))$ ist die Steigung der Tangenten an den Graphen in P. Berechnet wird die Steigung über die Ableitung: $m = f'(u)$! Da $-\infty < f'(u) < \infty$, erhalten Sie über die 1. Ableitung mittels des 🖩 ([INV][tan]) den Steigungswinkel in Bezug zur x-Achse zwischen $-90°$ und $90°$.
Der Schnittwinkel zweier Graphen ist der Schnittwinkel bei beiden Tangenten im Schnittpunkt. Es sei $S(x_S|y_S)$ der Schnittpunkt der beiden Graphen f und g. Zur Berechnung des Schnittwinkels der beiden Graphen müssen zwei Fälle unterschieden

3 Analysis

werden. Schneiden sich die Schaubilder rechtwinklig (orthogonal), im Zeichen: ⊥, so muss eine Steigung der negative Kehrwert der anderen Steigung sein:

$f_1(s) \perp f_2(s) \Leftrightarrow f_1'(s) = -\frac{1}{f_2'(s)}$.

Oder, was natürlich genau dasselbe ist: $f_1'(s) \cdot f_2'(s) = -1$.

Umgekehrt gilt mit $m_1 \cdot m_2 = -1$ auch, dass die den Steigungen zugeordneten Geraden (oder Tangenten an Graphen) rechtwinklig (orthogonal) sind.

Insbesondere gilt für die Tangentensteigung m_t und die Normalensteigung m_n in einem Punkt P des Graphen von $f(x)$:

$m_t = \frac{-1}{m_n}$; $m_n = \frac{-1}{m_t}$; $m_n \cdot m_t = -1$.

Schneiden sich die Schaubilder zweier Graphen f und g nicht rechtwinklig (nicht orthogonal), so gilt für den Schnittwinkel α im Schnittpunkt $P(x_p|y_p)$:

$\tan \alpha = \frac{f'(x_p) - g'(x_p)}{1 + f'(x_p) \cdot g'(x_p)} = \frac{m_2 - m_1}{1 + m_1 \cdot m_2}$

Über den 🀆 mit [INV][tan] folgt dann die Winkelweite (bitte in Grad!)
Die Geraden $g: y = -3x - 2$ und $h: y = 2x - 7$ schneiden sich im Punkt $P(1|-5)$ unter dem Winkel $\alpha = -45°$.

Über $\tan \alpha = \frac{2 - (-3)}{1 + (-3) \cdot 2} = -1 \Rightarrow$ (🀆:[1][+/−][INV][tan][=])

$\alpha = -45°$, mit $l: y = -0{,}5x + 2$ gilt: $l \perp h$ ($S(-2|3)$).

3.4.6 Extremwert

Soll von einer bestimmten Größe, die gewissen Bedingungen unterliegt, berechnet werden, wann sie den größten oder kleinsten Wert annimmt, so spricht man von einer Extremwertaufgabe.

Folgender Gedankengang liegt dem Lösungsverfahren zu Grunde: Würde man die Größe in Abhängigkeit der Variablen v als Schaubild graphisch darstellen, so könnte man den kleinsten bzw. größten Wert leicht am Schaubild sehen.

Es müsste entweder ein Extrempunkt des Schaubilds sein oder ein Randwert des Definitionsbereichs (sofern der Definitionsbereich eingeschränkt ist) bzw. der Grenzwert für $v \to \pm \infty$ (bei nicht eingeschränktem Definitionsbereich), oder aber ein Grenzwert gegen eine Definitionslücke.

Der Lösungsweg ist vom Ablauf her immer gleich:
Die extremal (also möglichst groß oder möglichst klein) zu machende Größe wird als Funktion einer Variablen v als Gleichung beschrieben (Zielfunktion).

Über die Ableitungen ($v' = 0$ und $v'' \neq 0$) berechnet man dann die Extremwerte dieser Zielfunktion. Zusätzlich berechnet man die Randwerte bei eingeschränktem Definitionsbereich bzw. die Grenzwerte $v \rightarrow \pm\infty$ bei nicht eingeschränktem Definitionsbereich und die Grenzwerte gegen alle Definitionslücken.

 Der größte bzw. der kleinste aller dieser berechneten Werte ist der absolut größte bzw. kleinste mögliche Wert und somit der gesuchte Wert.

 ← Nur relatives Maximum. Es ist nicht der größte Funktionswert des Schaubildes.

← Absolutes Minimum. Es handelt sich um den kleinsten Funktionswert des Schaubildes.

Suchen Sie bei diesen Aufgaben keine Probleme, wo keine Probleme sind. Das einzig auftauchende Problem dieses Aufgabentyps ist weder das Aufstellen der Zielfunktion noch die Berechnung der oben beschriebenen Werte oder gar der anschließende Vergleich, sondern dass die Zielfunktion nur von einer einzigen Variablen v (nach der dann abgeleitet wird) abhängen darf. Hängt die Funktion von mehreren Variablen ab, sind mittels der »Neben- oder Randbedingungen« (das sind die im Text angegebenen Vorgaben für die gesuchte Größe) alle weiteren Variablen durch einen zu berechnenden Term mit v zu ersetzen. Keine Angst, die Beschreibung sieht schlimmer aus, als sie ist. Gemeint ist Folgendes:

Liegt ein Punkt P auf dem Graphen einer Funktion f, so wählt man nicht $P(u|v)$ (zwei Variablen!), sondern ersetzt die Variable v durch $f(u)$ und hat damit eine Variable durch die Nebenbedingung »P liegt auf f« und durch einen Term mit u ersetzt.

Oder: Liegt ein Punkt P auf der 1. Winkelhalbierenden, so heißt er anstatt $P(u|v)$ wegen der »Nebenbedingung 1. Winkelhalbierende« $P(u|v)$, da ja $u = v$ gilt.

Entsprechend sind alle angegebenen Bedingungen auszunutzen, was auf den ersten Blick recht kompliziert aussieht. Aber Sie haben ja den Vorteil, dass Sie wissen, was eingesetzt werden muss.

Nicht nur der Weg (Ersetzen der Variablen) liegt fest, sondern auch, durch was ersetzt werden soll.

Ganz problemlos ist der Aufgabentyp nie. Aber wenn Sie die Anfangsscheu ablegen, konzentriert alles Wissen verwenden und ruhig bleiben, klappt es mit Sicherheit.

Nach den Punkten 1 bis 8 wir eine Aufgabe exemplarisch durchgeführt.

3 Analysis

1. **Die extrem zu machende Größe wird als Funktion dargestellt:** Zeichnen Sie die Größe in das Schaubild der Kurvendiskussion ein. Setzen Sie für die zur Berechnung notwendigen »Teile« Platzhalter (Variablen) ein.
2. **Einsetzen der Nebenbedingungen:** Sie müssen die Eigenarten der Aufgabe (z. B. P liegt auf $f(x)$, Gerade durch Hoch- und Tiefpunkt, …) so in den Funktionsansatz einsetzen, dass die extremal zu machende Größe nur noch von einer Variablen abhängt.
3. **Ableiten:** Nun wird die Funktionsgleichung mit der extremal zu machenden Größe nach der einzig verbleibenden Variablen abgeleitet.
4. **Nullstellen der 1. Ableitung:** Wie bei jeder Kurvenuntersuchung sind die Stellen für die möglichen Extremwerte der gesuchten Größe die Nullstellen der 1. Ableitung.
5. **Einsetzen in die 2. Ableitung:** Setzen Sie die Nullstellen der 1. Ableitung in die 2. Ableitung ein. Sie sehen dann, ob und was für ein Extrempunkt vorliegt (→ Seite 58 f.).
6. **Berechnung der Funktionswerte:** Durch Einsetzen der in **4.** gefundenen und in **5.** bestätigten x-Werte in die Funktionsgleichung der gesuchten Größe erhalten Sie die Funktionswerte.
7. **Funktionswerte der Randwerte:** Ist der Definitionsbereich eingeschränkt, berechnen Sie die Funktionswerte der Randwerte. Sonst berechnen Sie die Grenzwerte für $v \to \pm\infty$, wenn v die Variable der Funktionsgleichung ist.
8. **Vergleich der Ordinaten:** Die unter **6.** und **7.** berechneten Funktionswerte werden verglichen und ergeben die Lösung (größter und kleinster Wert).

Q_t sei beliebiger Punkt der Funktion $f_t(x) = t - te^{-x}$ mit $t > 0$ im 1. Feld. Die Parallelen zu den Koordinatenachsen durch Q_t begrenzen mit der y-Achse und der Asymptote des Graphen von $f_t(x)$ ein Rechteck. Bestimmen Sie Q_t so, dass der Rechtecksinhalt maximal wird (→ Skizze). Wählt man als neue Variablen für Q_t die Werte v und u, so erhält man für den Flächeninhalt (»Länge mal Breite«) die Funktion der gesuchten Größe: $\bigl(\text{mit } Q_t(v-u)\bigr)\ A = v(t-u)$.

Die Nebenbedingung »Q_t liegt auf der Funktion $f_t(x)$« wird nun benutzt. Da u der Funktionswert an der Stelle v ist, gilt: $u = f_t(v)$.
Mit $f_t(v) = t - te^{-v}$ wird: $A = v\bigl(t - (t - te^{-v})\bigr) = vte^{-v} \Rightarrow A$ hängt nur noch von der Variablen v ab.
$A' = 1 \cdot te^{-v} + vte^{-v}(-1) = te^{-v}(1-v)$ (Produkt- und Kettenregel → √ oder → Seite 36 f.).

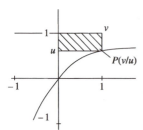

$A' = 0 \Rightarrow v = 1$ (da $te^{-v} \neq 0$)

In diesem Beispiel existiert nur eine Lösung.

$A'' = te^{-v} \cdot (-1) + te^{-v} \cdot (-1) \cdot (1-v) = te^{-v}(u-2)$

$\Rightarrow A''(1) = te^{-1} < 0 \Rightarrow$ Hochpunkt.

$A(1) = te^{-1}$

$A(0) = 0; \lim_{v \to \infty} A = 0$

Definitionsbereich ist links eingeschränkt, rechts nicht.

Der Rechtecksinhalt nimmt für $v = 1$ den größten Wert an: $A(0) = 0$, $\lim_{v \to \infty} = 0$; aber $A(1) = \frac{t}{e}$.

Bei $v = 1$ entsteht das Rechteck mit dem größten Flächeninhalt.

3.4.7 Geometrischer Ort

Nehmen wir an, jedes Schaubild einer Funktionenschar $f_t(x)$ hat einen Wendepunkt, dessen Lage von t abhängt.

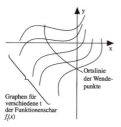

Man kann nun überlegen, auf welcher »Linie« oder auf welcher Kurve alle diese Wendepunkte der einzelnen Funktionen der Schar liegen. Diese »Linie« heißt dann Ortslinie oder Ortskurve oder geometrischer Ort der Wendepunkte der Funktionenschar $f_t(x)$. Natürlich kann man anstatt der Wendepunkte von jeder anderen gegebenen Punktmenge deren Ortslinie suchen.

 Die Kurve, auf der alle Punkte einer Punktmenge P_t liegen, heißt Ortskurve, Ortslinie oder geometrischer Ort der Punktmenge P_t.

Ist $y = g(x)$ die Ortslinie der Punktmenge P_t, so liegt jeder Punkt der Menge P_t auf dem Graphen der Funktion $y = g(x)$, aber umgekehrt muss natürlich nicht jeder Punkt des Graphen von $g(x)$ auch ein Punkt der Punktmenge P_t sein. Es ist möglich, dass es Punkte auf dem Graph von $g(x)$ gibt, die nicht zu P_t gehören, und dass Sie diese Punkte bestimmen müssen.

Schauen Sie dann einfach, ob der Parameter t eingeschränkt ist und ob bei $P_t(x_t | y_t)$ für gewisse t nicht erlaubte mathematische Terme auszuschließen sind (Division durch 0; negative Zahlen unter der Wurzel oder im Argument des ln; 0 im Argument des ln).

Ermitteln Sie die Gleichung C der Kurve, auf der alle Tiefpunkte aller Graphen der Funktionenschar $f_t(x) = \frac{1}{4}x^4 - t^2 x^2$ liegen.

3 Analysis

Beschreibung der Schritte	Berechnung am Beispiel
Berechnung der Abszisse (x-Wert): Die Abszisse der gesuchten Punkte in Abhängigkeit des Parameters t ergibt die Gleichung 1: G1: $x = g(t)$.	$f_t'(x) = x^3 - 2t^2 x$ $f_t'(x) = 0 \Rightarrow x_1 = 0, \ x_{2,3} = \pm\sqrt{2} \cdot t$ $f_t''(x) = 3x^2 - 2t^2 \Rightarrow f''(0) < 0$ $\Rightarrow$ Hochpunkt $f_t''(\pm t\sqrt{2}) = 6t^2 - 2t^2 = 4t^2 > 0$ $\Rightarrow$ Tiefpunkt G1: $x = 6t\sqrt{2}$
Berechnung der Ordinate (y-Wert): Die Ordinate der gesuchten Punkte erhält man durch Einsetzen der Abszisse in die gegebene Funktionsgleichung. Dies ergibt die Gleichung 2 (wieder als Funktion von t): G2: $y = h(t)$.	$f_t(\pm t\sqrt{2}) = 0{,}25 \cdot (\pm t\sqrt{2})^4 - t^2 \cdot (\pm t\sqrt{2})^2$ $= t^4 - 2t^4 = -t^4$ G2: $y = -t^4$
Berechnung des Parameters t aus G1: Ergibt den Parameter t als Funktion der Abszisse x.	aus $x = \pm t\sqrt{2}$ $\Rightarrow t_1 = \dfrac{x}{\sqrt{2}}$ und $t_2 = -\dfrac{x}{\sqrt{2}}$
Einsetzen des für t berechneten Terms in G2: Man erhält y als Funktion der Variablen x, die gesuchte Ortskurve.	$y = -\left(\pm\dfrac{x}{\sqrt{2}}\right)^4 = -\dfrac{x^4}{4}$ Ergebnis: $y = -\dfrac{x^4}{4}$ ist Ortskurve.

3.4.8 Integrale

Integrare ist ein lateinisches Wort und heißt »wiederherstellen«. Gemeint ist, dass aufgrund eines Teilwissens (hier das Wissen über die momentanen Änderungen) das Ganze wiederhergestellt wird.

Das Integrieren ist die Umkehrrechenart des Differenzierens ($\rightarrow$ Seite 34 f.).
Integrieren heißt für uns meist »Bestimmen einer Stammfunktion« ($\rightarrow$ Seite 39 f.) zur gegebenen Randfunktion $f(x)$, um Flächen unter $f(x)$ zu bestimmen.
Im Einzelnen sollten Sie folgende Begriffe kennen:

Unbestimmtes Integral von $f(x)$

Eine Stammfunktion ($\rightarrow$ Seite 39 ff.) von $f(x)$ heißt auch unbestimmtes Integral von $f(x)$. Das unbestimmte Integral ist nur bis auf eine Konstante c bestimmt.

Schreibweise: $F(x) = \int f(x)\, dx$. $f(x)$ heißt Integrand; x Integrationsvariable.

Bestimmtes Integral

Sei F eine Stammfunktion von f im Intervall $[a;b]$, in dem f keine Definitionslücke hat, so heißt die Zahl $F(b) - F(a)$ das bestimmte Integral über f von a bis b.

In Zeichen: $\displaystyle\int_a^b f(x)\, dx = [F(x)]_a^b = F(b) - F(a)$. b heißt obere, a heißt untere Grenze.

Uneigentliches Integral

Der Grenzwert einer Integration über ein unbeschränktes Intervall heißt uneigentliches Integral.

> Es soll die uneigentliche Fläche (die einen endlichen Flächeninhalt bei unendlicher Ausdehnung hat) unter der Randfunktion $y = f(x)$ bestimmt werden:
> $$A = \int_a^\infty f(x)\, dx = \lim_{z \to \infty} \int_a^z f(x)\, dx = \lim_{z \to \infty} F(z) - F(a).$$

Hauptsatz der Integralrechnung

Der Hauptsatz der Integralrechnung beschreibt den Zusammenhang zwischen den Stammfunktionen und der Integralfunktion bzw. zwischen der Stammfunktion und dem Flächeninhalt:

> Ist die Funktion $F(x)$ auf dem Intervall $I = [a, b]$ stetig und ist F eine (beliebige) Stammfunktion, dann gilt:
> $$\int_a^b f(x)\, dx = F(b) - F(a).$$

Einfache Sätze über Integrale

Bereich: $\int_a^b f(x)\, dx = -\int_b^a f(x)\, dx.$

Mit anderen Worten: Beim Tausch der Grenzen ändert sich das Vorzeichen.

Linearität

$$\int_a^b k(f(x) \pm g(x))\, dx = k \int_a^b f(x)\, dx \pm k \int_a^b g(x)\, dx.$$

Mit anderen Worten: Konstante Faktoren können vor das Integral gezogen werden und Summanden können getrennt integriert werden.

Bei Flächenberechnungen zwischen zwei Graphen ist die Integration über $(f-g)$ besser, da oft algebraisch vereinfacht werden kann.
Also $A = \int (f-g)\, dx$ anstatt $A = \int f\, dx - \int g\, dx$

Grundintegrale

Die Grundintegrale finden sich in jeder $\sqrt{}$ und bei den Stammfunktionen ($\to$ Seite 39 ff.). Bitte schauen Sie sich die entsprechenden Seiten ganz sorgfältig an.
Die Integrationsmethoden, die bei verknüpften und verketteten Funktionen notwendig werden, sind auf den beiden folgenden Seiten beschrieben.

3 Analysis

3.4.9 Integrationsmethoden

Nicht alle Funktionsgleichungen sind integrierbar. Aber alle Funktionen, die innerhalb einer Aufgabe zu integrieren sind, können mit der Schulmathematik auch integriert werden. Problematisch ist nur die Wahl der Methode, zumal meist nur ein Weg zur Lösung führt und dieser oft schlecht zu erkennen ist.

Achten Sie immer auf eine »vernünftige« Schreibweise:

Schreiben Sie bitte die Funktion als Summanden (notfalls ausmultiplizieren oder Polynomdivision, → Seite 21) und trennen Sie die Koeffizienten von der Variablen. Schreiben Sie, wann immer es geht, die Variable mit einer rationalen Hochzahl in den Zähler.

$\sqrt{3x}$ wird zu $\sqrt{3} \cdot x^{0,5}$; $\frac{5}{2x}$ zu $\frac{5}{2}x^{-1}$; $\frac{3x^2-4}{x+1}$ zu $3x - 3 - (x+1)^{-1}$

Ist ein Integral nicht mit den »Grundregeln« (→ Seite 39) lösbar, gehen Sie folgendermaßen vor (am besten in der angegebenen Reihenfolge):

- Schauen Sie zunächst in die $\sqrt{}$, ob Ihnen andere schon die Arbeit abgenommen haben.
- Wenn nicht, versuchen Sie eine algebraische Umformung. Achten Sie dabei aber darauf, dass Sie die Funktion nicht verändern!
- Als Nächstes schauen Sie, ob eine Substitution (linear oder »normal«) vorliegt.
- Erst jetzt versuchen Sie die Produktintegration. Bei schlechter Wahl tauschen Sie f' und g und beginnen nochmals.
- Wenn immer noch nichts »läuft«, versuchen Sie nochmals algebraische Umformungen. (Es gibt eine Menge Möglichkeiten: Polynomdivision, Ausklammern, Ausmultiplizieren, binomische Formeln, Substitutionen aller Art, ...)

Beachten Sie dabei, dass bei Punktrechnungen die Faktoren nicht einzeln integriert werden können!

Formelsammlung

Sie finden eine ganze Menge von Integralen in jeder Formelsammlung! Und viel häufiger als Sie denken, kommen Integrale der $\sqrt{}$ in Aufgaben vor.

Formel: Die Formeln entnehmen Sie der $\sqrt{}$. Wenn notwendig algebraisch umstellen.

Herleitung: Bitte bleiben Sie flexibel und versuchen Sie auf einen in der $\sqrt{}$ angegebenen Term zu kommen. Zum Beispiel wird aus $\sqrt{2x^2-6}$ wegen $\sqrt{x^2-a^2}$ in der $\sqrt{}$: $\sqrt{2} \cdot \sqrt{x^2 - (\sqrt{3})^2}$

häufiger auftretende Funktionen: Typisch sind die Formen:
$\frac{1}{x^2 \pm a^2}$; $\frac{1}{\sqrt{ax+b}}$; $\frac{1}{(x-a)(x-b)}$; $\sqrt{ax+b}$; $\sqrt{x^2-a^2}$; arc ...

Umformungen
Durch algebraisches Umformen wird oftmals aus einem zunächst unlösbar erscheinendem Problem eine einfache Aufgabe.
Sehr häufig: Eine Polynomdivision führt zu einer linearen Substitution.
Formel: An Formeln benötigen Sie: Bruchrechnen (Hauptnenner), Binomische Formeln, Logarithmus und Potenzgesetze, Polynomdivision, Additionstheoreme trigonometrischer Funktionen
Herleitung: Anders gesagt, müssen Sie mittels der Mittelstufenalgebra so weit umstellen, dass ein für Sie integrierbarer Term entsteht. Sie wissen ja, was Sie integrieren können.
häufiger auftretende Funktionen: Immer und auf jeden Fall:
$\sqrt{ax} = \sqrt{a} x^{0,5}$; $\frac{1}{\sqrt{ax}} = \frac{1}{\sqrt{a}} x^{-0,5}$; $\frac{ax^n + bx + c}{dx^m} = \frac{a}{d} x^{n-m} + \frac{b}{d} x^{1-m} + \frac{c}{d} x^{-m}$;
$\ln\left(\frac{ax^2}{b}\right) = \ln a + \ln x + \ln x - \ln b$

Lineare Substitution
Vorsicht: Die innere Funktion muss linear sein, nur dann funktioniert der Ansatz ($\rightarrow$ Seite 39).
Formel: $\int_a^b f(kx+1)\, dx = \left[\frac{1}{k} F(kx+1)\right]_a^b = \frac{1}{k} F(bk+1) - \frac{1}{k} F(ka+1)$
Herleitung: Kommt von der Kettenregel: $f(kx+1)' = f'(kx+1) \cdot k$
häufiger auftretende Funktionen:
$e^{kx+1} \Rightarrow e^{kx+1} : k$; $(kx+1)^r \Rightarrow (kx+1)^{r+1} : (k \cdot (r+1))$;
$\sin(kx+1) \Rightarrow -\cos(kx+1) : k$; $\ln(kx) \Rightarrow (kx \cdot \ln(kx) + kx) : k$

Substitution
Wenn (bis auf einen konstanten Faktor) der Integrand ein Produkt einer verketteten Funktion und der Ableitung der inneren Funktion ist. Als Nebenrechnung: Die innere Funktion wird zu u, dx wird durch $du : u'$ ersetzt. Nach dem Kürzen muss eine nicht verkettete Funktion, (die durch eines der Grundintegrale gelöst werden kann) in der Nebenrechnung stehen. Grundintegral berechnen, u wieder durch innere Funktion ersetzen und von der Nebenrechnung zur Rechnung zurück.
Formel: $\int_a^b f(g(x)) \cdot g'(x)\, dx = \int_{u(a)}^{u(b)} f(u)\, du$ mit $u = g(x)$
Es gilt: $u' = \frac{du}{dx} \Rightarrow dx = \frac{du}{u'}$
Sonderfall der Substitution: Funktion im Zähler ist die Ableitung der Funktion des Nenners. $\int_a^b \frac{v'(x)}{v(x)}\, dx = [\ln|v(x)|]_a^b$
Herleitung: Ganz grob eine Art Umkehrung der Kettenregel des Ableitens:

3 Analysis

$F'(u) = F'(g(x)) \cdot g'(x)$
$f(u) = f(g(x)) \cdot g'(x) \Rightarrow f(u) \, du = f(g(x)) \, g'(x) \, dx$
Der Sonderfall folgt aus der Ableitung: $(\ln v(x))' = \frac{1}{v(x)} \cdot v'(x)$ und ist gar nicht selten.
Bitte gut einprägen: Ist ein Quotient!

häufiger auftretende Funktionen:

$5x \cdot \sin(3x^2 - 7) \, dx \left(u = 3x^2 - 7 \Rightarrow dx = \frac{du}{6x} \right) \Rightarrow \frac{5}{6} \sin(u) \, du$

$7x^2 e^{-tx^3} \, dx \left(u = -tx^3 \Rightarrow dx = -\frac{du}{-3tx^2} \right) \Rightarrow \frac{7}{-3t} \cdot e^u \, du \quad f(x) = \frac{\ln x}{x}$

$\Rightarrow F(x) = \frac{1}{2}(\ln x)^2 \quad \text{mit} \quad u = \ln x \quad \text{und} \quad dx = x \, du \quad f(x) = \frac{te^x}{4 - e^x}$

$\Rightarrow F(x) = (-t) \ln |4 - e^x| \quad \text{mit} \quad u = 4 - e^x \quad \text{und} \quad dx = \frac{du}{-e^x}$

Produktintegration

Bitte nur, wenn der Integrand ein Produkt zweier Funktionen ist und wenn keine Substitution möglich ist! Zunächst u' und v wählen, sodass v beim Ableiten einfacher wird. u' integrieren und v ableiten. Grenzen einsetzen.

Formel: $\int_a^b f'g \, dx = [f \cdot g]_a^b - \int_a^b fg' \, dx$

Wenn fg' nicht einfacher zu integrieren ist als der gegebene Term $f'g$, sofort die Funktionen tauschen: mit f' für g, g für f' neu starten!

Herleitung: Kommt von der Produktregel der Ableitungen und scheint auf den ersten Blick gar keine Vereinfachung zu sein: $(fg)' = f'g + fg' \Rightarrow f'g = fg - fg'$

häufiger auftretende Funktionen:

$\int 2x e^{3x} \, dx$ wird mit $f' = e^{3x}$; $g = 2x$ zu $\left[2x \frac{1}{3} e^{3x} \right] - \int 2 e^{3x} \, dx$

Bei der Funktion $f(x) = -tx^2 \cdot \cos(\pi x)$ muss die Produktregel (auch partielle Integration genannt) zweimal angewandt werden!

»Normale« Substitution

Sie können einen ganzen Summanden mit der Variablen substituieren, müssen aber dann alle Variablen entsprechend ändern, notfalls auch dx. Nicht mit Substitution von oben verwechseln.

Formel: Ersetzt wird meist, um eine Strichrechnung im Nenner zu vermeiden!
Mit $u = 3x - 5$ muss jedes x der Funktion durch $(u + 5) : 3$ ersetzt werden.
Herleitung: Der letzte Ausweg der Mathematik ist immer die (normale) Substitution. Ganz gleich in welchem Gebiet Sie auch immer arbeiten.

häufiger auftretende Funktionen:

$\frac{4x}{x-t}$ gibt mit $u = x - t \Rightarrow x = u + t$: $\frac{4(u+t)}{u} = 4 + 4tu^{-1}$, eine leicht zu integrierende Funktion mit $dx = du$.

3.4.10 Flächenberechnung

Der Hauptsatz der Integralrechnung zeigt den Zusammenhang zwischen der Integralfunktion, der Stammfunktion und dem Flächeninhalt.
Hier ein Vorschlag zur Berechnung von Flächeninhalten ohne Betrachtung des mathematischen Hintergrundes.

> ❗ Ein krummliniges Trapez bezüglich der Randfunktion $f(x)$ ist die Punktmenge $(x|y)$ mit $a \leq x \leq b$ und $0 \leq y \leq f(x)$ oder $0 \geq y \geq f(x)$, je nachdem, ob der Graph ober- oder unterhalb der x-Achse verläuft.

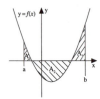

Schneidet der Graph die x-Achse, so teilen wir die Fläche in zwei (oder mehrere) krummlinige Trapeze ein, sodass jedes krummliniges Trapez nur oberhalb oder nur unterhalb der x-Achse liegt.

> ❗ Ein krummliniges Trapez wird somit von einem Schaubild einer Funktion und von drei Geraden begrenzt. Eine Gerade davon ist die x-Achse, die beiden anderen Geraden (deren Längen auch 0 sein dürfen) sind parallel zur y-Achse.

Sie können bei der Berechnung die folgenden sechs Punkte (in der angegebenen Reihenfolge) ganz stur durchgehen. Die Anleitungen sind knapp gehalten, da keine Probleme zu erwarten sind.
Sie müssen immer damit rechnen, dass die zu berechnende Fläche in Teilflächen zerlegt oder sinnvoll zu einer größeren Fläche ergänzt werden muss.

1. **Aufteilung der zu berechnenden Flächen in krummlinige Trapeze:** Insbesondere müssen die seitlichen Begrenzungen parallel zur y-Achse sein, es sei denn, der Graph der Randfunktion schneidet die x-Achse, dann wird die seitliche Begrenzung zu einem Punkt, (was bei den folgenden Schritten überhaupt nichts ändert)!
2. **Festlegung der seitlichen Grenzen a und b und der Randfunktion $f(x)$ jedes einzelnen Trapezes:** Ist $a < b$, so heißt a untere, b obere Grenze. Meist sind die Grenzen und $f(x)$ gegeben.
3. **Aufstellung der Integralfunktion für jedes einzelne Trapez:** $\int_a^b f(x)\, dx$
   a ist die untere, b die obere Grenze, dx heißt Differenzial und gibt die Integrationsvariable an.

3 Analysis

4. **Bestimmung der Stammfunktion $F(x)$ der Randfunktion $t(x)$:** $F(x)$ wird in eine eckige Klammer geschrieben, die Grenzen a und b kommen an den unteren bzw. oberen Rand der hinteren Klammer.
5. **Einsetzen der Grenzen:** Ersetzen der Variablen durch die Grenzglieder b und a. Vom Term mit der oberen Grenze wird der Term mit der unteren Grenze abgezogen; kurz: $F(b) - F(a)$. Das ist der »orientierte Flächeninhalt«, der bis auf das Vorzeichen gleich dem Flächeninhalt des Trapezes ist.

$$\int_a^b f(x)\, dx = [F(x)]_a^b = F(b) - F(a)$$

6. **Addition der Beträge der »Inhalte« der einzelnen krummlinigen Trapeze:** Des Betrags deswegen, weil $F(b) - F(a)$ negativ wird, wenn die Randfunktion unterhalb der x-Achse liegt. Der Flächeninhalt ist immer eine positive Größe.

Flächeninhalt zwischen zwei Graphen

$$\int_a^b (f(x) - g(x))\, dx \text{ oder } \int_a^b f(x)\, dx - \int_a^b g(x)\, dx$$

Entweder die Teilflächen unter den Graphen einzeln berechnen oder (viel schneller und besser!) über die Hilfsfunktion $h(x) = f(x) - g(x)$ integrieren.
Der orientierte Inhalt wird positiv, wenn $f(x) \geq g(x)$ für $a \leq x \leq b$ gilt.
Schneiden f oder g die x-Achse, müssen Sie dies nicht beachten. Nur wenn $h(x)$ eine Nullstelle hat, das heißt, wenn $f(x) = g(x)$ gilt, muss die Fläche aufgeteilt werden.

Gegeben sind die Graphen der Funktion: $g(x) = \dfrac{4}{x^2}$ und $f(x) = -x^2 + 5$.
Bestimmen Sie folgende Flächeninhalte:

a Zwischen dem Graph von $f(x)$, der x-Achse und den Geraden $x = 1$ und $x = 3$.
b Zwischen den Graphen der beiden Funktionen im Intervall [1; 3].
c Zwischen der Geraden $x = 1$, dem Graphen von $g(x)$ und der x-Achse.

Zur besseren Veranschaulichung eine Skizze, die allerdings nicht maßstabsgetreu ist:

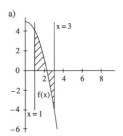
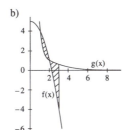
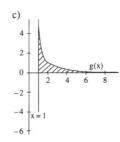

Uneigentliche Flächen

Uneigentliche Flächen sind Flächen, die nicht durchgehend begrenzt sind. Die Ausdehnung (aber nicht der Inhalt!) ist unendlich groß.

Zur Berechnung müssen Sie zunächst die Ausdehnung der Fläche begrenzen: durch Geraden $x = y$ bzw. $y = z$ an der »nicht begrenzten Stelle«.

Danach führen Sie Ihre Berechnung nach den Punkten 1 bis 6 ($\to$ Seite 82 f.) durch. Sie erhalten den Flächeninhalt A_z in Abhängigkeit von z.

Erst jetzt bilden Sie den Grenzübergang für $\lim\limits_{z \to \ldots} A_z \ldots$ (je nach Aufgabe).

a Die Randfunktion $f(x)$ hat bei $x_0 = \sqrt{5}$ eine Nullstelle, die Fläche muss deshalb in zwei krummlinige Trapeze zerlegt werden:

$$A_1 = \int_1^{\sqrt{5}} (-x^2 + 5)\, dx = \left[-\tfrac{1}{3}x^3 + 5x\right]_1^{\sqrt{5}} = -\tfrac{5}{3}\sqrt{5} + 5\sqrt{5} + \tfrac{1}{3} - 5 = \tfrac{10}{3}\sqrt{5} - \tfrac{14}{3} \approx 2{,}8$$

$$A_2 = \int_{\sqrt{5}}^3 (-x^2 + 5)\, dx = \left[-\tfrac{1}{3}x^3 + 5x\right]_{\sqrt{5}}^3 = -9 + 15 + \tfrac{5}{3}\sqrt{5} - 5\sqrt{5} = 6 - \tfrac{10}{3}\sqrt{5} \approx -1{,}5$$

Flächeninhalt: $A = |A_1| + |A_2| = 2{,}8 + 1{,}5 = 4{,}3$

b Die Graphen schneiden sich im Punkt $S(2|1)$. Über $\tfrac{4}{x^2} = -x^2 + 5 \Rightarrow$ die biquadratische Gleichung: $-x^4 + 5x^2 - 4 = 0$ mit der für uns relevanten Lösung $x = 2$; wieder zwei Integrale getrennt berechnen:

$$B_1 = \int_1^2 (-x^2 + 5 - 4x^{-2})\, dx = \left[-\tfrac{1}{3}x^3 + 5x + \tfrac{4}{x}\right]_1^2 = -\tfrac{8}{3} + 10 + 2 + \tfrac{1}{3} - 5 - 4 = \tfrac{2}{3}$$

$$B_2 = \int_2^3 (-x^2 + 5 - 4x^{-2})\, dx = \left[-\tfrac{1}{3}x^3 + 5x + \tfrac{4}{x}\right]_2^3 = -9 + 15 + \tfrac{4}{3} + \tfrac{3}{8} - 10 - 2 = -2$$

Flächeninhalt: $B = |B_1| + |B_2| = 2 + \tfrac{2}{3} = \tfrac{8}{3}$.

c Eine uneigentliche Fläche, mit der »künstlichen Grenze« $x = z$ zur vollständigen Umrandung der Fläche.

$$C_z = \int_1^z 4x^{-2}\, dx = \left[-\tfrac{4}{x}\right]_1^z = -\tfrac{4}{z} + 4 = 4 - \tfrac{4}{z}.$$

Mit $\lim\limits_{z \to \infty} C_z = \lim\limits_{z \to \infty} \left[4 - \left(\tfrac{4}{z}\right)\right] = 4 \Rightarrow$ uneigentlicher Flächeninhalt $I = 4$.

3.4.11 Volumenberechnung

Dreht man ein krummliniges Trapez um eine der Koordinatenachsen, so entsteht ein **Drehkörper**, dessen Volumen wir mittels der Integralrechnung bestimmen können.

Die Randfunktion des krummlinigen Trapezes muss stetig sein und, wenn wir es um die y-Achse drehen, zusätzlich streng monoton.

> **!** **Drehung um die x-Achse:** $V_x = \pi \int_a^b y^2\, dx = \pi \int_a^b (f(x))^2\, dx$.

Sie müssen den Funktionsterm quadrieren und über dieses Quadrat integrieren. Dieses Integral ist mit der Kreiszahl π zu multiplizieren.

3 Analysis

Nach dem Einsetzen der Grenzen in die vorher bestimmte Stammfunktion erhalten Sie als Ergebnis den Rauminhalt des Drehkörpers in Einheiten »hoch 3«.

! Drehung um die y-Achse: $V_y = \pi \int_{f(a)}^{f(b)} x^2 \, dy$.

Die Integrationsvariable hat sich geändert. Es wird nun nach y integriert. Das heißt, dass im Integranden auch nur noch y als Variable vorkommen darf. Auch die Grenzen sind nicht mehr auf der x-Achse ablesbar. Es sind nun die Ordinaten (die y-Werte) der Begrenzung einzusetzen.

Zuerst berechnen Sie die neuen Grenzen $f(a)$ und $f(b)$: Einsetzen der Werte a und b in Randfunktion $f(x)$. Danach bestimmen Sie aus der Randfunktion $y = f(x) x$ (oder gleich x^2). Das Integral über $x^2 \, dy$ wird mit π multipliziert. Nach dem Einsetzen der Grenzen erhalten Sie den Inhalt des Drehkörpers in Einheiten »hoch 3«.

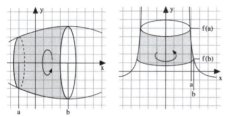

Wird ein Flächenstück zwischen zwei Graphen um eine Koordinatenachse gedreht, kann bei der Berechnung nicht mit der Hilfsfunktion $h(x) = (f(x) - g(x))^2$ gearbeitet werden. Sie müssen den »inneren Körper« vom »äußeren Körper« abziehen, nachdem Sie beide einzeln berechnet haben. Bei unübersichtlichen Problemen immer (wie auch bei der Flächenberechnung) Körper in Teilkörper aufteilen und getrennt berechnen!

3.4.12 Definitionslücken

Hat eine Funktion Stellen, an denen sie nicht definiert ist, so heißen diese Stellen **Definitionslücken**. Da in der Schulmathematik nur drei »Operationen« verboten sind, können nur drei verschiedene Arten von Definitionslücken entstehen:

a die Division durch null ist nicht definiert;
b die Quadratwurzel (4. Wurzel, 6.; 8.; ...) ist nur für nicht negative Terme definiert;
c der ln ist nur für positive Terme im Argument definiert.

Bei b und c entstehen in der Regel nicht definierte Intervalle, von denen wir nur die »Grenzstelle« zum definierten Intervall betrachten. Sehr einfach sieht dabei b aus, da der definierte Bereich geschlossen ist. Der definierte Bereich endet bei einer festen Zahl, deren Funktionswert berechnet werden kann.
$f(x) = \sqrt{x-3}$ ist für $x \geq 3$ definiert: $f(3) = 0$.
Bei c endet der definierte Bereich offen.

$f(x) = \ln(x-3)$ ist für $x > 3$ definiert, der Wert für 3 ist also nicht berechenbar (da nicht definiert). Lediglich der Grenzwert kann bestimmt werden, bzw. es kann festgestellt werden, ob ein Grenzwert überhaupt existiert:

$\lim_{x \to 3} \ln(x) \to -\infty \Rightarrow$ Es existiert kein Grenzwert.

Beim Fall a) sind nur einzelne Punkte nicht definiert und zwar genau die Stellen, an denen der Nenner null wird. Bildet man den Grenzwert gegen die Nennernullstelle x_0, so gibt es zwei Möglichkeiten:

$\lim_{x \to x_0} f(x)$ existiert nicht $\Rightarrow f(x)$ hat bei x_0 einen Pol.

$\lim_{x \to x_0} f(x) = g \Rightarrow f(x)$ hat bei x_0 eine stetig hebbare Definitionslücke.

Dabei wird definiert: $f(x_0) = \lim_{x \to x_0} f(x)$.

Die Grenzwertbildung geht wohl am einfachsten und sichersten über die Regel von De L'Hospital (→ Seite 26), die Sie jeder $\sqrt{}$ entnehmen können.

Bei gebrochenrationalen Funktionen mit $f(x) = \frac{Z(x)}{N(x)}$ ist die Betrachtung noch um einiges einfacher: Sie können dabei ganz stur nach folgendem Schema vorgehen, bei dem $Z(x_0)$ den Wert des Zählers für x_0, $N(x_0)$ den Nennerwert für x_0 bedeutet:

$Z(x_0)$	$N(x_0)$	$f(x_0)$ (mit Bemerkungen)
$\neq 0$	$\neq 0$	$f(x_0) = \frac{Z(x_0)}{N(x_0)}$ normaler Punkt
$\neq 0$	$= 0$	Polstelle (→ Seite 52)
$= 0$	$\neq 0$	Nullstelle (→ Seite 56)
$= 0$	$= 0$	Z und N durch $(x = x_0)$ dividieren (→ Seite 21 f.) und mit der »gekürzten Funktion« $Z(x)$ und $N(x)$ neu bestimmen.

3.4.13 Sätze der Analysis

Soll im Bereich der Analysis nur untersucht werden, ob eine Lösung des Problems möglich ist, werden »nur« die **Existenzsätze** benötigt.

Ob dann die Lösung berechnet werden kann oder nicht, ist ein ganz anderes Problem und hat mit der ersten Frage nichts zu tun. Es ist ein großer Unterschied, ob der Schnittpunkt zweier Graphen f und g berechnet werden soll oder ob nur zu zeigen ist, dass sich die Graphen der Funktion f und g schneiden (→ Seite 88 f.).

Kurzum, die folgenden Sätze (+ **Hauptsatz der Integralrechnung**, → Seite 77) sollten Sie schon einmal »gesehen« haben. Übrigens stehen sie in jeder $\sqrt{}$.

Alle Sätze gelten nur in einem geschlossenen Intervall [a; b], in dem die Funktionen stetig sein müssen.

3 Analysis

Nullstellensatz
Haben $f(a)$ und $f(b)$ verschiedene Vorzeichen, so existiert mindestens ein c mit $a < c < b$ mit $f(c) = 0$.

! Kennt man einen positiven und einen negativen Funktionswert, so muss dazwischen der Graph die x-Achse schneiden.

Mittelwertsatz der Differenzialrechnung
Es existiert mindestens ein $c \in [a; b]$ mit $f'(c) = \frac{f(b) - f(a)}{b - a}$.

! Mindestens eine Tangente an den Graphen im Intervall $[a; b]$ ist parallel zu der Geraden durch $A(a|f(a))$ und $B(b|f(b))$.

Gilt als Sonderfall $f(a) = f(b)$, so existiert ein c mit $f'(c) = 0$.
Dieser Sonderfall des Mittelwertsatzes heißt **Satz von Rolle**.

! Zwischen zwei Punkten mit gleichem Funktionswert liegt ein Extrempunkt, sofern der Graph keine Gerade parallel zur x-Achse ist.

Mittelwertsatz der Integralrechnung
Es gibt mindestens ein $c \in [a; b]$ mit $\int_b^a f(x)\,dx = (b - a)f(c)$.

! Es existiert ein c, sodass das Rechteck mit der Höhe $f(c)$ und der Länge $(b - a)$ denselben Flächeninhalt wie das krummlinige Trapez unter f von a nach b hat.

Zwischenwertsatz
$f(x)$ nimmt jeden Wert zwischen $f(a)$ und $f(b)$ mindestens einmal an.

! Jede reelle Zahl, die zwischen den Zahlen $f(a)$ und $f(b)$ liegt, muss als Bildwert für einen Urwert aus dem Intervall $[a; b]$ mindestens einmal vorkommen.

Satz vom Maximum und Minimum
Es existiert ein $x_m \in [a; b]$ mit $f(x) \geq f(x_m)$ für alle $x \in [a; b]$.
Es existiert ein $x_M \in [a; b]$ mit $f(x) \leq f(x_M)$ für alle $x \in [a; b]$.

! Es gibt in dem abgeschlossenen Intervall einen größten und einen kleinsten Bildwert.

Abschätzung

Gilt für alle $x \in [a; b]$: $f(x_m) \leq f(x) \leq f(x_M)$, so gilt:

$$f(x_m) \cdot (b-a) \leq \int_a^b f(x)\, dx \leq f(x_M) \cdot (b-a).$$

> Das Rechteck mit der Breite $(b-a)$ und der Höhe des kleinsten Bildwertes im Intervall ist kleiner oder gleich ($\leq$) dem krummlinigen Trapez unter der Funktion über dem Intervall; das Rechteck mit der Höhe des größten Bildwertes ist größer oder gleich ($\geq$) der Fläche des krummlinigen Trapezes.

3.4.14 Übungsaufgaben zu den Sätzen der Analysis

In letzter Zeit mehren sich die Aufgaben aus diesem Teilgebiet so stark, dass man selbst bei einem Minimalprogramm nicht auf Beispiele verzichten sollte.
Ich beginne mit einer sehr einfachen, aber wichtigen Aufgabe:
Zeigen Sie, dass sich die Graphen der Funktionen $f(x)$ und $g(x)$ schneiden.
Schnittprobleme sind in der Analysis häufig und werden durch Gleichsetzen der Funktionsgleichungen mit daraus folgender Berechnung der Variablen gelöst.
Kein Problem, solange Sie in der Lage sind, mathematisch die durch die Gleichsetzung entstehende Gleichung zu lösen.

Aber was ist bei folgenden (immer noch sehr einfachen!) Beispielen?
1. $f(x) = x^2$; $g(x) = \cos x$?
2. $f(x) = 3x$; $g(x) = e^x$ oder $g(x) = \ln x$?

Zuallererst müssen Sie durchschauen, dass nicht nach dem Schnittpunkt, sondern nach der Existenz eines Schnittpunktes gefragt wurde. Sie müssen nicht »gleichsetzen«, sondern den Nullstellensatz anwenden.

1. Die Hilfsfunktion $h(x) = x^2 - \cos x$ wird auf die Existenz einer Nullstelle untersucht. Es genügt, wenn man zeigen kann, dass $h(x)$ einen negativen und einen positiven Wert in einem Intervall, in dem $h(x)$ stetig ist, annimmt. Kein Problem; mit geringer Denkarbeit findet man z. B. $h(0{,}1) < 0$ und $h(100) > 0$.
   Nach dem **Nullstellensatz** hat $h(x)$ im Intervall $[0{,}1; 100]$ eine Nullstelle und damit f und g eine Schnittstelle. Dass dies ein sehr großes Intervall ist (die Nullstelle somit nur sehr ungenau beschrieben wird), stört bei dieser Fragestellung nicht.
2. $h(x) = 3x - e^x$, Nullstelle im Intervall $[1; 2]$ oder
   $h(x) = 3x - \ln x$, Nullstelle im Intervall $[0{,}1; 0{,}5]$.

3 Analysis

Eine weitere Anwendungsaufgabe:

$A\bigl(a\bigl|f(a)\bigr)$ und $B\bigl(b\bigl|f(b)\bigr)$ sind zwei Punkte auf dem Graphen, der im Intervall $[a;b]$ stetigen Funktion $g = f(x)$ mit $f(a) = f(b)$. Der Punkt $C\bigl(c\bigl|f(x)\bigr)$ liegt zwischen A und B auf dem Graphen von f und es gilt: $f(c) > f(a)$.

Begründen Sie folgende Aussagen:

1. Im Intervall $[a;b]$ hat die Funktion einen Hochpunkt.
2. Zu jeder Geraden g, deren Steigung kleiner als die Steigung der Geraden durch A und C ist, existiert eine Parallele, die Tangente an den Graphen von $y = f(x)$ im Intervall $[a;b]$ ist.

Lösung:

1. Wegen $f(a) = f(b)$ hat die Gerade durch A und B die Steigung null. Nach dem Mittelwertsatz gibt es deshalb im Intervall $[a;b]$ in einem Punkt E eine Tangente an den Graphen von f, die gleichfalls die Steigung null hat. Wegen $f(c) > f(a)$ ist E ein Hochpunkt.

2. Die Steigung der Geraden durch A und C sei m.
   Nach dem Mittelwertsatz gibt es somit im Intervall $[a;b]$ eine Tangente an den Graphen von f mit der gleichen Steigung m. Außerdem gibt es im Intervall $[a;b]$ in E eine Tangente mit der Steigung null. Nach dem Zwischenwertsatz gibt es dann im Intervall $[a;b]$ auch zu jeder Steigung zwischen null und m eine Tangente an den Graphen von f.

3.4.15 Gebietseinteilung

Beim Zeichnen des Graphen einer Funktion steht Ihnen die ganze Ebene (in der Praxis das ganze Zeichenblatt) zur Verfügung.

Diese Ebene wird durch die zwei Koordinatenachsen in vier Teile (die vier Quadranten, → Seite 62) aufgeteilt. Durch Parallelen zu den Koordinatenachsen kann die Zeichenebene in senkrechte und waagerechte »Streifen« eingeteilt werden, die ich einfach einmal »Gebiete« nenne.

Man kann (mittels meist einfacher Überlegungen) solche Gebiete angeben, die keinen Punkt des Graphen enthalten können. Oder natürlich Gebiete, in denen der Graph »laufen« muss. Mit anderen Worten: Vor dem Zeichnen eines Graphen kann man sich überlegen, in welchen Gebieten der Graph verlaufen muss oder aber nicht verlaufen kann.

Diese Untersuchung ist zunächst sehr nützlich, um einen Überblick zu erhalten und später (nach dem Zeichnen des Graphen) bietet sie eine gute Überprüfung oder Pro-

be. Obwohl der Aufwand in der Regel sehr klein ist (keine oder sehr geringe Rechenarbeit), ist die Denkarbeit im Allgemeinen für den Nutzen doch recht groß.
Ich schlage Ihnen vor Gebietseinteilungen nur auf Verlangen herzustellen. Berechnen Sie in dieser Zeit besser mit dem 🖩 noch einige zusätzliche Punkte des Graphen, der dadurch nicht nur genauer, sondern auch »sicherer« wird.

Parallelen zur y-Achse (senkrechte Einteilung):
Bitte bei extremer Zeitnot überschlagen!
Da der Wechsel über die x-Achse nur bei Nullstellen, Polstellen oder den Stellen, an denen sich eine zusammengesetzte Funktion (→ Seite 28 f.) ändert, vorkommen kann, werden nur an diesen Stellen Parallelen zur y-Achse gezogen. Sie erhalten dadurch senkrechte Streifen, die durch die x-Achse halbiert werden. In jedem dieser Streifen kann die Funktion entweder nur oberhalb oder nur unterhalb der x-Achse verlaufen. Wenn Sie auch nur einen Funktionswert in einem der Streifen kennen (der 🖩 hilft Ihnen bei der Berechnung!), wissen Sie sofort, ob der »Streifen« oberhalb oder unterhalb der x-Achse Punkte des Graphen beinhalten kann, und Sie können entsprechend schraffieren.

Parallelen zur x-Achse (waagerechte Einteilung):
Die Aufteilung der Streifen kann durch Parallelen zur x-Achse noch verfeinert werden. Diese Parallelen müssen entweder waagerechte Asymptoten sein oder Parallelen zur x-Achse durch die Extrempunkte des Graphen der Funktion.
Im Grunde liefert diese Einteilung sehr wenig »Verwertbares«, und sollte deshalb nur »unter Zwang« betrachtet werden. Genau wie bei der anderen Gebietseinteilung sind über die Berechnung einzelner Funktionswerte »Gebietsaussagen« möglich.

$$f(x) = \begin{cases} -x^2 + 2x + 2 & \text{für } x \geq 0 \\ \dfrac{x+2}{x+1} & \text{für } x < 0 \end{cases}$$

Senkrechte Trennungsstriche bei: $x = -2$ (Nullstelle); $x = -1$ (Pol); $x = 0$ (Funktionsänderung) und $x = 1 + \sqrt{3}$ (Nullstelle).
Mit $f(-10) > 0$; $f(-1,5) < 0$; $f(-0,5) > 0$ (jeweils über die Vorzeichen des Nenners und des Zählers) und $f(1) > 0$; $f(10) < 0$ ergibt sich die obere Skizze. Der einzige Extremwert ist der Hochpunkt $P(1|3)$. Mit der Geraden $y = 3$ und den entsprechenden Schraffierungen erhält man dann die untere Skizze.

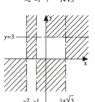

Zugegeben, der Graph kann nun nicht mehr falsch (höchstens noch ungenau) eingezeichnet werden. Aber in der für die Skizzierung nötigen Zeit hätten Sie gut 15 Punkte mit dem 🖩 bestimmt und damit den Graphen genauso sicher im Griff.

3 Analysis

3.4.16 Näherungskurven

Näherungskurven an den Graphen der Funktion $y = f(x)$ sind (ganz grob ausgedrückt) Schaubilder von Funktionen, die dem Graphen von $f(x)$ in bestimmten Bereichen ähnlich sind bzw. mit ihm so gut wie identisch sind.
In der Praxis genügen meiner Ansicht nach zwei Fälle, bei denen mit Näherungskurven (Graphen und Gleichungen) gearbeitet werden sollte oder werden muss.

1. Fall

Eine schlecht diskutierbare (oder noch viel häufiger: eine schlecht integrierbare) Funktion wird durch eine (mathematisch gesehen!) einfacher zu behandelnde Funktion angenähert, um bestimmte Fragen (z. B. Flächeninhalt) besser berechnen zu können. Dabei wird bewusst eine gewisse Ungenauigkeit (»Näherungskurve«) in Kauf genommen. Meist wird als Näherungskurve eine ganzrationale Funktion benutzt, da diese Funktion sehr einfach zu diskutieren und zu integrieren ist.
Je höher der Grad der ganzrationalen Funktion ist, desto genauer wird die Näherung auch sein. Aber umso aufwendiger ist natürlich auch die Rechenarbeit, um auf die Näherungsfunktion zu kommen und um sie später rechnerisch zu behandeln.

Die Funktion $f: y = \sqrt{x} \cdot e^x$ soll mittels einer ganzrationalen Funktion g im Intervall [1; 3] so angenähert werden, dass die Funktionswerte mit ihren Ableitungen an den Stellen $x_1 = 1$; $x_2 = 2$ und $x_3 = 3$ mit f übereinstimmen.
Wie hoch muss der Grad der ganzrationalen Funktion mindestens sein und wie heißt dann die Gleichung dieser ganzrationalen Funktion? (Alle Werte von $f(x)$ auf eine Dezimale runden!)
Berechnen wir zunächst einmal, was die ganzrationale Funktionsgleichung erfüllen muss (durch Einsetzen der Werte in f bzw. f'):
$g(1) = 2{,}7$; $g(2) = 10{,}4$; $g(3) = 34{,}8$; $g'(1) = 4{,}1$; $g'(2) = 13{,}1$; $g'(3) = 40{,}6$
Wir erhalten sechs unabhängige Zahlenpaare und können damit über ein lineares Gleichungssystem mit sechs Gleichungen und sechs Variablen eine ganzrationale Funktion 5. Grades bestimmen.

Der allgemeine Ansatz:

$y = ax^5 + bx^4 + cx^3 + dx^2 + ex + f$ (6 Gleichungen mit 6 Variablen
$y' = 5ax^4 + 4bx^3 + 3cx^2 + 2dx + e$ $\Rightarrow$ eine eindeutig bestimmte Lösung)

Gleichung 1: $g(1) =$ 2,7 : 2,7 $=$ $a + b + c + d + e + f$
Gleichung 2: $g(2) =$ 10,4 : 10,4 $=$ $32a + 16b + 8c + 4d + 2e + f$
Gleichung 3: $g(3) =$ 34,8 : 34,8 $=$ $243a + 81b + 27c + 9d + 3e + f$
Gleichung 4: $g'(1) =$ 4,1 : 4,1 $=$ $5a + 4b + 3c + 2d + e$
Gleichung 5: $g'(2) =$ 13,1 : 13,1 $=$ $80a + 32b + 12c + 4d + e$
Gleichung 6: $g'(3) =$ 40,6 : 40,6 $=$ $405a + 108b + 27c + 6d + e$

$y = \frac{1}{5}x^5 - \frac{49}{40}x^4 + \frac{91}{20}x^3 - \frac{253}{40}x^2 + 7x - \frac{2}{3}$

2. Fall

Man bestimmt eine Näherungsfunktion von $f(x)$, um das Verhalten von $f(x)$ (bzw. des Graphen) in bestimmten Bereichen (meist nahe dem Ursprung oder für Werte $x \to \pm\infty$) besser untersuchen, besser zeichnen oder besser erklären zu können.

Das wohl wichtigste und häufigste Beispiel sind Asymptoten ($\to$ Seite 52 ff.). Mathematisch betrachtet bestimmt man eine Gerade als Näherungskurve, um sich außerhalb des Zeichenbereichs den Verlauf des Graphen von $f(x)$ vorstellen zu können.

Sie sollten wissen, dass bei der Suche nach einer Näherungsfunktion für $x \to 0$ nur die Summanden betrachtet werden, die in diesem Bereich »überwiegen« (z. B. x vor x^2 vor x^3 ...). Für $x \to \pm\infty$ überwiegen bei ganzrationalen Funktionen die Summanden mit den höchsten Exponenten bei der Variablen.

$f(x) = 4x^3 - \sqrt{2} \cdot x^2 - 5x$ verhält sich für $x \to 0$ wie $y = -5x$ und
für $x \to \pm\infty$ wie $y = 4x^3$.

$f(x) = \frac{3x^4 - 2x^2}{x - 1}$ verhält sich für $x \to 0$ wie $y = 2x^2$ (wegen $-2x^2 : (-1)$);
für $x \to \pm\infty$ wie $y = 3x^3$ (wegen $3x^4 : x$).

3.4.17 Beziehungen und Bedingungen

Textaufgaben haben bei vielen Schülern keinen allzu guten Ruf. Dies liegt meist nicht am fehlenden mathematischen Können, sondern vielmehr an ihrer Scheu, die »Mathematik« aus einem Text herauszufiltern. Lassen Sie sich durch die Art der Fragestellung nicht verunsichern. Suchen Sie das mathematische Problem der Aufgabe, konzentrieren Sie sich auf Angaben, die zu Zahlen, Termen, Gleichungen führen, und gehen Sie von dem nichts sagenden Beitext weg. Ob Ihnen allerdings dieser lapidare Satz weiterhilft? Der Rat mag gut sein (mindestens gut gemeint); aber für die Praxis ist er nicht immer verwendbar. Leider kann man sich auf diesem sehr weiten und schlecht nor-

3 Analysis

mierbaren Gebiet nicht mit den (oft angenehmen) »Kochrezepten« helfen, aber eventuell mit zwei speziell dafür ausgewählten Beispielen.

Die Funktion $f(x) = \frac{x^3}{3(x-1)^2}$ mit dem Graphen K sei gegeben.

Frage: K und die Geraden $y = 2$; $y = v$ ($v > 2$) und $g: y = \frac{1}{3}x - \frac{2}{3}$ schließen die Fläche $A(v)$ ein. Untersuchen Sie, ob es möglich ist v so zu wählen, dass $A(v)$ größer wird als 10^6. Halten Sie sich bitte nicht am letzten Satz auf. Beginnen Sie besser mit dem »Berechnen« des Flächeninhalts.

Berechnen Sie das Integral von 2 bis v über $f(x) - g(x)$ und Sie erhalten:

$A(v) = \ln(v-1) - \frac{1}{3(v-1)} + \frac{1}{3}$ (z. B. über Substitution $u = x - 1$)

Für $v \to \infty \Rightarrow A(v) \to \infty$, ist unbeschränkt und wird damit auch größer als 10^6.

Berechnen Sie, ganz gleich welcher Text auch immer auftaucht, zunächst das eigentliche »Problem«, hier den Flächeninhalt.

Damit haben Sie den allergrößten Teil bereits geschafft. Erst nach dieser sturen Berechnung versuchen Sie die Frage zu beantworten. Hier mit einer Grenzwertbildung.

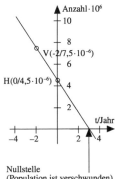

Nullstelle
(Population ist verschwunden)

Eine Population von Insekten besteht aus $4,5 \cdot 10^6$ Individuen. Vor 2 Jahren waren es noch $7,5 \cdot 10^6$ Individuen. Wann ist diese Population verschwunden, wenn man eine gleichmäßige (lineare) Abnahme voraussetzt?

Die Zuordnung »heute $\Leftrightarrow 4,5 \cdot 10^6$« und »vor 2 Jahren $\Leftrightarrow 7,5 \cdot 10^6$« sind mathematisch gesehen zwei Punkte $H(0|4,5 \cdot 10^6)$ und $V(-2|7,5 \cdot 10^6)$. Gleichmäßige (lineare) Abnahme heißt: lineare Funktion, also Gerade.

Wann die Population verschwunden ist, ist eine Frage nach der Nullstelle. Die Skizze zum Problem zeigt dies deutlich:

Zeigen Sie ...; Bestimmen Sie ...; Begründen Sie ...; Beweisen Sie ...; Untersuchen Sie ...; Schätzen Sie ...; Erklären Sie ...; Geben Sie an ...; Beantworten Sie ...; Weshalb ...; für welches ...; warum ... sind Worte bzw. Sätze, die nichts über die Mathematik aussagen.

Ignorieren Sie zunächst diese Worte. Lösen Sie den mathematischen Bereich, in dem Sie arbeiten müssen, aus dem umschreibenden Satzgefüge heraus.

Berechnen Sie das Teilproblem, auf das meist nur ein Wort hinweist (z. B. Flächeninhalt, Tangente, Ortslinie, Nullstelle, ...), als ob die Frage in der üblichen Art gestellt wäre. Erst nach der Berechnung (die in keiner Weise die Frage beantworten muss oder gar soll) wenden Sie sich der eigentlichen Frage zu.

3.4.18 Differenzialgleichungen

 Steht in einer Gleichung mit der Funktion f auch eine ihrer Ableitungen (f', f'', f''',...), so heißt diese Gleichung Differenzialgleichung.

In der Schulmathematik treten nur gewöhnliche Differenzialgleichungen auf. Das sind (im Gegensatz zu den partiellen) Differenzialgleichungen mit Funktionen mit nur einer Variablen.

Die Ordnung einer Differenzialgleichung ist der Grad der höchsten auftretenden Ableitung.

Die Lösung einer Differenzialgleichung ist die Menge aller Funktionen, die mit ihren Ableitungen die Differenzialgleichung erfüllen. Die Lösung einer Differenzialgleichung n-ter Ordnung ist eine Funktions-Menge mit n frei wählbaren Parametern.

Diese Parameter werden mittels der in der Aufgabe gegebenen Angaben (Nebenbedingungen) berechnet.

In der Regel setzen Sie in den allgemeinen Ansatz (in die allgemeine Lösung) die durch den Text bekannten x- und die dazugehörigen y-Werte ein und berechnen über ein Gleichungssystem (Vorsicht, ist nicht immer linear) die Koeffizienten.

In der Praxis müssen Sie sich die Lösungen einiger weniger Differenzialgleichungen merken, sofern diese nicht in Ihrer √ stehen sollten, was bei einigen leider der Fall ist. Bitte schlagen Sie sofort nach, was Ihre √ in diesem Bereich bietet.

Die für die Schulmathematik wichtigsten Differenzialgleichungen			
zu lösendes Problem	Differenzialgleichung	Allgemeine Lösung	Bemerkungen (a, b konstant!)
konstante Steigung	$y' = a$	$y = ax + b$	Wird meist nicht den Differenzialgleichungen zugeordnet
lineare Steigung	$y'' = a$	$y = \frac{1}{2}ax^2 + bx + c$	Parabeln 2. Ordnung mit Scheitel $S\left(-\frac{b}{a} \mid c - \frac{b^2}{2a}\right)$
Wachstum (exponentiell) Zerfall	$y' = ay$	$y = b e^{ax}$	Exponentielle Wachstumsprozesse (Waldbestände, Bakterien, ...); insbesondere der radioaktive Zerfall
	$y' = -ay$	$y = b e^{-ax}$	
harmonische Schwingung	$y'' + a^2 y = 0$	$y = b \sin(ax + c)$ $y = c_1 \sin ax + c_2 \cos ax$	Vorsicht: periodisch!
gedämpfte harmonische Schwingung	$y'' + 2a^2 y' + b^2 y = 0$	$y = c e^{-ax} \sin(kx + d)$	$c, d \in \mathbb{R}$ $k = \sqrt{b^2 - a^2}$ mit $a^2 < b^2$

3 Analysis

3.4.19 Gegebene Integrale

Immer häufiger tritt schon bei der Aufgabenstellung (also im Aufgabentext) ein Ansatz auf, den man eigentlich dem Lösungsverfahren zuordnen müsste: die **Integralfunktion**; meist in der Form $F(x) = \int_a^x f(t)\,dt$.

$y = f(t)$ ist meist eine bereits bekannte Funktion, die aber im ersten Teil bei der Diskussion für viele unverständlich $y = f(x)$ und nicht $y = f(t)$ heißt.

Dabei macht man mit der Umbenennung (bei der Randfunktion t anstatt x) doch nur die Variable x wieder frei, sodass $F(x)$ x als Variable erhalten kann.

Der Name der Variablen spielt überhaupt keine Rolle. Bitte lassen Sie sich nicht irritieren, wenn die Variable t anstatt x heißt.

In der Skizze ist der Funktionswert $F_a(x)$ anschaulich der Flächeninhalt unter der Randfunktion f von der unteren Grenze a bis zur oberen Grenze x. Klar, dass man dabei nicht x nochmals als Variable der Randfunktion benützen kann und deshalb schlicht und einfach einen anderen Namen wählt (in der Regel t). Bestimmt man $F(x)$ dann tatsächlich über $F(a) - F(x)$, so ist t im Term nicht mehr enthalten. Die Funktion ist nur noch von der Variablen x abhängig. Also keine Angst vor Namensänderungen!

Bei den gegebenen Integralfunktionen lassen sich zwei große Gruppen leicht unterscheiden.

- **Die Funktion $F(x)$ muss bestimmt werden:** Das heißt, dass Sie eine Stammfunktion bilden müssen, um danach die Grenzen einzusetzen. Mit der erhaltenen Funktion geht es dann weiter. Sofern die Rechenfertigkeit »Bildung von Stammfunktionen« ($\rightarrow$ Seite 39, $\rightarrow$ Seite 79) beherrscht wird, treten kaum Probleme auf.

   Die Funktion $f(x) = \dfrac{2x-2}{x^2}$ wurde im ersten Teil diskutiert.

   Danach die Aufgabe: Für $x \geq 1$ gilt $F(x) = \int_1^x f(t)\,dt$.

   Stellen Sie $F(x)$ ohne Integralzeichen dar und zeigen Sie, dass F für $x > 1$ keine Nullstelle hat. Untersuchen Sie F auf Extremstellen für $x > 1$.

   $f(t) = 2t^{-1} - 2t^{-2} \Rightarrow F(t) = 2\ln|t| + 2t^{-1} + C \Rightarrow F(x) = 2\ln|x| + 2x^{-1} - 2$.

   $C = -2$ ergibt sich aus $F(1) = 0$

   $f > 0$ für alle $x > 1$, also streng monoton steigend. Damit kann F für $x > 1$ keine weitere Nullstelle haben (Graph »steigt«).

   Mit $f > 0$ ist $F' > 1$ ($F' = f$), F hat für $x > 1$ keine Extremwerte. (Notwendige Bedingung nicht erfüllt.)

- **Die Funktion $F(x)$ muss nicht berechnet werden:** Es gibt auch Fragen, die beantwortet werden können, ohne dass man die Funktion kennt; zumal bei der Definition über das Integral die Ableitungsfunktion $(f(t))$ bekannt ist. Ganz typisch ist zum Beispiel die Frage nach der Monotonie, die ja (→ Seite 33) über die Ableitung bestimmt wird.

Die Funktion $f(x) = \dfrac{x^3}{3(x-1)^2}$ wurde im ersten Teil diskutiert.

Danach die Aufgabe: $H(x) = \displaystyle\int_0^x \dfrac{f(-t) + f(t)}{t^2 + 1}\, dt$ mit $-1 < x < 1$ ist gegeben.

Zeigen Sie, dass $H(x)$ monoton ist.

Man muss hier $H(x)$ nicht bestimmen (versuchen Sie es bitte nicht!).

Zu zeigen ist lediglich, ob $f(-t) + f(t)$ das Vorzeichen wechselt; der Nenner ist ohnehin > 0.

Der Zähler ist ≥ 0, was durch algebraische Umformungen zu zeigen ist:

$Z = \dfrac{-x^3}{3(-x-1)^2} + \dfrac{x^3}{3(x-1)^2} = \dfrac{4x^4}{3(x-1)^2(x+1)^2} \geq 0 \;\Rightarrow\; H(x)$ ist monoton.

3.4.20 Arkusfunktionen

arcus ist ein lateinisches Wort und bedeutet auf deutsch »Bogen«. Die Arkusfunktionen (auch Arcusfunktionen) oder zyklometrischen Funktionen sind die Umkehrfunktionen (→ Seite 44) der Kreisfunktionen (trigonometrischen Funktionen) (→ Seite 31). Folgende Abkürzungen sind üblich:

- arcsin = Arcussinus (Umkehrfunktion der sinus-Funktion)
- arccos = Arcuscosinus (Umkehrfunktion der cos-Funktion)
- arctan = Arcustangens (Umkehrfunktion der tan-Funktion)
- arccot = Arcuscotangens (Umkehrfunktion der cot-Funktion)

Die Ableitungen und Stammfunktionen der Arkusfunktion finden Sie in der $\sqrt{\ }$. Da die Funktionen sehr selten sind, lohnt sich Auswendiglernen und tieferes Einsteigen nur dann, wenn Ihr Fachlehrer darauf besteht.

Was Sie allerdings auf jeden Fall (fehlerlos!) können sollten, ist die Berechnung der Werte mit dem 🖩.

Aufgaben wie die folgenden dürfen kein Problem darstellen.

- Bestimmen Sie eine Lösung folgender Gleichungen:
  $\sin x = 0{,}1$; (über [INV][SIN] oder [SHIFT][SIN] $\Rightarrow x = 0{,}1$)
  $\tan x = -0{,}3$; (über [INV][TAN] oder [SHIFT][TAN] $\Rightarrow x = -0{,}29$)
- $f(x) = \arcsin x$. Bestimmen Sie $f(0{,}9)$ und $f'(0{,}9)$.
  ([0,9][INV][SIN] $\Rightarrow 1{,}12$) und $\left(1 : \sqrt{1 - 0{,}9^2}\right) = 2{,}29$

3 Analysis

Sie haben bemerkt, dass alle Rechnungen im Bogenmaß durchgeführt werden: Rechner mit [MODE] oder [DRG] auf RAD umstellen!

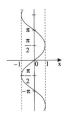

Arcussinus
Abkürzung: arcsin, $\sin^{-1}$
Beschreibung: Umkehrfunktion der sin-Funktion
Definitions-Menge: $\mathbb{D} = [-1; 1]$

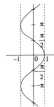

Arcuscosinus
Abkürzung: arccos, $\cos^{-1}$
Beschreibung: Umkehrfunktion der cos-Funktion
Definitions-Menge: $\mathbb{D} = [-1; 1]$

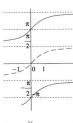

Arcustangens
Abkürzung: arctan, $\tan^{-1}$
Beschreibung: Umkehrfunktion der tan-Funktion
Definitions-Menge: $\mathbb{D} = \mathbb{R}$

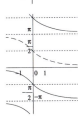

Arcuscotangens
Abkürzung: arccot, $\cot^{-1}$
Beschreibung: Umkehrfunktion der cot-Funktion
Definitions-Menge: $\mathbb{D} = \mathbb{R}$

4 Lineare Algebra und analytische Geometrie

Algebra kommt aus dem Arabischen und bedeutet in etwa »Verbindung von Getrenntem«. Mathematisch gesehen ist die Algebra die Lehre der formalen Operationen und die Lehre der mathematischen Strukturen. Der größte Teil der Mittelstufenmathematik besteht aus dieser formalen Operationsalgebra, rechentechnisch dürfte eigentlich nicht viel »passieren«. Die Strukturbetrachtungen halten sich ebenfalls in überschaubaren Grenzen, sodass insgesamt der Stoff etwas leichter (und damit auch schneller erlernbar) sein dürfte als in der Analysis.

Wir beschäftigen uns mit der »linearen« Algebra, der Algebra im linearen Raum oder (wie meist gesagt wird) im Vektorraum.

Das Wort **Geometrie** kommt aus dem Griechischen und bedeutet in etwa »Erdmessung«. Aber sehr bald wurde der Inhalt reicher und schon Platon (griechischer Philosoph, 427 bis 347 vor Christus) verstand unter Geometrie die Wissenschaft des Raumes. Heute ist die Geometrie wohl am einfachsten durch »Lehre von den Eigenschaften ebener und räumlicher Gebilde« zu umschreiben.

Analytisch bedeutet so viel wie »zerlegend, zergliedernd, in seine Bestandteile auflösend«. Das Wort stammt ebenfalls aus dem Griechischen.

Die analytische Geometrie ist eine besondere Art, geometrische Betrachtungen durchzuführen. Eine zu betrachtende Figur wird nicht mehr als einheitliche, ganze Figur, sondern als Menge von Punkten des Raumes gesehen. Da jeder Punkt des Raumes mit Hilfe von Koordinaten oder Vektoren beschrieben werden kann, erhält man für bestimmte Punktmengen Koordinaten- oder Vektorgleichungen. In der analytischen Geometrie betrachtet man nun diese gewonnenen Gleichungen mit den uns aus der Mittelstufe bekannten algebraischen Methoden im Vektorraum (linearer Raum).

Kurz gesagt: Wir beschreiben in der analytischen Geometrie die vorkommenden Figuren durch Gleichungen, die wir mittels der formalen Sätze der Algebra zu lösen versuchen.

4.1 Notwendige Rechenfertigkeiten

Im Gebiet der linearen Algebra/analytischen Geometrie werden in manchen Bundesländern zwei Alternativen angeboten.

Die Alternative 1 befasst sich mehr mit der Geometrie, die Alternative 2 mehr mit den Lösungsmethoden und Strukturen. Sie müssen sich (noch mehr als in der Analysis) darum kümmern, welche Teilgebiete Sie wirklich beherrschen müssen, welche Sie nur flüchtig zu betrachten brauchen und welche Sie ganz überschlagen dürfen.

4 Lineare Algebra und analytische Geometrie

Das Kapitel 4.1 mit den Grundrechenarten gehört zu beiden Alternativen.
Selbst wenn Sie die Rechenfertigkeiten für die Analysis problemlos, sicher und so gut wie fehlerfrei beherrschen, müssen Sie, um im Gebiet der Geometrie vernünftig punkten zu können, weitere Rechenfertigkeiten einüben. Keine Angst, sie sind ungleich leichter als in der Analysis. Aber sie sind auch ungleich häufiger und damit natürlich elementar wichtig.
Das Lösen linearer Gleichungssysteme ist die Hauptrechenarbeit der Geometrie schlechthin. Ich glaube kaum, dass es auch nur eine Abiaufgabe gibt, in der diese Rechenfertigkeit nicht mehrmals gebraucht wird.
Bitte trainieren Sie das Lösen der linearen Gleichungssysteme, ganz gleich ob mit oder ohne Parameter, ganz gleich ob die Anzahl der Gleichungen größer, gleich oder kleiner der Anzahl der Unbekannten ist, bis Sie wirklich fehlerfrei und schnell »rechnen«.
Vor der Wichtigkeit der Gleichungssysteme verschwinden alle anderen Rechenfertigkeiten fast in der Bedeutungslosigkeit. Dies sollten Sie aber nicht zulassen. Sie wissen, dass die Beherrschung der linearen Gleichungssysteme ein notwendiges, aber keinesfalls hinreichendes Kriterium zur Aufgabenlösung darstellt.

4.1.1 Lineare Gleichungssysteme (LGS)

 Eine Gleichung, in der die Variablen nur linear (mit der Hochzahl 1, die natürlich nicht geschrieben wird) vorkommen, heißt lineare Gleichung.

Zahlen und Parameter dürfen auch in linearen Gleichungen beliebige Hochzahlen haben, nur eben die Variablen nicht.

Sind mehrere lineare Gleichungen gegeben, so spricht man von einem linearen Gleichungssystem (LGS). Die Anzahl der Gleichungen und die Anzahl der vorkommenden Variablen muss nicht gleich groß sein. Für den Lösungsweg und die Lösungsmenge sind diese beiden Zahlen aber von entscheidender Bedeutung.
Leider bieten manche √ wenig Brauchbares zu Bestimmung der Lösungsmengen von linearen Gleichungssystemen. Natürlich sind Lösungsverfahren angegeben, aber ob damit jeder klarkommt?
Lesen Sie, bevor Sie sich hier verkünsteln, besser erst die nächsten Seiten durch. Aber danach müssen Sie mit Ihrer √ arbeiten. Wie immer: In Ruhe anschauen und überlegen, wie wann was verwendet werden kann.
Hat ein LGS n Variablen $x_1, x_2, ..., x_n$ (meist gilt $n \leq 3$), so ist jedes n-tupel ($\rightarrow$ Seite 179) $(r_1|r_2|...|r_n)$ mit den reellen Zahlen r_i eine Lösung des Systems, wenn

beim Ersetzen der Variablen x_i durch die entsprechenden Zahlen r_i jede Gleichung des Systems erfüllt ist.

Bereits in der Mittelstufe erlernt man drei Verfahren zur Lösung von zwei Gleichungen mit zwei Unbekannten bzw. drei Gleichungen mit drei Unbekannten:

Einsetzverfahren

Beim Einsetzverfahren wird eine Variable aus einer Gleichung berechnet und in die anderen Gleichungen eingesetzt.

Gleichsetzungsverfahren

Beim Gleichsetzungsverfahren werden zwei geeignete umgestellte Gleichungen so »gleichgesetzt«, dass eine Variable wegfällt.

Additions- (oder Subtraktions-)verfahren

Beim Additionsverfahren werden die einzelnen Gleichungen so multipliziert, dass bei der Addition (bzw. Subtraktion) zweier Gleichungen eine Variable entfällt.

Merken Sie sich, dass jedes LGS mit jedem der drei Verfahren (und auch mit jeder Mischung aus diesen drei Verfahren) gelöst werden kann, allerdings mit verschieden großem Zeit- bzw. Rechenaufwand. Leider ist sehr schlecht (wenn überhaupt) zu übersehen, welches der Verfahren für welches LGS am geeignetsten ist. Meiner Erfahrung nach kommen beim Additionsverfahren am wenigsten Fehler vor, eine vernünftige Mischung der Verfahren ist am schnellsten und das Gleichsetzen lohnt sich in den wenigsten Fällen.

Auch in diesem Fall gilt: Es ist ungleich besser, Sie können eines der Verfahren (dann aber bitte das Additionsverfahren) richtig, als alle nur oberflächlich.

Der bedeutende Mathematiker Carl Friedrich GAUSS (1777 – 1855) beschrieb ein Verfahren zur Berechnung von Lösungen eines LGS, das eigentlich eine sture Benutzung des Additionsverfahrens darstellt. Dieses gaußsche Eliminationsverfahren (gaußscher Algorithmus) gewinnt in heutiger Zeit immer mehr an Bedeutung, da es (infolge seiner herrlichen Sturheit) leicht mit Rechnern durchzuführen ist.

Der große Vorteil dieses Verfahrens ist aber, dass insbesondere die (immer unbequemen) Sonderfälle (keine Lösung oder ∞ viele Lösungen) sofort sicher erkannt werden. Das Problem der Lösungsmannigfaltigkeit wird damit quasi im Keim erstickt, ein Vorteil, der gar nicht hoch genug eingeschätzt werden kann.

Natürlich müssen Sie sich (auch wenn ich Ihnen auf der nächsten Seite das »Gauß-Verfahren« vorstelle) nicht notwendigerweise umstellen. Wenn Sie allerdings Probleme mit dem Lösen linearer Gleichungssysteme haben, wäre eine Umstellung der bessere Weg.

4 Lineare Algebra und analytische Geometrie

4.1.2 Gauß-Verfahren

Ein LGS ist in **Stufenform (Dreiecksform)**, wenn in der zweiten Gleichung der Koeffizient der ersten Variablen, in der dritten Gleichung die Koeffizienten der beiden ersten Variablen, in der vierten Gleichung die Koeffizienten der drei ersten Variablen, ..., in der n-ten Gleichung die Koeffizienten ($n - 1$) ersten Variablen alle null sind. Da die Summanden mit den Koeffizienten null auch null sind, schreibt man üblicherweise diese Summanden nicht. Für die Stufenform ergibt sich somit folgendes Gleichungssystem:

$$a_1 x_1 + a_2 x_2 + a_3 x_3 + a_4 x_4 + \ldots + a_n x_n = a$$
$$b_2 x_2 + b_3 x_3 + b_4 x_4 + \ldots + b_n x_n = b$$
$$c_3 x_3 + c_4 x_4 + \ldots + c_n x_n = c$$
$$d_4 x_4 + \ldots + d_n x_n = d$$

Eine **Äquivalenzumformung** ist eine Umformung, welche die Lösungsmenge des LGS nicht ändert. Die üblichen Äquivalenzumformungen sind:

a Multiplikation einer Gleichung mit einer reellen Zahl $\neq 0$
b Vertauschung zweier Gleichungen
c Ersetzen einer Gleichung durch die Summe oder die Differenz der Gleichung mit einer anderen Gleichung der LGS.

Mittels der drei Äquivalenzumformungen wird das LGS auf Stufenform gebracht. Danach berechnet man (mit der letzten Gleichung beginnend) die einzelnen Variablen. In der praktischen Handhabung ist das Verfahren (das haben wohl alle guten Ideen gemeinsam) recht einfach: Wenn man mit der Umformung a die Koeffizienten einer Variablen bei zwei Gleichungen des Systems gleichmacht, dann wird bei einer Subtraktion dieser beiden Gleichungen (Umformung c) zwangsweise dieser Koeffizient null, oder unmathematisch ausgedrückt: »die Variable fällt heraus« und die Gleichung kann in die Stufenform integriert werden.
Wiederholt man diesen Schritt genügend oft, kommt man auf die Stufenform.

Ein allgemeines Beispiel mit drei Gleichungen und drei Unbekannten soll Ihnen die Art der Rechnung und der Wiederholungen zeigen. Dabei gehe ich ganz stur vor, um zu zeigen, dass jedes LGS mit diesen Schritten auf Stufenform gebracht werden kann.

Ausgangsgleichungssystem:

$a_1x_1 + a_2x_2 + a_3x_3 = a$ (G1.1)
$b_1x_1 + b_2x_2 + b_3x_3 = b$ (G1.2)
$c_1x_1 + c_2x_2 + c_3x_3 = c$ (G1.3)

1. Schritt:　　　　　　　　　　　　**Damit ergibt sich:**

G1.1 bleibt und wird zu G2.1　　　　$a_1x_1 + a_2x_2 + a_3x_3 = a$
$b_1 \cdot$ G1.1 $- a_1 \cdot$ G1.2 wird zu G2.2　　$(a_2b_1 - b_2a_1)x_2 + (a_3b_1 - b_3a_1)x_3 = ab_1 - ba_1$
$c_1 \cdot$ G1.1 $- a_1 \cdot$ G1.3 wird zu G2.3　　$(a_2c_1 - c_2a_1)x_2 + (a_3c_1 - c_3a_1)x_3 = ac_1 - ca_1$

Vereinfacht:

$(a_2b_1 - b_2a_1) = d_2;\ (a_3b_1 - b_3a_1) = d_3;\ ab_1 - ba_1 = d$　　$a_1x_1 + a_2x_2 + a_3x_3 = a$ (G2.1)
$(a_2c_1 - c_2a_1) = e_2;\ (a_3c_1 - c_3a_1) = e_3;\ ac_1 - ca_1 = e$　　$d_2x_2 - d_3x_3 = d$ (G2.2)
　　　　　　　　　　　　　　　　　　　　　　　$e_2x_2 - e_3x_3 = e$ (G2.3)

2. Schritt:　　　　　　　　　　　　**Damit ergibt sich:**

G2.1 bleibt und wird zu G3.1　　　　$a_1x_1 + a_2x_2 + a_3x_3 = a$
G2.2 bleibt und wird zu G3.2　　　　$+ d_2x_2 - d_3x_3 = d$
$e_2 \cdot$ G2.2 $- d_2 \cdot$ G2.3 wird zu G3.3　　$(d_3e_2 - e_3d_2)x_3 = de_2 - ed_2$

Vereinfacht:　　　　　　　　　　　**Gleichungssystem in Stufenform:**

$(d_3e_2 - e_3d_2) = f_3;\ de_2 - ed_2 = f$　　$a_1x_1 + a_2x_2 + a_3x_3 = a$ (G3.1)
　　　　　　　　　　　　　　　　　　　$d_2x_2 - d_3x_3 = d$ (G3.2)
　　　　　　　　　　　　　　　　　　　$f_3x_3 = f$ (G3.3)

Damit hat man die gewünschte Dreiecksform erreicht. Notwendig sind (bei drei Gleichungen und drei Variablen) genau zwei Schritte (oder drei Schritte, wenn das LGS zunächst auf die Ausgangsgleichung gebracht werden muss).

Die gesuchte Lösungsmenge lässt sich durch die Stufenform sehr einfach bestimmen. Mittels der letzten Gleichung wird x_3 berechnet. x_3 in G3.2 eingesetzt ergibt nach leichter algebraischer Umstellung x_2; und x_3 und x_2 in G3.1 eingesetzt ergibt (auch hier ist die Umstellung sehr einfach) die letzte gesuchte Größe x_1. Auch wenn das LGS Parameter beinhaltet, sind die Schritte genau gleich. Sie müssen dann lediglich aufpassen, dass Sie nicht durch null teilen!

4 Lineare Algebra und analytische Geometrie

4.1.3 Lösungsmengen von linearen Gleichungssystemen

Die möglichen Lösungsmengen bei einer LGS sind:
Keine Lösung oder genau eine Lösung oder unendlich viele Lösungen.

Keine Lösung: Ein LGS mit n Variablen hat keine Lösung, wenn es kein n-tupel $(x_1; x_2; ... x_n)$ gibt, das alle Gleichungen des Systems erfüllt. Natürlich sieht man dies dem LGS nicht an. Sie müssen die Lösungen mit den bekannten drei Verfahren ($\to$ Seite 100) berechnen oder das LGS auf Stufenform bringen. Um die Lösungsmenge zu erkennen, betrachtet man die letzte Gleichung der Stufenform. Ein LGS in Stufenform hat keine Lösung, wenn die letzte Gleichung keine Lösung hat.
Ganz grob (aber nicht ausschließlich und nicht zwingend): Ein LGS hat oftmals keine Lösung, wenn die Anzahl der Gleichungen größer als die Anzahl der Variablen ist.
Genau eine Lösung: Ein LGS mit n Variablen hat genau eine Lösung, wenn es genau ein n-tupel $(x_1; x_2; ... x_n)$ gibt, das alle Gleichungen des Systems erfüllt. Ist $(0; 0; ...; 0)$ die einzige Lösung, so sprechen wir von der trivialen Lösung des Systems. Die Lösung der letzten Gleichung der Stufenform wird in die anderen Gleichungen zur Bestimmung der Variablen eingesetzt.
Ganz grob (aber nicht ausschließlich und nicht zwingend): Ein LGS hat oftmals genau eine Lösung, wenn die Anzahl der Gleichungen gleich der Anzahl der Variablen ist.
Unendlich viele Lösungen: Sind $(x_1; x_2; ... x_n)$ und $(y_1; y_2; ... y_n)$ verschiedene Lösungen des LGS, so sind die n-tupel $(rx_1 + ky_1; rx_2 + ky_2; ... rx_n + ky_n)$ für alle reellen Zahlen r und k ebenfalls Lösungen des LGS. Wenn es zwei verschiedene Lösungen gibt, gibt es auf jeden Fall unendlich viele verschiedene Lösungen des LGS! Hat die letzte Gleichung der Stufenform ∞ viele Lösungen, dann hat auch das LGS ∞ viele Lösungen. Berechnen Sie aus der letzten Gleichung eine der Variablen (die von einer anderen Variablen abhängen kann) und setzten Sie diesen Term in die anderen Gleichungen ein.
Ganz grob (aber nicht ausschließlich und nicht zwingend): Ein LGS hat oftmals unendlich viele Lösungen, wenn die Anzahl der Gleichungen kleiner als die Anzahl der Variablen ist
Unendlich viele Lösungen heißt nicht, dass alle möglichen Einsetzungen Lösungen sind. Es gibt z. B. ∞ viele Zahlentripel, die an der zweiten Stelle die Zahl 2 haben [$(1|2|3)$; $(-5|2|-1)$; ...], damit haben aber noch lange nicht alle die Zahl 2 an der zweiten Stelle: Es gibt auch ∞ viele ohne die »2« in der Mitte.

n sei die Anzahl der Variablen; m die Anzahl der Gleichungen.

$n = 2$ und $m = 3$	$n = 3$ und $m = 3$	$n = 3$ und $m = 2$
$2x_1 + 3x_2 = 3$	$2x_1 + 3x_2 + 3x_3 = 3$	$2x_1 + 3x_2 + 3x_3 = 3$
$3x_1 - 2x_2 = 4$	$3x_1 - 2x_2 - 9x_3 = 4$	$3x_1 - 2x_2 - 9x_3 = 4$
$5x_1 - x_2 = -1$	$5x_1 - x_2 - 18x_3 = -1$	

in Dreiecksform gebracht:

$2x_1 + 3x_2 = 3$	$2x_1 + 3x_2 + 3x_3 = 3$	$2x_1 + 3x_2 + 3x_3 = 3$
$5x_2 = 1$	$13x_2 + 27x_3 = 1$	$13x_2 + 27x_3 = 1$
$0 = 204$	$12x_3 = 12$	

Lösungsmengen des LGS:

| Keine Lösung, letzte Gleichung hat keine Lösung. | Aus der letzten Gleichung $\Rightarrow x_3 = 1 \Rightarrow x_2 = -2$ $\Rightarrow x_1 = 3$ $\Rightarrow$ eine Lösung $(3|-2|1)$ | ∞ viele Lösungen: $\left(x_3 = \frac{1-13x_2}{27}\right)$ $L = \left\{\frac{-1-14t}{18}\middle| t\middle| \frac{1-13t}{17}\right.$ mit $\left. t \in \mathbb{R}\right\}$ |

4.1.4 Übersicht zu den linearen Gleichungssystemen

eine Gleichung mit einer Variablen

Lösungsvorschlag: Ordnen. Variable ausklammern. Berechnung der Variablen.
typisches Auftreten: Schnitt Gerade-Ebene in Koordinatenform
Beispiel:
$E: 2x_1 - 2x_2 - x_3 = 0$
$g: \vec{x} = \begin{pmatrix} 2 \\ -5 \\ 3 \end{pmatrix} + t \begin{pmatrix} 4 \\ -2 \\ 1 \end{pmatrix} \Rightarrow 2(2 + 4t) - 2(-5 - 2t) - (3 - t) = 0 \Rightarrow t = -1 \Rightarrow S(-2|-3|2)$

eine Gleichung mit zwei Variablen

Lösungsvorschlag: Ordnen. Eine der Variablen isolieren und berechnen (in Abhängigkeit zu der anderen Variablen).
typisches Auftreten: Schnitt Ebene in Vektorform mit Ebene in Koordinatenform
Beispiel:
$E_1: 2x_1 + x_2 + 3x_3 - 12 = 0$
$E_2: \vec{x} = \begin{pmatrix} 0 \\ -2 \\ 7 \end{pmatrix} + r \begin{pmatrix} -1 \\ -3 \\ 4 \end{pmatrix} + s \begin{pmatrix} 3 \\ -5 \\ 9 \end{pmatrix} \Rightarrow 2(-r + 3s) + (-2 - 3r - 5s) + 3(7 + 4r + 9s) - 12 = 0$
$\Rightarrow r = -4s - 1 \Rightarrow g: \vec{x} = \begin{pmatrix} 1 \\ 1 \\ 4 \end{pmatrix} + s \begin{pmatrix} 7 \\ 7 \\ -7 \end{pmatrix}$

4 Lineare Algebra und analytische Geometrie

eine Gleichung mit drei Variablen

Lösungsvorschlag: Zwei der Variablen beliebig (aber sinnvoll) einsetzen. Dritte Variable berechnen.

typisches Auftreten: Aufsuchen von Punkten auf einer Ebene in Koordinatenform, Vektor orthogonal zu einem gegebenen Vektor

Beispiel:

$E_1: 2x_1 + x_2 + 3x_3 - 12 = 0$ mit $x_2 = 1$, $x_3 = 5 \Rightarrow P(-2|1|5)$

$\begin{pmatrix}1\\2\\3\end{pmatrix} \perp \begin{pmatrix}a\\b\\c\end{pmatrix} \Rightarrow a + 2b + 3c = 0$ mit $a = 1$, $b = 2 \Rightarrow c = -\frac{5}{3}$

zwei Gleichungen mit einer Variablen

Lösungsvorschlag: Aus 1. Gleichung Variable berechnen. Ergebnis in 2. Gleichung einsetzen.

typisches Auftreten: Bei drei Gleichungen und zwei Variablen

Beispiel:

$2x - 3 = 5$; $-x + 4 = 9$

aus Gleichung 1 $\Rightarrow x = 4$ eingesetzt $\Rightarrow -4 + 4 = 9$ also $0 = 9$ und damit keine Lösung

zwei Gleichungen mit zwei Variablen

Lösungsvorschlag: Eine Variable eliminieren, die andere Variable berechnen.

typisches Auftreten: Häufigstes LGS der Analysis, z. B. Schnitt zweier Geraden

Beispiel:

$y = 2x + 4$
$y = -x + 5$
$\Rightarrow 2x + 4 = -x + 5 \Rightarrow 3x = 1 \Rightarrow x = \frac{1}{3} \Rightarrow y = \frac{14}{3} \Rightarrow S\left(\frac{1}{3}\left|\frac{14}{3}\right.\right)$

zwei Gleichungen mit drei Variablen

Lösungsvorschlag: Eine Variable eliminieren, ergibt eine Gleichung mit zwei Variablen. Dann Bestimmung einer Variablen in Abhängigkeit der anderen.

typisches Auftreten: Schnitt zweier Ebenen in Koordinatenform, Bestimmung eines Normalenvektors einer Ebene in Vektorform

Beispiel:

$E: \vec{x} = \begin{pmatrix}1\\2\\1\end{pmatrix} + t\begin{pmatrix}3\\1\\-1\end{pmatrix} + s\begin{pmatrix}1\\-1\\-1\end{pmatrix}$

$3n_1 + n_2 - n_3 = 0$
$n_1 - n_2 - n_3 = 0 \Rightarrow 2n_1 + 2n_2 = 0 \Rightarrow n_2 = -n_1 \Rightarrow n_3 = 2n_1$

drei Gleichungen mit einer Variablen

Lösungsvorschlag: Aus einer Gleichung die Variable berechnen und in beide anderen Gleichungen einsetzen. Lösung nur, wenn alle Gleichungen erfüllt sind.

typisches Auftreten: Nachprüfen, ob ein gegebener Punkt auf der Geraden liegt

Beispiel:

$P(2|-1|3)$

$g: \vec{x} = \begin{pmatrix} 1 \\ 2 \\ 3 \end{pmatrix} + t \begin{pmatrix} -2 \\ 1 \\ 4 \end{pmatrix}$

$\Rightarrow \left. \begin{array}{l} 2 = 1 - 2t \\ -1 = 2 + t \\ 3 = 3 + 4t \end{array} \right\} \Rightarrow$ keine Lösung

drei Gleichungen mit zwei Variablen

Lösungsvorschlag: Aus zwei Gleichungen mit zwei Variablen die Variablen berechnen und in die dritte Gleichung einsetzen.

typisches Auftreten: Schnitt zweier Geraden, lineare Unabhängigkeit dreier Vektoren

Beispiel:

$\Rightarrow \left. \begin{array}{l} 3 + t = 4 - s \\ -2 + 2t = -2s \\ 1 - 3t = 2 + s \end{array} \right\} \Rightarrow s = 2, \ t = -1$

drei Gleichungen mit drei Variablen

Lösungsvorschlag: Durch Eliminieren der Variablen über zwei Gleichungen mit zwei Variablen auf eine mit einer Variablen.

typisches Auftreten: Schnitt Gerade mit Ebene in Vektorform; Gleichungssysteme bei Basiswechsel

Beispiel:

$\Rightarrow \left. \begin{array}{l} 3 + r + 3s = -t \\ 3 + r - 3s = 2 - 3t \\ 1 - r - s = 7 + 4t \end{array} \right\} \Rightarrow t = -1$

drei Gleichungen mit vier Variablen

Lösungsvorschlag: Über zwei Gleichungen mit drei Variablen und eine Gleichung mit zwei Variablen.

typisches Auftreten: Schnitt zweier Ebenen in Vektordarstellung

Beispiel:

$3 + r + 3s = -u + 3v$
$3 + r - 3s = -2 - 3u - 5v$
$1 - r - s = 7 + 4u + 9v$
$\Rightarrow u = -4v - 1; \ r = -11v - 29; \ s = 6v + 9$

4 Lineare Algebra und analytische Geometrie

4.1.5 Skizzen, Schrägbilder, Schnitte

Nicht alle Menschen haben ein gutes räumliches Vorstellungsvermögen. Es ist auch nicht leicht, sich räumliche Figuren oder Zusammenhänge räumlicher Figuren (Schnitt, Berühren, Enthaltensein und ähnliches) vorzustellen.

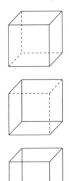

Links sind drei Würfel abgebildet. Die Lagen der Würfel 1 und 2 sind leicht zu erkennen. 1 sieht man von vorn, oben und rechts. 2 sieht man von vorn, unten und links. 3 kann man von beiden Ansichten her sehen. Versuchen Sie es einmal. Jede der Positionen 1 und 2 ist mit ein klein wenig Übung zu sehen. Notfalls schließen Sie kurz die Augen, um dann die Würfel vom »anderen Blickpunkt« zu sehen. Je stärker die Probleme bei der Vorstellung räumlicher Körper werden, desto mehr ist man auf Hilfsmittel angewiesen.

In der räumlichen Geometrie ist das die Zeichnung oder die Skizze. Eine klärende, Problem lösende Zeichnung herzustellen ist eine (nicht einfache!) Rechenfertigkeit. Leider kann ich Ihnen kein »Kochrezept« angeben. Die Herstellung einer Skizze hängt viel zu sehr vom Problem ab. Dennoch bin ich der Ansicht, dass sich auch diese Rechenfertigkeit trainieren lässt. Üben Sie die Arbeit mit den Skizzen. Skizzieren Sie von Anfang an beim Aufgabenlösen mit. Glauben Sie mir, es hilft.

Bei der Herstellung der Skizzen unterscheide ich zwischen zwei Gruppen:

Ebene Skizzen: Die ebene Skizze ist das Bild einer Schnittebene des Raumes. Die Skizze ist zweidimensional und daher einfach zu verstehen und einfach zu zeichnen. Ebene Skizzen sind im Handwerksbereich üblich (z. B. Grundriss eines Hauses). Zeichnen Sie immer das Bild einer senkrechten Projektion: Entweder Sie wählen die Ebene, in der gearbeitet werden soll, als Zeichenebene und projizieren die benötigten Elemente (aber nur die benötigten!) senkrecht auf die Ebene. Oder Sie wählen als Zeichenebene eine zum Problem senkrecht stehende Ebene, auf die Sie wieder nur das Notwendigste senkrecht projizieren. Wird Ihnen mittels einer einzigen Skizze das Problem nicht klar, zeichnen Sie auf mehreren Ebenen. So, wie ein Werkzeugmacher auch einen Auf-, einen Grund- und einen Seitriss als Bild des Werkstücks erhält oder herstellt. Scheuen Sie sich bitte nicht, auch mehrere Skizzen herzustellen. So viele, bis Sie eine brauchbare Planfigur haben.

Räumliche Skizzen: Die räumliche Skizze ist eine Abbildung des Raumes auf eine Ebene. Sie ist anschaulich, aber nicht einfach herzustellen. Räumliche Skizzen werden z. B. im Bereich der Graphiker und Designer verwendet.

Das Koordinatensystem besteht aus drei Achsen, die paarweise aufeinander senkrecht stehen. Die drei Achsen schneiden sich im Ursprung 0 (0|0|0). Die x_1-Achse, die eigentlich aus der Zeichenebene »herauskommt«, wird im Winkel 135° zur x_2-Achse gezeichnet und die Einheit um den Faktor $\sqrt{2}$ verkürzt. Damit die räumliche Darstellung übersichtlich bleibt, zeichnet man in der Regel nur die »positiven Koordinatenachsen« ein. Dabei legt man die x_2- und die x_3-Achse parallel zu den Zeichenblattbegrenzungen.

4.1.6 Übersicht zu verschiedenen Skizzen

Probleme
Darstellung einer Ebene

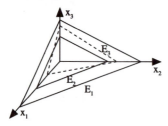 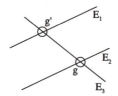

g liegt $\perp$ zur Zeichen-Ebene. g' ∥ g

Beispiel: 3 Ebenen E_1, E_2, E_3 mit $E_1 \parallel E_2$ und $E_3 \cap E_2 = g$, $E_3 \cap E_1 = g'$.

Räumlich für eine einzelne Ebene sehr anschaulich. Bei mehreren Ebenen (z. B. Schnitt von Ebenen, Ebenenscharen) ist Projektion anschaulicher, da das räumliche Bild bei zu vielen Informationen verwirrt.

Schnittprobleme mit Ebenen und Kugeln

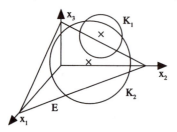 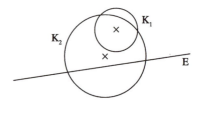

Projektion in der Regel viel anschaulicher als die räumliche Skizze. **Achtung:** Schnitte der Projektionszeichnung müssen sich in Wirklichkeit nicht schneiden. Schnittpunkte und -figuren sind aus der Skizze nicht ablesbar.

4 Lineare Algebra und analytische Geometrie

Darstellung von ebenen Flächen

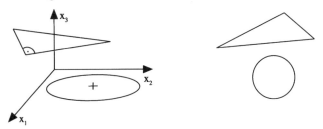

Teilmengen von Ebenen

Am besten für jedes Problem eine neue Skizze. Bei Projektionen: auf eine Ebene ‖ zur Figur projizieren. **Achtung:** Figuren nicht winkeltreu und nicht längentreu.

Darstellung von Körpern

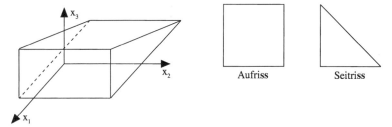

Meist sind räumliche Skizzen notwendig. Nicht sichtbare Kanten gestrichelt zeichnen, das erhöht die Anschaulichkeit gewaltig. Projektion auf Ebene nur sinnvoll bei gleichzeitiger Skizze aus verschiedener Ansicht.

»Klapp-Probleme« und »Lotprobleme«

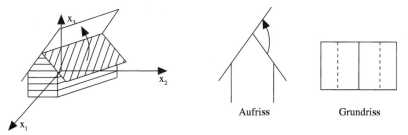

Skizzen aus verschiedenen Blickrichtungen für die Berechnung. Räumliche Skizze zur besseren Veranschaulichung.

Schnittprobleme

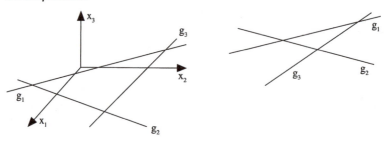

Beispiel: Schnitt von Geraden
Sehr unübersichtlich im Raum. Bei Projektion auf Ebene liegen zwei Geraden, die sich schneiden, in einer Ebene. Auf dieser Ebene abbilden! Zweideutig bei beiden Skizzen, da sich immer auch windschiefe Geraden auf der Skizze schneiden.

Abstandsprobleme

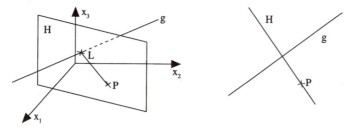

Beispiel: Abstand Gerade und Punkt
Im Raum übersichtlich, aber nicht abmessbar. Ebene Skizze nur sinnvoll, wenn auf die von g und P aufgespannte Ebene abgebildet wird (H ist $\perp$ zur Zeichenebene).

4.2 Vektorrechnung

Die Vektorrechnung der analytischen Geometrie ist das einzige Teilgebiet der Schulmathematik, in dem mit zwei verschiedenen Grundmengen gearbeitet wird:

◆ Reelle Zahlen, die in der Geometrie auch **Skalare** (lateinisch: *skalaris* = zur Leiter gehörend) genannt werden und durch ihren Zahlenwert eindeutig bestimmt sind, bilden eine Grundmenge. Sie kennen die Rechentechniken und die Verknüpfungen innerhalb der Skalare aus der Analysis, es handelt sich um das ganz »normale« Rechnen mit den reellen Zahlen. Genauso wird mit den Skalaren in der Geometrie gearbeitet.

◆ Mit den **Vektoren** wird eine weitere Grundmenge verwendet. Vektoren kennen Sie aus verschiedenen Gebieten der Physik. Zur eindeutigen Bestimmung eines Vek-

4 Lineare Algebra und analytische Geometrie

tors benötigt man mehr als nur einen Zahlenwert: Ein Vektor ist nur dann eindeutig bestimmt, wenn man seine Länge und seine Richtung kennt!
Das Wort *Vektor* kommt aus dem Lateinischen und bedeutet in etwa »Träger«, wobei ein Träger von mehreren Informationen (nicht nur der Zahlengröße) gemeint ist.
Vereinfacht stellen Sie sich einen Vektor als »Verschiebung« eines Punktes, einfach als Pfeil im Raum vor. Dieser Pfeil hat eine ganz bestimmte Richtung und eine ganz bestimmte Länge. Die Lage des Pfeiles betrachten wir nicht. Ob nun der Pfeil am oberen Blattende oder in der Mitte oder sonst wo liegt, es ist immer derselbe Vektor, dieselbe Verschiebung, derselbe Pfeil (sofern die Länge und die Richtung nicht verändert werden). Alle Pfeile derselben Länge und derselben Richtung beschreiben somit genau einen Vektor– und umgekehrt beschreibt ein Vektor alle Pfeile des Raumes, die dieselbe Richtung und dieselbe Länge haben.

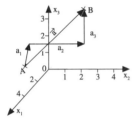

Zur Beschreibung eines Vektors genügt (wie gesagt) eine einzige Zahl nicht. Wir geben jeden Vektor im Raum durch drei reelle Zahlen an. Es sind die drei Maßzahlen der Verschiebung in Richtung der drei Achsen des Koordinatensystems. Diese drei Zahlen schreiben wir untereinander.

$$\vec{a} = \begin{pmatrix} a_1 \\ a_2 \\ a_3 \end{pmatrix} = \overrightarrow{AB} \text{ hier } \approx \vec{a} = \begin{pmatrix} -2 \\ 4 \\ 1,5 \end{pmatrix} = \overrightarrow{AB}$$

Um einen Platzhalter für einen Skalar von einem Platzhalter für einen Vektor unterscheiden zu können, wählt man verschiedene Schreibweisen.
Ein Skalar wird wie eine reelle Zahl behandelt, verknüpft und damit auch so beschrieben. Insbesondere werden als Platzhalter für Skalare die kleinen lateinischen Buchstaben ($a, b, \ldots x, y, z$) verwendet.

Vektoren bezeichnen wir mit kleinen lateinischen Buchstaben unter einem Pfeil oder mit den Buchstaben des Anfangs- und Endpunktes unter einem Pfeil.

$$\vec{x} = \begin{pmatrix} x_1 \\ x_2 \\ x_3 \end{pmatrix}; \quad \overrightarrow{AB} = \begin{pmatrix} -3 \\ 11 \\ \sqrt{2} \end{pmatrix}; \quad \vec{a}_t = \begin{pmatrix} 3t \\ 2-t \\ 14 \end{pmatrix}$$

a, x, z sind also Skalare; $\vec{a}, \vec{x}, \vec{z}$ sind also Vektoren.

4.2.1 Wichtige Vektoren

allgemeiner Vektor: $\vec{a} = \overrightarrow{AB}$ (vom Punkt *A* zum Punkt *B*)

- Der allgemeine Vektor hat immer als Koordinaten die Koordinaten des Endpunktes minus die Koordinaten des Anfangspunktes:

$$A(a_1|a_2|a_3);\ B(b_1|b_2|b_3) \Rightarrow \overrightarrow{AB} = \begin{pmatrix} b_1 - a_1 \\ b_2 - a_2 \\ b_3 - a_3 \end{pmatrix}$$

- Einsatz: Wenn über zwei Punkte eine Richtung gegeben ist (bei Gerade, Ebene, ...).
- Beispiel: $A(4|2|-3);\ B(-2|1|-1) \Rightarrow \overrightarrow{AB} = \begin{pmatrix} -6 \\ -1 \\ 2 \end{pmatrix};\ \overrightarrow{BA} = \begin{pmatrix} 6 \\ 1 \\ -2 \end{pmatrix}$

Basis-Vektor

- Jeder Vektor des Raumes lässt sich aus drei beliebigen, aber untereinander linear unabhängigen Vektoren als Linearkombination darstellen. Drei linear unabhängige Vektoren heißen eine Basis.
- Einsatz: Bei jeder Koordinatendarstellung der Vektoren.
- Beispiel: In der Regel wird die Basis $\begin{pmatrix} 1 \\ 0 \\ 0 \end{pmatrix}, \begin{pmatrix} 0 \\ 1 \\ 0 \end{pmatrix}, \begin{pmatrix} 0 \\ 0 \\ 1 \end{pmatrix}$, verwendet.

Einheitsvektor: $\vec{a}^0$ oder $\vec{e}_a$

- Der Einheitsvektor ist ein Vektor der Länge eins. Man erhält den Einheitsvektor $\vec{a}^0$ in Richtung des Vektors $\vec{a}$, indem man $\vec{a}$ durch seine eigene Länge teilt (man »normiert« den Vektor).
- Einsatz: Bei Abstands- und Längenproblemen. $\vec{a}^0 = \dfrac{\begin{pmatrix} a_1 \\ a_2 \\ a_3 \end{pmatrix}}{\sqrt{a_1^2 + a_2^2 + a_3^2}}$
- Beispiel: $\vec{b} = \begin{pmatrix} 2 \\ 1 \\ -2 \end{pmatrix};\ \vec{b}^0 = \dfrac{1}{3}\begin{pmatrix} 2 \\ 1 \\ -2 \end{pmatrix}$

Gegen-Vektor: $-\vec{a}$

- Der Gegenvektor des Vektors $\vec{a}$ ist der Vektor, der addiert zu $\vec{a}$ den Nullvektor gibt.

$$\vec{a} = \begin{pmatrix} a_1 \\ a_2 \\ a_3 \end{pmatrix};\ -\vec{a} = \begin{pmatrix} -a_1 \\ -a_2 \\ -a_3 \end{pmatrix} = -\begin{pmatrix} a_1 \\ a_2 \\ a_3 \end{pmatrix}$$

- Einsatz: Bei Vektorgleichungen. $\vec{a} + (-\vec{a}) = \vec{0}$
- Beispiel: $\vec{a} = \begin{pmatrix} 3 \\ 2 \\ -1 \end{pmatrix} \Rightarrow -\vec{a} = \begin{pmatrix} -3 \\ -2 \\ 1 \end{pmatrix}$

Normalen-Vektor $\vec{n}$ der Ebene

- Der Normalenvektor der Ebene ist der Vektor, der senkrecht auf der Ebene steht.
  Er ist bis auf die Länge (und die Gegenrichtung) eindeutig bestimmt.

4 Lineare Algebra und analytische Geometrie

- Einsatz: Zur Beschreibung einer Ebene. Lot-, Abstands- und Schnittprobleme mit der Ebene.
- Beispiel: $E: 2x_1 + x_2 - 2x_3 = 0 \Rightarrow \vec{n}_t = t\begin{pmatrix} 2 \\ 1 \\ -2 \end{pmatrix}$ ist für jedes t ein Normalenvektor.

Null-Vektor: $\vec{0}$

- Der Nullvektor ist der Vektor, dessen Anfangspunkt gleich dem Endpunkt ist. Der Nullvektor hat keine Länge und keine Richtung. Er ist das neutrale Element der Vektoraddition.
- Einsatz: Bei Umrechnungen von Vektorgleichungen.
- Beispiel: $\vec{0} = \begin{pmatrix} 0 \\ 0 \\ 0 \end{pmatrix}$

Orts-Vektor: $\vec{OA} = \vec{a}$ **des Punktes** $A(a_1|a_2|a_3)$

- Der Ortsvektor des Punktes A ist der Vektor vom Koordinatenursprung zum Punkt A. Punkt und Ortsvektor haben dieselben Koordinaten, aber eine ganz andere Schreibweise.
- Einsatz: Bei der vektoriellen Beschreibung von Punkten, Figuren und Körpern.
- Beispiel: $A(-3|2|1); \Rightarrow \vec{a} = \begin{pmatrix} -3 \\ 2 \\ 1 \end{pmatrix}$

Vektoren bei der Geradengleichung $\vec{x} = \vec{p} + t\vec{r}$

- $\vec{p}$ heißt **Stützvektor** und ist ein Ortsvektor eines (beliebigen) Punktes der Geraden, $\vec{p}$ gibt die Lage der Geraden an.
- $\vec{r}$ heißt **Richtungsvektor** und gibt die Richtung der Geraden an.
- $\vec{r}$ ist ein Vektor zwischen zwei beliebigen Punkten der Geraden.
- Einsatz: Zur Beschreibung von Geraden und bei Berechnungen mit Geraden.
- Beispiel: $\vec{x} = \begin{pmatrix} 2 \\ 1 \\ -1 \end{pmatrix} + t\begin{pmatrix} 2 \\ -3 \\ 1 \end{pmatrix}$ hat den Stützvektor $\vec{p} = \begin{pmatrix} 2 \\ 1 \\ -1 \end{pmatrix}$ und den Richtungsvektor $\vec{r} = \begin{pmatrix} 2 \\ -3 \\ 1 \end{pmatrix}$

Vektoren bei der Ebenengleichung $\vec{x} = \vec{p} + r\vec{u} + s\vec{v}$

- $\vec{p}$ heißt **Stützvektor** und ist ein Ortsvektor eines (beliebigen) Punktes der Ebene. $\vec{p}$ gibt die Lage der Ebene an. $\vec{u}$ und $\vec{v}$ sind zwei linear unabhängige Richtungsvektoren. Jede Linearkombination ergibt eine mögliche Richtung auf der Ebene. Ein **Richtungsvektor** ist ein Vektor zwischen zwei beliebigen Punkten der Ebene.
- Einsatz: Zur Beschreibung von Ebenen und bei Berechnungen mit Ebenen.
- Beispiel: $\vec{x} = \begin{pmatrix} 1 \\ 2 \\ 3 \end{pmatrix}$ (Stützvektor) $+ t\begin{pmatrix} 4 \\ 5 \\ 6 \end{pmatrix}$ (Richtungsvektor) $+ s\begin{pmatrix} 7 \\ 8 \\ 9 \end{pmatrix}$ (Richtungsvektor)

4.2.2 Vektorraum

Bezeichnung/Beschreibung	Allgemein	»Schulversion«
Eine Menge V heißt Vektorraum über dem Körper $(S; +; \cdot)$, wenn für alle Elemente $\vec{a}, \vec{b} \in V$ und $r, s \in S$ zwei Verknüpfungen $*$ und $\circ$ definiert sind mit folgenden Eigenschaften:	Theoretisch ist jeder beliebige Körper möglich. Als Vektoren ist jede abelsche Gruppe möglich.	Der Körper S ist immer der Körper der reellen Zahlen mit den bekannten Verknüpfungen $+$ und $\cdot$. Die Vektoren sind die »Verschiebungspfeile« im Raum, mit folgenden Schreibweisen:
Vektoraddition ($V \times V \to V$) (Verknüpfung zweier Vektoren ergibt wieder einen Vektor)	$\vec{a} * \vec{b} = \vec{b} * \vec{a} = \vec{c}$	$*$ wird zu $+$ mit: $\vec{a} + \vec{b} = \vec{b} + \vec{a} = \vec{c}$
Skalarmultiplikation oder S-Multiplikation ($S \times V \to V$) (Skalar $\circ$ Vektor gibt Vektor) mit den Eigenschaften:		$\circ$ wird zu $\cdot$ mit $r\,\vec{a}$ anstatt $r \cdot \vec{a}$ (von $r \circ \vec{a}$)
Assoziativgesetz	$r \circ (s \circ \vec{a}) = (r \cdot s) \circ \vec{a}$	$r(s\vec{a}) = (rs)\vec{a}$
Distributivgesetz I	$(r + s) \circ \vec{a} = (r \circ \vec{a}) * (s \circ \vec{a})$	$(r + s)\vec{a} = (r\vec{a}) + (s\vec{a})$
Distributivgesetz II	$r \circ (a * b) = (r \circ \vec{a}) * (r \circ \vec{b})$	$r(\vec{a} + \vec{b}) = (r\vec{a}) + (r\vec{b})$
Neutrales Element $1 \in S$	$1 \circ \vec{a} = \vec{a}$	$1 \cdot \vec{a} = \vec{a}$

Die übliche Definition des Vektorraums (z. B. in den Formelsammlungen) ist weit reichender als für die Schulmathematik unbedingt notwendig wäre. In der Schulmathematik käme man gut mit dem »reellen Vektorraum« aus, dessen Körper die reellen Zahlen sind. Auch die Vektoren sind eingeschränkt. Die allgemeine Definition lässt Vektoren praktisch jeder Dimension zu, für die Aufgaben der Schulmathematik genügen dreidimensionale Vektoren.

Es gibt Aufgaben, bei denen gezeigt werden muss, ob bestimmte Mengen (oder Teilmengen) einen Vektorraum (oder Untervektorraum $\to$ Seite 157 f.) bilden. Man muss dann die in der Definition auftretenden Gesetze nachweisen (zeigen, dass diese gelten). Setzen Sie in die allgemeine Definition, die Sie Ihrer Formelsammlung entnehmen, ein.

Bei allen anderen Problemen genügt der schon erwähnte spezielle Vektorraum, mit den reellen Zahlen als Skalaren und mit den dreidimensionalen Vektoren. Dieser einfache Vektorraum wird im Folgenden »Schulversion« genannt.

Als Beispiel die »Schulversion« $\mathbb{R}^3$ (in Spaltenschreibweise geschrieben) mit den Skalaren $\mathbb{R}$ und den Vektoren aus $\mathbb{R}^3$.

4 Lineare Algebra und analytische Geometrie

	Allgemein:	Zahlenbeispiel:
Vektoraddition	$\begin{pmatrix}x_1\\x_2\\x_3\end{pmatrix}+\begin{pmatrix}y_1\\y_2\\y_3\end{pmatrix}=\begin{pmatrix}x_1+y_1\\x_2+y_2\\x_3+y_3\end{pmatrix}$	$\begin{pmatrix}3\\1\\2\end{pmatrix}+\begin{pmatrix}-1\\2\\-5\end{pmatrix}=\begin{pmatrix}2\\3\\-3\end{pmatrix}$
Assoziativgesetz	$r\left[s\begin{pmatrix}x_1\\x_2\\x_3\end{pmatrix}\right]=rs\begin{pmatrix}x_1\\x_2\\x_3\end{pmatrix}=\begin{pmatrix}rsx_1\\rsx_2\\rsx_3\end{pmatrix}$	$2\left[-3\begin{pmatrix}1\\-1\\2\end{pmatrix}\right]=\begin{pmatrix}-6\\6\\-12\end{pmatrix}$
Distributivgesetz I	$(r+s)\begin{pmatrix}x_1\\x_2\\x_3\end{pmatrix}=r\begin{pmatrix}x_1\\x_2\\x_3\end{pmatrix}+s\begin{pmatrix}x_1\\x_2\\x_3\end{pmatrix}$	$(5-4)\begin{pmatrix}1\\-1\\2\end{pmatrix}=\begin{pmatrix}5\\-5\\10\end{pmatrix}+\begin{pmatrix}-4\\4\\-8\end{pmatrix}=\begin{pmatrix}1\\-1\\2\end{pmatrix}$
Distributivgesetz II	$r\left[\begin{pmatrix}x_1\\x_2\\x_3\end{pmatrix}+\begin{pmatrix}y_1\\y_2\\y_3\end{pmatrix}\right]=\begin{pmatrix}rx_1\\rx_2\\rx_3\end{pmatrix}+\begin{pmatrix}ry_1\\ry_2\\ry_3\end{pmatrix}$	$3\left[\begin{pmatrix}1\\-1\\2\end{pmatrix}+\begin{pmatrix}2\\1\\-3\end{pmatrix}\right]=\begin{pmatrix}3\\-3\\6\end{pmatrix}+\begin{pmatrix}6\\3\\-9\end{pmatrix}=\begin{pmatrix}9\\0\\-3\end{pmatrix}$
Neutrales Element $1 \in S$	$1\cdot\begin{pmatrix}x_1\\x_2\\x_3\end{pmatrix}=\begin{pmatrix}x_1\\x_2\\x_3\end{pmatrix}$	$1\cdot\begin{pmatrix}2\\-1\\1\end{pmatrix}=\begin{pmatrix}2\\-1\\1\end{pmatrix}$

4.2.3 Koordinatendarstellung

Ist $B=\{\vec{b}_1;\vec{b}_2;\vec{b}_3\}$ eine Basis des Vektorraums, so lässt sich jeder Vektor des Raumes als Linearkombination dieser drei **Basisvektoren** darstellen:
$\vec{x}=r_1\vec{b}_1+r_2\vec{b}_2+r_3\vec{b}_3$.
Die reellen Zahlen (Skalare) r_i heißen Koordinaten des Vektors $\vec{x}$ bezüglich der Basis B.
Aus Schreibgründen lässt man die Basisvektoren (die ja für jeden zu beschreibenden Vektor gleich sind) weg und betrachtet nur die (für jeden Vektor verschiedenen) Koordinaten bezüglich dieser festen Basis B.

$\vec{e}_1=\begin{pmatrix}1\\0\\0\end{pmatrix}$, $\vec{e}_2=\begin{pmatrix}0\\1\\0\end{pmatrix}$, $\vec{e}_3=\begin{pmatrix}0\\0\\1\end{pmatrix}$

In der Regel (mindestens immer, wenn nicht ausdrücklich eine andere Basis gegeben ist) arbeitet man im dreidimensionalen Raum mit der Basis $\vec{e}_1$, $\vec{e}_2$ und $\vec{e}_3$, die links beschrieben ist.
Diese drei Richtungen sind auch die Achsenrichtungen im kartesischen Koordinatensystem, das ebenfalls kommentarlos automatisch benutzt wird.

Ansatz zur Berechnung neuer Koordinaten bei Basiswechsel: Die links beschriebene Basis ist allerdings nicht zwingend. Der Aufgabensteller kann eine andere Basis vorgeben und mit ihr arbeiten lassen. Eine andere Basis hat zwangsweise für denselben zu beschreibenden Vektor andere Koeffizienten. Wie bei einer neuen Basis die neuen Koordinaten zu bestimmen sind, soll die folgende Übersicht zeigen:
Gegeben sind die Basen $B=\{\vec{b}_1;\vec{b}_2;\vec{b}_3\}$ und $C=\{\vec{c}_1;\vec{c}_2;\vec{c}_3\}$.
Dann gibt es für den Vektor $\vec{a}$ in jedem System eine eindeutige Darstellung:
$\vec{a}=r_1\vec{b}_1+r_2\vec{b}_2+r_3\vec{b}_3$ beziehungsweise $\vec{a}=s_1\vec{c}_1+s_2\vec{c}_2+s_3\vec{c}_3$.

Der Vektor $\vec{a}$ bleibt aber gleich und es gilt die Gleichung:
$r_1\vec{b}_1 + r_2\vec{b}_2 + r_3\vec{b}_3 = s_1\vec{c}_1 + s_2\vec{c}_2 + s_3\vec{c}_3$.

Kennt man die Koordinaten einer Seite, lassen sich (lineares Gleichungssystem mit drei Gleichungen und drei Variablen, → Seite 99 f.) die Koordinaten für die andere Basis berechnen.

$$B = \left\{\begin{pmatrix}1\\0\\0\end{pmatrix}, \begin{pmatrix}0\\1\\0\end{pmatrix}, \begin{pmatrix}0\\0\\1\end{pmatrix}\right\}; \quad C = \left\{\begin{pmatrix}1\\1\\0\end{pmatrix}, \begin{pmatrix}2\\1\\1\end{pmatrix}, \begin{pmatrix}0\\2\\1\end{pmatrix}\right\}$$

$$\vec{a} = \begin{pmatrix}3\\6\\3\end{pmatrix} = 3\begin{pmatrix}1\\0\\0\end{pmatrix} + 6\begin{pmatrix}0\\1\\0\end{pmatrix} + 3\begin{pmatrix}0\\0\\1\end{pmatrix} = s_1\begin{pmatrix}1\\1\\0\end{pmatrix} + s_2\begin{pmatrix}2\\1\\1\end{pmatrix} + s_3\begin{pmatrix}0\\2\\1\end{pmatrix}$$

$$\Rightarrow \left.\begin{array}{l}3 = s_1 + 2s_2\\6 = s_1 + s_2 + 2s_3\\3 = s_2 + s_3\end{array}\right\} \Rightarrow s_1 = 1,\ s_2 = 1,\ s_3 = 2$$

Alte Koordinaten (3|6|3); neue Koordinaten (bezüglich Basis C) (1|1|2).

4.2.4 Skalarprodukt

Das Skalarprodukt ist die mit Abstand ungewöhnlichste mathematische Verknüpfung in der Schule. Damit ist sie auch sehr fehleranfällig. Bitte nehmen Sie diese Verknüpfung, die die Bestimmung von Winkelgrößen erlaubt, ernst.

> Eine Abbildung zweier Vektoren des Vektorraumes *V* in die reellen Zahlen heißt Skalarprodukt in *V*, wenn für alle $\vec{x}, \vec{y}, \vec{z} \in V$ und alle $k \in R$ gilt:
> $\vec{x}\cdot\vec{y} = \vec{y}\cdot\vec{x};\ \vec{x}(\vec{y}+\vec{z}) = \vec{x}\vec{y}+\vec{x}\vec{z};\ \vec{x}(k\vec{y}) = k(\vec{x}\vec{y});\ \vec{x}\cdot\vec{x} = x^2 > 0$ für alle $\vec{x} \neq 0$.

Sollten Sie je bei einer vorgegebenen Abbildung zeigen müssen, dass es sich um ein Skalarprodukt handelt, müssen Sie diese Gesetze nachweisen, was durch Einsetzen und algebraische Umformungen geschieht. Die Gesetze selbst finden Sie in jeder Formelsammlung, ein Auswendiglernen ist verlorene Zeit.

> In rechtwinkligen Koordinaten ist das Skalarprodukt:
> $$\vec{x}\cdot\vec{y} = \begin{pmatrix}x_1\\x_2\\x_3\end{pmatrix} \cdot \begin{pmatrix}y_1\\y_2\\y_3\end{pmatrix} = x_1\cdot y_1 + x_2\cdot y_2 + x_3\cdot y_3.$$
> Und genau mit dieser reellen Zahl (also der Summe der Produkte der einander entsprechenden Koordinaten) müssen Sie arbeiten.
> Obwohl auch dies in jeder Formelsammlung steht, schlage ich Ihnen vor, diesmal nicht nur auswendig zu lernen, sondern echt zu üben.

Sie müssen überblicken, was bei den verschiedenen möglichen Verknüpfungen für Elemente entstehen. Die nachfolgende Aufstellung hilft Ihnen dabei.

4 Lineare Algebra und analytische Geometrie

Vektor ± Vektor = Vektor $\quad \begin{pmatrix} 2 \\ -1 \\ 3 \end{pmatrix} + \begin{pmatrix} 4 \\ 1 \\ -2 \end{pmatrix} = \begin{pmatrix} 6 \\ 0 \\ 1 \end{pmatrix} \quad \begin{pmatrix} 2 \\ -1 \\ 3 \end{pmatrix} - \begin{pmatrix} 4 \\ 1 \\ -2 \end{pmatrix} = \begin{pmatrix} -2 \\ -2 \\ 5 \end{pmatrix}$

Vektor · Vektor = Skalar $\quad \begin{pmatrix} 2 \\ -1 \\ 3 \end{pmatrix} \cdot \begin{pmatrix} 4 \\ 1 \\ -2 \end{pmatrix} = 2 \cdot 4 + (-1) \cdot 1 + 3 \cdot (-2) = 1$

Vektor : Vektor nicht definiert $\quad \begin{pmatrix} 2 \\ -1 \\ 3 \end{pmatrix} : \begin{pmatrix} 4 \\ 1 \\ -2 \end{pmatrix}$ oder: $\dfrac{\begin{pmatrix} 2 \\ -1 \\ 3 \end{pmatrix}}{\begin{pmatrix} 4 \\ 1 \\ -2 \end{pmatrix}}$ geht nicht!

Skalar ± Vektor nicht definiert $\quad 3 \pm \begin{pmatrix} 2 \\ -1 \\ 3 \end{pmatrix}$ geht nicht!

Skalar · Vektor = Vektor $\quad 3 \begin{pmatrix} 2 \\ -1 \\ 3 \end{pmatrix} = \begin{pmatrix} 6 \\ -3 \\ 9 \end{pmatrix}$

Skalar : Vektor nicht definiert $\quad 5 : \begin{pmatrix} 2 \\ -1 \\ 3 \end{pmatrix}$ oder: $\dfrac{5}{\begin{pmatrix} 2 \\ -1 \\ 3 \end{pmatrix}}$ geht nicht!

Vektor ± Skalar nicht definiert $\quad \begin{pmatrix} 2 \\ -1 \\ 3 \end{pmatrix} \pm 3$ geht nicht!

Vektor · Skalar = Vektor $\quad \begin{pmatrix} 2 \\ -1 \\ 3 \end{pmatrix} \cdot 3 = \begin{pmatrix} 6 \\ -3 \\ 9 \end{pmatrix}$

Vektor : Skalar = Vektor $\quad \begin{pmatrix} 2 \\ -1 \\ 3 \end{pmatrix} : 3 = \dfrac{\begin{pmatrix} 2 \\ -1 \\ 3 \end{pmatrix}}{3} = \dfrac{1}{3}\begin{pmatrix} 2 \\ -1 \\ 3 \end{pmatrix} = \dfrac{\begin{pmatrix} 2 \\ -1 \\ 3 \end{pmatrix}}{\begin{pmatrix} 4 \\ 1 \\ -2 \end{pmatrix}}$

4.3 Geometrie

Erfahrungsgemäß fällt den meisten Schülern die Geometrie leichter als die Analysis. So zeigen es die Durchschnittspunktezahlen bei den Klausuren und beim Abitur.
Der geometrische Teil der Oberstufenmathematik führt uns zurück in die Geometrie der Mittelstufe. Alle von dort schon bekannten Figuren und Körper kommen wieder vor: Gerade und Strecke, Ebene und Teile von Ebenen (Dreieck, Viereck, Raute, Kreis ...) und nicht zuletzt Körper (Kugel, Prisma, Zylinder ...).

Was in der Mittelstufe im mathematischen Teilgebiet der Geometrie zeichnerisch bewältigt wurde (konstruktiv mit Lineal, Zirkel und Bleistift), wird nun algebraisch in Gleichungen umgesetzt und rechnerisch behandelt. Die Theorie steht ab jetzt über der Praxis und der Taschenrechner wird wichtiger als Lineal und Zirkel.

Dass Zeichnungen und Skizzen immer noch zur Geometrie gehören, ist klar. Aber sie dominieren nicht mehr. Sie dienen als Planfigur, als Hilfsmittel und zur Vervollständigung oder zur Veranschaulichung eines Problems.

Die Geometrie wird zum Anwendungsgebiet der Algebra. Das heißt aber noch lange nicht, dass der Stoff an sich auch schwieriger wird. Nein, das Problem wird nur von einer anderen Seite angegangen. Dem einen mag dies schwerer, dem anderen aber leichter erscheinen.

Beruhigend am ganzen »Oberstufen-Geometriestoff« ist der sehr kleine Umfang, die sehr einfache »Rechenarbeit« (es handelt sich nur um lineare oder quadratische Gleichungen) und die sehr stark eingeschränkte Anzahl der zu behandelnden Probleme. Ganz grob vereinfacht geht es um genau drei Probleme: Abstand, Lage und Schnitt. Und dies mit den vier »Grundfiguren« und den entsprechenden Teilmengen davon. Die wichtigsten (das heißt, die am häufigsten bei Aufgaben vorkommenden) sind:

- Punkt;
- Gerade (Strecke);
- Ebene (Kreis, Dreieck, Viereck);
- Raum (Kugel, Pyramide, Prisma, Kegel).

Man sieht, dass in der Geometrie mit wenigen Grundelementen und extrem wenigen Rechenfertigkeiten ganz wenige Grundprobleme bearbeitet werden müssen. Dies bedingt, dass der ganze Stoff in weit weniger Zeit als die Analysis wiederholt werden kann und damit in diesem Teilgebiet die Punkte für die meisten leichter »erreichbar« sind als in der Analysis.

Um die angesprochenen drei Probleme (Abstand, Lage, Schnitt) bewältigen zu können, sind (außer der schon geübten Rechenfertigkeit »Lösen eines linearen Gleichungssystems«) noch einige Rechentechniken notwendig. Die wichtigsten sind auf der folgenden Seite in einer Übersicht dargestellt.

Informieren Sie sich auch in Ihrer Formelsammlung.

4 Lineare Algebra und analytische Geometrie

4.3.1 Grundwissen und notwendige Rechenfertigkeiten

Anwendung des Satzes von Pythagoras

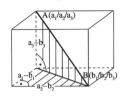

Der Satz des Pythagoras dient nach wie vor zur Abstandsbestimmung zweier Punkte und damit auch zur Längenbestimmung einer Strecke. Insbesondere natürlich auch bei Höhen (und Seitenhöhen) der Körper.

Beispiel:

$d(A, B) = d(B, A) = \sqrt{(a_1 - b_1)^2 + (a_2 - b_2)^2 + (a_3 - b_3)^2}$ mit $A(3|-2|1)$ und $B(2|5|-3)$

$\Rightarrow d(A, B) = \sqrt{1^2 + 7^2 + 4^2} = 66$

Basiswechsel

Ein Vektor ist mit seinen Koordinaten bezüglich der Basis B gegeben und soll mit der Basis C beschrieben werden.
Die Koordinaten der neuen Basisvektoren mit Platzhalter schreiben.
Vektorgleichung aufstellen: $\vec{x} = a_1 \vec{b}_1 + a_2 \vec{b}_2 + a_3 \vec{b}_3 = v_1 \vec{c}_1 + v_2 \vec{c}_2 + v_3 \vec{c}_3$.
In Koordinatengleichungen schreiben und Platzhalter berechnen.

Beispiel:

$B = \left\{ \begin{pmatrix} 1 \\ 0 \\ 0 \end{pmatrix}; \begin{pmatrix} 1 \\ 1 \\ -1 \end{pmatrix}; \begin{pmatrix} 0 \\ 2 \\ 1 \end{pmatrix} \right\}; \; C = \left\{ \begin{pmatrix} 1 \\ -1 \\ 0 \end{pmatrix}; \begin{pmatrix} 1 \\ -1 \\ 2 \end{pmatrix}; \begin{pmatrix} 0 \\ -1 \\ 2 \end{pmatrix} \right\} \vec{x} = \begin{pmatrix} 1 \\ -2 \\ 1 \end{pmatrix}_B$

$\Rightarrow 1 \begin{pmatrix} 1 \\ 0 \\ 0 \end{pmatrix} - 2 \begin{pmatrix} 1 \\ 1 \\ -1 \end{pmatrix} + 1 \begin{pmatrix} 0 \\ 2 \\ 1 \end{pmatrix} = r_1 \begin{pmatrix} 1 \\ -1 \\ 0 \end{pmatrix} + r_2 \begin{pmatrix} 1 \\ -1 \\ 2 \end{pmatrix} + r_3 \begin{pmatrix} 0 \\ -1 \\ 2 \end{pmatrix} \Rightarrow r_1 = -2, \; r_2 = 1, \; r_3 = 1 \Rightarrow \vec{x} = \begin{pmatrix} -2 \\ 1 \\ 1 \end{pmatrix}_C$

Koordinaten aus einer Vektorgleichung

Jede Vektorgleichung des Raumes ($\mathbb{R}^3$) kann als Gleichungssystem dreier linearer Koordinatengleichungen geschrieben werden. Diese bestehen aus reellen Zahlen und deren Platzhaltern und können algebraisch »bearbeitet« werden

Beispiel:

$3a = \begin{pmatrix} -4 \\ 5 \\ 6 \end{pmatrix} \Rightarrow \begin{matrix} 3a_1 = -4 \\ 3a_2 = 5 \\ 3a_3 = 6 \end{matrix}$

Lineare Abhängigkeit

Der Vektor $\vec{a}$ heißt von den Vektoren $\vec{b}_1; \vec{b}_2; \ldots \vec{b}_n$ linear abhängig, wenn er als Linearkombination von $\vec{b}_1; \ldots \vec{b}_n$ beschrieben werden kann.

Das heißt: Ist $\vec{a} = r_1\vec{b}_1 + \ldots + r_n\vec{b}_n$ mit $r_i \in \mathbb{R}$ lösbar $\Rightarrow$ ist a linear abhängig; nicht lösbar $\Rightarrow$ a linear unabhängig.

Wichtig: Im $\mathbb{R}^2$ gibt es höchstens zwei, im $\mathbb{R}^3$ höchstens 3, im $\mathbb{R}^n$ höchstens n linear unabhängige Vektoren.

Beispiel:

Ist $\begin{pmatrix} 3 \\ -2 \\ 1 \end{pmatrix} = r_1 \begin{pmatrix} 1 \\ 1 \\ -4 \end{pmatrix} + r_2 \begin{pmatrix} -1 \\ 1 \\ 2 \end{pmatrix}$ lösbar?

$\left. \begin{array}{l} 3 = r_1 - r_2 \\ -2 = r_1 + r_2 \\ 1 = -4r_1 + 2r_2 \end{array} \right\} \Rightarrow$ keine Lösung $\Rightarrow$ linear unabhängig

Linearkombinationen

Eine Summe von mit reellen Zahlen multiplizierten Vektoren heißt Linearkombination dieser Vektoren.

$r_1\vec{a}_1 + r_2\vec{a}_2 + r_3\vec{a}_3 + \ldots + r_n\vec{a}_n$ mit $r_i \in \mathbb{R}$ ist eine Linearkombination der Vektoren $\vec{a}_1, \vec{a}_2, \vec{a}_3, \ldots, \vec{a}_n$.

Jeder Vektor ist darstellbar als Linearkombination jeder Basis des Vektorraums.

Beispiel:

$\left. \begin{array}{l} 3\vec{a} + 2\vec{b} - 5\vec{c} \\ \phantom{3\vec{a} +} -\vec{b} - \vec{c} \\ \frac{1}{2}\vec{a} + \sqrt{5}\vec{b} - t\vec{c} \end{array} \right\} \Rightarrow$ Linearkombination der Vektoren $\vec{a}, \vec{b}, \vec{c}$

Normieren

Die Richtung des Vektors belassen und die Länge auf eins »bringen«, indem man ihn durch seine Länge teilt.

Länge $\vec{a}$: $\sqrt{a_1^2 + a_2^2 + a_3^2} \Rightarrow \vec{a}^0 = \dfrac{\vec{a}}{\sqrt{a_1^2 + a_2^2 + a_3^2}}$.

Beispiel:

$\vec{a} = \begin{pmatrix} 3 \\ 1 \\ 5 \end{pmatrix} \Rightarrow \vec{a}^0 = \dfrac{1}{\sqrt{35}} \begin{pmatrix} 3 \\ 1 \\ 5 \end{pmatrix}$

4 Lineare Algebra und analytische Geometrie

Orthogonal (senkrecht)

Zwei Vektoren stehen senkrecht zueinander (sind orthogonal), wenn ihr Skalarprodukt null ist.

$$a \perp b \Leftrightarrow \begin{pmatrix} a_1 \\ a_2 \\ a_3 \end{pmatrix} \begin{pmatrix} b_1 \\ b_2 \\ b_3 \end{pmatrix} = a_1 b_1 + a_2 b_2 + a_3 b_3 = 0$$

Zwei Geraden stehen senkrecht aufeinander, wenn das Skalarprodukt ihrer Richtungsvektoren null ist. Die senkrecht stehenden Geraden müssen sich nicht schneiden.
Zwei Ebenen stehen senkrecht aufeinander, wenn das Skalarprodukt ihrer Normalenvektoren null ist.
Eine Gerade steht senkrecht auf einer Ebene, wenn der Richtungsvektor der Geraden senkrecht auf jedem Richtungsvektor der Ebene steht oder eine Gerade parallel zum Normalenvektor der Ebene ist.

Beispiel:

$g: \vec{x} = \begin{pmatrix} 3 \\ 4 \\ 5 \end{pmatrix} + t \begin{pmatrix} -1 \\ 2 \\ 1 \end{pmatrix}; \quad h: \vec{x} = \begin{pmatrix} 1 \\ -2 \\ 3 \end{pmatrix} + s \begin{pmatrix} -1 \\ -1 \\ 1 \end{pmatrix}$ sind $\perp$,

weil $\begin{pmatrix} -1 \\ 2 \\ 1 \end{pmatrix} \begin{pmatrix} -1 \\ -1 \\ 1 \end{pmatrix} = 1 - 2 + 1 = 0$ gilt.

$E: -x_1 + 2x_2 + x_3 - 2 = 0$ ist $\perp g$, da $\vec{n} = \begin{pmatrix} -1 \\ 2 \\ 1 \end{pmatrix} \parallel$ Richtungsvektor der Geraden

Quadratische Ergänzung

Quadratische Ergänzungen kommen nur bei der Bestimmung der Mittelpunktsgleichung der Kugel vor.

$ax^2 + bx$ wird folgendermaßen quadratisch ergänzt:

- Ausklammern des Koeffizienten vor dem quadratischen Glied: $a\left(x^2 + \frac{b}{a}x\right)$
- Ergänzen durch das Quadrat der Hälfte des doppelten Produkts, wobei die Ergänzung natürlich sofort wieder abgezogen werden muss: $a\left(x^2 + \frac{b}{a}x + \frac{b^2}{4a^2} - \frac{b^2}{4a^2}\right)$
- Schreiben in »binomischer Form«, um den Mittelpunkt zu erkennen:
$a\left(x + \frac{b}{2a}\right)^2 - a \cdot \frac{b^2}{4a^2}$

Beispiel: Kugel

$x_1^2 - 8x_1 + x_2^2 + 5x_2 - x_3^2 + x_3 + 7 = 0 \Rightarrow$

$x_1^2 - 8x_1 + 16 + x_2^2 + 5x_2 + \frac{25}{4} - x_3^2 + x_3 + \frac{1}{4} = -7 + 16 + \frac{25}{4} + \frac{1}{4}$

$(x_1 - 4)^2 + \left(x_2 + \frac{5}{2}\right)^2 + \left(x_3 + \frac{1}{2}\right)^2 = \frac{31}{2}$

Eine Kugel mit Mittelpunkt $M\left(4 \mid -\frac{5}{2} \mid -\frac{1}{2}\right)$ und $r = \sqrt{\frac{31}{2}}$.

Skalarprodukt

Das Skalarprodukt ist die einzige Verknüpfung, die zwei Vektoren eine reelle Zahl zuordnet. Es gibt (für jeden Vektorraum) unendlich viele definierbare Skalarprodukte, von denen für uns allerdings nur eines sehr wichtig ist.
Im rechtwinkligen Koordinatensystem gilt:
Mit genau diesem Skalarprodukt muss man arbeiten.

Beispiel:

$$\begin{pmatrix} 3 \\ 4 \\ -1 \end{pmatrix} \cdot \begin{pmatrix} 2 \\ -1 \\ 4 \end{pmatrix} = 6 - 4 - 4 = -2$$

$$\begin{pmatrix} 1 \\ 0 \\ 0 \end{pmatrix} \cdot \begin{pmatrix} 0 \\ 1 \\ 0 \end{pmatrix} = 0 + 0 + 0 \Rightarrow \begin{pmatrix} 1 \\ 0 \\ 0 \end{pmatrix} \perp \begin{pmatrix} 0 \\ 1 \\ 0 \end{pmatrix}$$

Winkelweiten

Über die Winkelfunktion cos und das oben beschriebene Skalarprodukt wird die Winkelweite zwischen zwei Vektoren bestimmt.

$$\cos\alpha = \frac{|\vec{x} \cdot \vec{y}|}{|\vec{x}| \cdot |\vec{y}|} = \frac{\left| \begin{pmatrix} x_1 \\ x_2 \\ x_3 \end{pmatrix} \cdot \begin{pmatrix} y_1 \\ y_2 \\ y_3 \end{pmatrix} \right|}{\sqrt{x_1^2 + x_2^2 + x_3^2} \cdot \sqrt{y_1^2 + y_2^2 + y_3^2}} = \frac{|x_1 y_1 + x_2 y_2 + x_3 y_3|}{\sqrt{x_1^2 + x_2^2 + x_3^2} \cdot \sqrt{y_1^2 + y_2^2 + y_3^2}}$$

Man berechnet mit diesem Ansatz immer den kleineren der beiden Winkel zwischen zwei Vektoren mit positiver Winkelweite.

Beispiel:
Winkel zwischen $\vec{x} = \begin{pmatrix} 1 \\ -3 \\ 1 \end{pmatrix}$ und $\vec{y} = \begin{pmatrix} 2 \\ -1 \\ 3 \end{pmatrix}$

$\cos\alpha = \frac{|2 + 3 + 3|}{\sqrt{11} \cdot \sqrt{14}} = \frac{8}{\sqrt{155}}$ über 🖩 [INV][COS] $\Rightarrow \alpha \approx 49{,}86°$

Wichtig: Spezialfall: $\cos\alpha = 0 \Leftrightarrow \alpha = 90°$
(Winkel zwischen Geraden, Ebenen, ... → Seite 140)

4.3.2 Punkt, Gerade, Strecke, Teilverhältnis

Punkt

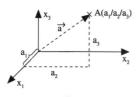

Ein Punkt P des Raumes wird durch drei reelle Zahlen beschrieben. Diese drei Zahlen geben die Verschiebung vom Nullpunkt in die drei Achsenrichtungen an.
$P(a|b|c)$ ist der Punkt, den man erreicht, wenn man den Nullpunkt a Einheiten in x_1; b Einheiten in x_2 und c Einheiten in x_3-Richtung verschiebt.

Der Vektor $\vec{a} = \begin{pmatrix} a_1 \\ a_2 \\ a_3 \end{pmatrix}$ mit den Koordinaten des Punktes $A(a_1|a_2|a_3)$ heißt Ortsvektor von A und ist der Vektor mit Anfangspunkt 0 und Endpunkt A.

4 Lineare Algebra und analytische Geometrie

Gerade

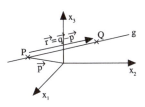

Eine Gerade im Raum wird durch einen Stützvektor plus das Vielfache des Richtungsvektors beschrieben:

$\vec{x} = \vec{p} + t\vec{r}$ ($t \in \mathbb{R}$) heißt Vektorgleichung oder Parametergleichung oder Punktrichtungsform der Geraden g.

$\vec{p}$ heißt **Stützvektor** und ist der Ortsvektor zu einem beliebigen Punkt der Geraden g. $\vec{p}$ gibt die Lage der Geraden an.

$\vec{r}$ heißt **Richtungsvektor** und ist der Vektor zwischen zwei beliebigen Punkten auf der Geraden g. $\vec{r}$ gibt die Richtung der Geraden an.

t heißt **Parameter** und durchläuft alle reellen Zahlen. Für jeden Wert von t erhält man genau einen Punkt der Geraden g und umgekehrt hat jeder Punkt der Geraden genau einen reellen Wert t.

Punktrichtungsform: Bei bekannter Richtung $\vec{r}$ und einem bekannten Punkt $P(p_1|p_2|p_3)$

$g: \vec{x} = \begin{pmatrix} p_1 \\ p_2 \\ p_3 \end{pmatrix} + t \begin{pmatrix} r_1 \\ r_2 \\ r_3 \end{pmatrix} \Leftrightarrow \begin{matrix} x_1 = p_1 + tr_1 \\ x_2 = p_2 + tr_2 \\ x_3 = p_3 + tr_3 \end{matrix}$

Zwei-Punkte-Form: Bei zwei bekannten Punkten (P und Q) wird der Richtungsvektor durch den Vektor zwischen den beiden bekannten Punkten gebildet.

$\vec{r} = \vec{q} - \vec{p} \Leftrightarrow \begin{matrix} r_1 = q_1 + p_1 \\ r_2 = q_2 + p_2 \\ r_3 = q_3 + p_3 \end{matrix}$

Strecke

Schränkt man bei der Geradengleichung $\vec{x} = \vec{p} + t \cdot \vec{r}$ die möglichen Werte für den Parameter t ein, so erhält man eine Teilmenge der Punktmenge der Geraden. Ist t nur in einem abgeschlossenen Intervall definiert, sagen wir zu dieser Teilmenge **Strecke**. Setzen wir für t den kleinstmöglichen Wert ein, so erhalten wir den Anfangspunkt; setzen wir den größtmöglichen Wert ein, den Endpunkt der Strecke.

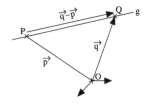

Eine Schar von Punkten P_t mit einem Parameter t ist für $t \in \mathbb{R}$ eine Gerade, für ein auf einem Intervall eingeschränktes t eine Strecke.

Zur Grafik links: Mit $0 \leq t \leq 1$ wird die Strecke $\overline{PQ}$ beschrieben.

Teilverhältnis

Ist B ein Punkt der Strecke $\overline{AE}$ mit $\overrightarrow{AB} = r \cdot \overrightarrow{BE}$, so heißt r das Teilverhältnis der drei Punkte A, B, E.

Der Parameterwert t der Geraden g: $x = \overrightarrow{OA} + t \cdot \overrightarrow{AE}$ zum Punkt B und das Teilverhältnis r von A, B, E hängen folgendermaßen zusammen: $r = \frac{t}{1-t}$ und $t = \frac{r}{1+r}$.

$P(2|1-t|3+2t)$ ist die Gerade $\vec{x} = \begin{pmatrix} 2 \\ 1 \\ 3 \end{pmatrix} + t \begin{pmatrix} 0 \\ -1 \\ 2 \end{pmatrix}$ für $t \in \mathbb{R}$.

Für $t \in [2; 5]$ beschreibt die Punktmenge eine Strecke mit den Endpunkten: $A(2|-1|7)$ $(t = 2)$ und $B(2|-4|13)$ $(t = 5)$. Mitte ist dann $M(2|-2{,}5|10)$ $(t = 0{,}5)$.

4.3.3 Ebenen

Wie jede geometrische Figur wird in der analytischen Geometrie auch die Ebene mittels einer Punktmenge beschrieben.

Man arbeitet mit einer »Ebenengleichung«, die für alle Punkte, die auf der Ebene liegen, erfüllt ist und für alle Punkte, die nicht auf der Ebene liegen, nicht erfüllt ist.

Es gibt drei wichtige unterschiedliche Darstellungen (also Gleichungen) einer Ebene:

- **Vektordarstellung:** Die Ebene wird mittels dreier nicht auf einer Geraden (nicht kolinear) liegenden Punkte beschrieben, wobei der Ortsvektor zu einem Punkt als Stützvektor und die Vektoren zwischen zwei Punktpaaren als Richtungsvektoren verwendet werden.

- **Koordinatendarstellung:** Die Ebene wird als lineare Gleichung dreier Variablen x_1; x_2; x_3 dargestellt. Ersetzt man diese drei Variablen durch die Koordinaten eines Punktes, so erhält man eine wahre Aussage, wenn der Punkt auf der Ebene liegt; sonst eine falsche Aussage.

- **Normalendarstellung:** Man nützt bei dieser Darstellung aus, dass es bis auf die Länge nur genau eine Richtung (mit Gegenrichtung) gibt, die senkrecht (orthogonal) auf der Ebene steht. Damit lässt sich die Lage der Ebene beschreiben. Weiß man zudem noch einen beliebigen Punkt der Ebene, so kann sie bereits eindeutig beschrieben werden.

Jede einzelne dieser drei Darstellungen einer ganz bestimmten Ebene kann sich außer in der Form (die natürlich gleich bleibt) in unendlich vielen Punkten verändern, da es unendlich viele Punkte auf jeder Ebene gibt, die man zur Beschreibung verwenden kann.

Häufig sind zwei Darstellungen derselben Ebene nicht als gleich zu erkennen und man merkt erst, wenn man die Ebenen schneidet, dass es dieselben Ebenen sind.

Leider kann man sich nicht auf eine der drei Darstellungsarten festlegen, die man dann bei jedem Problem verwenden könnte:

4 Lineare Algebra und analytische Geometrie

- Aufgrund der Angaben der Aufgabe lassen sich nicht alle Arten problemlos darstellen. Man muss bei jedem Problem die Darstellung der Ebene herstellen, die mittels der Angaben machbar ist.
- Zum Lösen bestimmter mathematischer Probleme ist häufig nur eine der drei Ebenenformen möglich oder wenigstens günstig.

Damit wird eine Rechenfertigkeit sehr wichtig, die trainierbar ist und auch trainiert werden muss: Das Umrechnen einer Ebenenform in eine andere Ebenenform. Grundsätzlich kann man aus jeder Ebenenform jede andere Form berechnen (→ Schema, Seite 127 f.).

Am problemlosesten scheint mir folgender Zyklus:
Vektorgleichung $\Rightarrow$ Koordinatengleichung $\Rightarrow$ Normalengleichung $\Rightarrow$ Koordinatengleichung $\Rightarrow$ Vektorgleichung.

Sie machen mit Sicherheit weniger Fehler, wenn Sie einem sturen Schema folgen. Der Nachteil, einmal eine Darstellung unnötigerweise herzustellen, ist das kleinere Übel. Normiert man (normieren heißt bei Vektoren »auf die Länge eins bringen«) den Normalenvektor bei der Normalengleichung bzw. teilt die Koordinatendarstellung durch die Zahl $\sqrt{d^2 + e^2 + f^2}$, wobei d, e, f die Koeffizienten vor den Variablen x_i sind, so erhält man die entsprechende hess'sche Form, die bei Abstandsproblemen benötigt wird.

In der Regel tauchen nur bei den speziellen Ebenen (sowohl bei der Berechnung als auch bei der zeichnerischen Darstellung) Probleme auf. Bitte prägen Sie sich die folgenden Seiten ein, insbesondere die speziellen Lagen der Ebenen!

4.3.4 Darstellung von Ebenen

Spurpunkte, Spurgeraden

Schnittpunkte von Ebene und Koordinatenachsen heißen Spurpunkte, Schnittgeraden von Ebenen und Koordinatenebenen Spurgeraden.

- **Keine spezielle Lage:** Ist keine Koordinatenachse parallel zu der Ebene, so schneidet die Ebene alle drei Achsen. Es existieren drei Spurpunkte.
- **Parallel zu einer Koordinatenachse:** Zwei Spurgeraden sind parallel zu einer Koordinatenachse. Es existieren nur zwei Spurpunkte.
- **Parallel zu einer Koordinatenebene:** Ebene wird mit zwei Spurgeraden gezeichnet, die beide parallel zu einer Koordinatenachse sind. Es existiert nur ein Spurpunkt.

Zeichnerische Darstellung

Ebenen werden (soweit möglich) mittels ihrer Spurpunkte und ihrer Spurgeraden gezeichnet.
- **Keine spezielle Lage** (Abbildung 1)
- **Parallel zu einer Koordinatenachse:** $E \parallel x_3$-Achse (Abbildung 2)
- **Parallel zu einer Koordinatenebene:** $E \parallel x_2$-Achse; $E \parallel x_3$-Achse; also: $E \parallel x_2\text{-}x_3$-Achse (Abbildung 3)

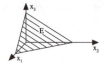 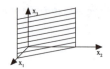

Vektordarstellung

Wenn zwei Richtungen und ein Punkt der Ebene bekannt sind oder drei Punkte. Jeder Vektor zwischen zwei Punkten einer Ebene ist Richtungsvektor.

- **Keine spezielle Lage:** $\vec{x} = \begin{pmatrix} p_1 \\ p_2 \\ p_3 \end{pmatrix} + t \begin{pmatrix} r_1 \\ r_2 \\ r_3 \end{pmatrix} + s \begin{pmatrix} v_1 \\ v_2 \\ v_3 \end{pmatrix}$

- **Parallel zu einer Koordinatenachse:** Mit den drei Punkten P, Q, R gilt:
  $\vec{x} = \vec{p} + t(\vec{r} - \vec{p}) + s(\vec{r} - \vec{q})$. Die spezielle Lage ist aus der Gleichung nicht zu sehen.

- **Parallel zu einer Koordinatenebene:** Beide Richtungsvektoren müssen bezüglich der Achse, zu der E nicht parallel ist, als Koeffizienten null haben.
  $\vec{x} = \begin{pmatrix} p_1 \\ p_2 \\ p_3 \end{pmatrix} + t \begin{pmatrix} 0 \\ v_2 \\ v_3 \end{pmatrix} + s \begin{pmatrix} 0 \\ u_2 \\ u_3 \end{pmatrix}$

Koordinatendarstellung

Wird auch parameterfreie Darstellung genannt. Die Koeffizienten vor den Variablen x_i bilden einen Normalenvektor.

- **Keine spezielle Lage:** $ax_1 + bx_2 + cx_3 + d = 0$
  Eine Änderung von d bewirkt eine Parallelverschiebung.
  Für $d = 0$ ist die Ebene eine Ursprungsebene Normalenvektor: $\begin{pmatrix} a \\ b \\ c \end{pmatrix}$

- **Parallel zu einer Koordinatenachse:** Mit dem Normalenvektor $\vec{n}$ und dem Punkt P: $ax_1 + bx_2 + d = 0$
  $\vec{n} = \begin{pmatrix} a \\ b \\ 0 \end{pmatrix}$ Es fehlt die x_i-Komponente, zu der E parallel ist.

- **Parallel zu einer Koordinatenebene:** Es fehlen beide x_i-Komponenten, zu denen E parallel ist.
  $x_1 = a$; Normalenvektor $\vec{n} = \begin{pmatrix} 1 \\ 0 \\ 0 \end{pmatrix}$

4 Lineare Algebra und analytische Geometrie

Normalendarstellung

Bei einem gegebenem Normalenvektor und einem Punkt auf der Ebene. Das Berechnen des Skalarprodukts führt sofort auf die Koordinatengleichung.

- **Keine spezielle Lage:** $(\vec{x} - \vec{p}) \cdot \vec{n} = 0$
  $\vec{p}$ ist Ortsvektor eines beliebigen Punktes. $\vec{n}$ ist ein Normalenvektor.

- **Parallel zu einer Koordinatenachse oder -ebene:** Eine hess'sche Form ist immer noch eine Koordinatenform oder eine Normalenform. Die Eigenschaften bleiben erhalten, und damit gelten auch die obigen Bemerkungen. Die Koordinatengleichung wird lediglich durch den Betrag (die Länge) des Normalenvektors dividiert, eine erlaubte algebraische Umformung. Bei der Normalengleichung wird als Normalenvektor der Vektor verwendet, der die Länge eins hat. Sonst keine Änderungen.

Hess'sche Formen werden zur Abstandsberechnung benötigt:

$$\left[\begin{pmatrix}x_1\\x_2\\x_3\end{pmatrix} - \begin{pmatrix}p_1\\p_2\\p_3\end{pmatrix}\right] \cdot \frac{1}{\sqrt{n_1^2 + n_2^2 + n_3^2}} \begin{pmatrix}n_1\\n_2\\n_3\end{pmatrix} = 0$$

Hess'sche Formen

Die hess'schen Formen sind die normierten Formen. Sowohl die Koordinatenform als auch die Normalenform kann normiert werden.

- **Keine spezielle Lage:** $\dfrac{ax_1 + bx_2 + cx_3 + d}{\sqrt{a^2 + b^2 + c^2}} = 0$

- **Parallel zu einer Koordinatenachse oder -ebene:** siehe Normalendarstellung

4.3.5 Übersicht zur Umwandlung von Ebenen

Umwandlung Vektorgleichung

$$\vec{x} = \begin{pmatrix}p_1\\p_2\\p_3\end{pmatrix} + r\begin{pmatrix}r_1\\r_2\\r_3\end{pmatrix} + s\begin{pmatrix}u_1\\u_2\\u_3\end{pmatrix}; \quad \vec{x} = \begin{pmatrix}-3\\3\\4\end{pmatrix} + r\begin{pmatrix}6\\-1\\-2\end{pmatrix} + s\begin{pmatrix}9\\1\\-8\end{pmatrix}$$

nach Vektorgleichung: Es gibt unendlich viele verschiedene Stütz- und Richtungsvektoren zur Darstellung derselben Ebene.
Eine Umstellung ist unüblich und für kein Problem notwendig (aber leicht möglich):

$$\vec{x} = \begin{pmatrix}0\\5\\-6\end{pmatrix} + r\begin{pmatrix}-3\\-2\\10\end{pmatrix} + s\begin{pmatrix}21\\-1\\-4\end{pmatrix}; \quad \vec{x} = \begin{pmatrix}-3\\3\\4\end{pmatrix} + r\begin{pmatrix}6\\-1\\2\end{pmatrix} + s\begin{pmatrix}9\\1\\-8\end{pmatrix}$$

Beide Gleichungen beschreiben dieselbe Ebene E.

nach Koordinatengleichung: Aus den drei linearen Gleichungen mit den beiden Parametern werden beide Parameter eliminiert. Es bleibt eine lineare Gleichung mit den Variablen x_i, die gesuchte Koordinatengleichung.

$$\left.\begin{aligned}x_1 &= -3 + 6r + 9s\\x_2 &= 3 - r + s\\x_3 &= 4 - 2r - 8s\end{aligned}\right\} \quad \left.\begin{aligned}-x_1 - 6x_2 &= 15 - 15s\\2x_2 - 6x_3 &= 2 + 10s\end{aligned}\right\} \Rightarrow 2x_1 + 6x_2 + 3x_3 = 24$$

nach Normalengleichung: Der Normalenvektor der Ebene muss zu beiden Richtungsvektoren senkrecht stehen. Man erhält zwei Skalarprodukte, die null werden müssen, und damit zwei Gleichungen für drei Variablen.

Eine Variable (beliebig) wählen, die restlichen beiden Variablen dann berechnen. Mit diesem Normalenvektor und einem bekannten Punkt folgt die Normalendarstellung.

Umwandlung Koordinatengleichung

$ax_1 + bx_2 + cx_3 + d = 0; \quad 2x_1 + 6x_2 + 3x_3 - 24 = 0$

nach Vektorgleichung: Drei Punkte $X(x_1|x_2|x_3)$ beliebig (aber sinnvoll) wählen, die die Koordinatengleichung erfüllen. Vorsicht: Die Punkte dürfen nicht auf einer Geraden liegen! Ortsvektor eines Punktes als Stützvektor und die Vektoren zwischen zwei Punkten als Richtungsvektoren ergeben die Vektordarstellung.

nach Koordinatengleichung: Multipliziert man die Koordinatengleichung mit einer reellen Zahl, so ändern sich die Koeffizienten vor den Variablen x_i, aber nicht die Ebene. Sinnvoll, um Bruchzahlen zu vermeiden. Notwendig, wenn man eine hess'sche Form braucht:

$$\frac{2x_1 + 6x_2 + 3x_3 - 24 = 0}{\sqrt{4 + 36 + 9}} = 0 \;\Rightarrow\; \frac{1}{7}(2x_1 + 6x_2 + 3x_3 - 24) = 0.$$

nach Normalengleichung: Die Koeffizienten a, b, c vor den Variablen x_i in der Koordinatengleichung bilden einen Normalenvektor! Mit einem gegebenen Punkt gilt:

Normalenvektor: $\begin{pmatrix} 2 \\ 6 \\ 3 \end{pmatrix}$ Punkt: $(0|0|8) \;\Rightarrow\; \left[\vec{x} - \begin{pmatrix} 0 \\ 0 \\ 8 \end{pmatrix}\right] \cdot \begin{pmatrix} 2 \\ 6 \\ 3 \end{pmatrix} = 0.$

Umwandlung Normalengleichung

$\left[\vec{x} - \begin{pmatrix} p_1 \\ p_2 \\ p_3 \end{pmatrix}\right] \cdot \begin{pmatrix} n_1 \\ n_2 \\ n_3 \end{pmatrix} = 0; \quad \left[\vec{x} - \begin{pmatrix} -3 \\ 3 \\ 4 \end{pmatrix}\right] \cdot \begin{pmatrix} 2 \\ 6 \\ 3 \end{pmatrix} = 0.$

nach Vektorgleichung: Aus der Normalenform drei Punkte bestimmen, die nicht auf einer Geraden liegen dürfen (kollinear sind).

Gibt allerdings oft Probleme, sodass ich rate zunächst durch Ausmultiplizieren die Koordinatenform herzustellen und erst damit die Vektorgleichung.

nach Koordinatengleichung: Das Skalarprodukt ausmultiplizieren. Dann ordnen und zusammenfassen zur Koordinatenform:

$\left[\begin{pmatrix} x_1 \\ x_2 \\ x_3 \end{pmatrix} - \begin{pmatrix} -3 \\ 3 \\ 4 \end{pmatrix}\right] \cdot \begin{pmatrix} 2 \\ 6 \\ 3 \end{pmatrix} = (x_1 + 3) \cdot 2 + (x_2 - 3) \cdot 6 + (x_3 - 4) \cdot 3 = 0 \;\Rightarrow\; 2x_1 + 6x_2 + 3x_3 - 24 = 0.$

4 Lineare Algebra und analytische Geometrie

nach **Normalengleichung**: Nur sinnvoll, wenn man eine hess'sche Form benötigt. Dann den Normalenvektor normieren (auf die Länge eins bringen: durch seine eigene Länge dividieren):

$$\frac{1}{7}\left[\vec{x} - \begin{pmatrix} -3 \\ 3 \\ 4 \end{pmatrix}\right] \cdot \begin{pmatrix} 2 \\ 6 \\ 3 \end{pmatrix} = 0$$

4.3.6 Kreis und Kugel

Kugel	Beschreibung	Kreis
Die Menge aller Punkte eines Raumes, die von einem festen Punkt M (Mittelpunkt) denselben Abstand r (Radius) haben, heißt Kugel.	Sowohl der Kreis als auch die Kugel werden über Punktmengen definiert. Unter einer Kugel versteht man keine »Vollkugel«, wie etwa eine Billiardkugel, sondern nur die Hülle. Und unter einem Kreis keine Scheibe, sondern nur die Berandung.	Die Menge aller Punkte einer Ebene, die von einem festen Punkt M (Mittelpunkt) denselben Abstand r (Radius) haben, heißt Kreis.
Kugel K; Radius r; $\overrightarrow{OM} = \vec{m}$ Mittelpunkt $M(m_1\|m_2\|m_3)$ Vektorgleichung: $(\vec{x} - \vec{m})^2 = r^2$ Allgemeine Form: $x_1^2 + x_2^2 + x_3^2 + ax_1 + bx_2 + cx_3 + d = 0$ Mittelpunktsform: $(x_1 - m_1)^2 + (x_2 - m_2)^2 + (x_3 - m_3)^2 = r^2$	Die Gleichungen der Kugel sind relativ einfach. Für Berechnungen und Betrachtungen benötigt man die Mittelpunktsform. Der Kreis ist die einzige Figur, die im Raum nicht mittels einer Gleichung beschrieben werden kann.	Prinzipiell ist eine einzige Gleichung im Raum nicht ausreichend, um einen Kreis zu beschreiben. Ein Kreis wird deshalb durch drei verschiedene Angaben beschrieben: Angabe des Mittelpunktes, Angabe des Radius, Angabe der Ebene, auf der der Kreis liegt.
»Rollende Kugeln« (z. B. Kugel K rollt die Ebene E hinab, bis K Ebene F berührt) sind keine Bewegungsaufgaben! Es geht lediglich um verschiedene Lagen einer Kugel. Oder um mehrere Kugeln mit gleichem Radius.	Vier Punkte, die nicht auf einer Ebene liegen, (nicht komplanar sind!) bestimmen eindeutig genau eine Kugel. Drei Punkte, die nicht auf einer Geraden liegen (nicht kollinear sind!) bestimmen genau einen Kreis, der dann auf der von diesen drei Punkten aufgespannten Ebene liegt.	Kreise kommen bei den Aufgaben meist als Schnittkreise (Ergebnis vom Schnitt einer Kugel mit einer Ebene (oder einer zweiten Kugel)) vor. Zur Berechnung des Kreisradius wird in der Regel der Satz des Pythagoras benötigt.

4.3.7 Kugel und spezielle Ebenen

Allgemeine Kugelgleichung

Mittels quadratischer Ergänzung (notfalls für jedes x_i, also 3-mal) auf Mittelpunktsgleichung bringen, dann Mittelpunkt und Radius ablesen.

Beispiel: Gegeben ist die Kugelgleichung: $x_1^2 + x_2^2 + x_3^2 - 8x_1 + 5x_2 + x_3 + 7 = 0$

$\Rightarrow x_1^2 - 8x_1 + x_2^2 + 5x_2 + x_3^2 + x_3 = -7$

$\Rightarrow x_1^2 - 8x_1 + 16 + x_2^2 + 5x_2 + \frac{25}{4} + x_3^2 + x_3 + \frac{1}{4} = -7 + 16 + \frac{25}{4} + \frac{1}{4}$

$\Rightarrow (x_1 - 4)^2 + \left(x_2 + \frac{5}{2}\right)^2 + \left(x_3 + \frac{1}{2}\right)^2 = \frac{62}{4} = \frac{31}{2}$

mit $M(4|-2{,}5|-0{,}5)$ und $r = \sqrt{15{,}5}$

Mittelpunkt M; Kugelpunkt B

Der Abstand von M und B $(d(M, B))$ ist der Radius r der Kugel. Radius in die Mittelpunktsform einsetzen: $(x_1 - m_1)^2 + (x_2 - m_2)^2 + (x_3 - m_3)^2 = r^2$

Beispiel: Gegeben ist der Mittelpunkt $M(1|-2|3)$ und der Punkt $B(3|4|-3) \in K$.
Der Abstand $d(M, B) = \sqrt{2^2 + 6^2 + 6^2} = 76$ ist der Radius r.
Mittelpunktsgleichung: $(x_1 - 1)^2 + (x_2 + 2)^2 + (x_3 - 3)^2 = 76$

4 Punkte auf der Kugel

Durch vier nicht komplanare (nicht auf einer Ebene liegende) Punkte gibt es genau eine Kugel. Die Berechnung ist aufwendig und selten, aber nicht schwer. Jeder Punkt wird in die allgemeine Gleichung eingesetzt und man erhält ein LGS mit vier Gleichungen und vier Variablen, das zu lösen ist.

Beispiel: $A(1|-4|2)$; $B(-1|2|-6)$; $C(3|0|4)$; $D(3|6|-2)$ seien Punkte der Kugel. Eingesetzt in die allgemeine Gleichung $x_1^2 + x_2^2 + x_3^2 + ax_1 + bx_2 + cx_3 + d = 0$ ergibt sich:

G1: $1 + 16 + 4 + a - 4b + 2c + d = 0$
G2: $-a + 2b - 6c + d = -41$
G3: $3a + 4c + d = -25$
G4: $3a + 6b - 2c + d = -49$

$x_1^2 + x_2^2 + x_3^2 - 6x_1 + 4x_3 - 23 = 0$
und über die quadratische Ergänzung
$(x_1 - 3)^2 + (x_2)^2 (x_3 + 2)^2 = 36$
mit $M(3|0|-2)$ und $r = 6$

Mittelpunkt und Tangentialebene E

Das Lot von M auf E (eine Hilfgerade $h \perp E$ mit $M \in h$ und Normalenvektor von E als Richtungsvektor von h) schneidet E in dem Berührungspunkt B.
Damit hat man (außer dem schon gegebenem Mittelpunkt) noch einen Punkt auf der Kugel und kann über den Abstand $d(B, M)$ den Radius berechnen.

Beispiel: Gegeben $M(4|-5|-1)$;
$E: 2x_1 + 7x_2 + x_3 = 0 \Rightarrow h: \vec{x} = \begin{pmatrix} 4 \\ -5 \\ -1 \end{pmatrix} + t\begin{pmatrix} 2 \\ 7 \\ 1 \end{pmatrix} \cap E = B(6|2|0)$

4 Lineare Algebra und analytische Geometrie

Über $2(4+2t)+7(-5+7t)-1+t-26=0 \Rightarrow t=1$, dann in h einsetzten.
$d(M,B) = \sqrt{4+49+1} = \sqrt{54} \Rightarrow$ Kugel: $(x_1-4)^2 + (x_2+5)^2 + (x_3+1)^2 = 54$

Kugel berührt die parallelen Ebenen E und F und $M \in g$
Der Mittelpunkt ist Mitte der Strecke zwischen den beiden Schnittpunkten von g mit den Ebenen. Radius ist die halbe Entfernung von E und F oder Entfernung von M zu einer der Ebenen.
Wichtig: zur Abstandsberechnung hess'sche Form.
Beispiel: $E: 5x_1 + 4x_2 + 3x_3 + 20 = 0$; $F: 5x_1 + 4x_2 + 3x_3 - 50 = 0$

$g: x = \begin{pmatrix} 2 \\ 2 \\ -1 \end{pmatrix} + t \begin{pmatrix} 1 \\ 6 \\ 2 \end{pmatrix} \Rightarrow \begin{array}{l} g \cap E = S_1(1|-4|-3) \\ g \cap F = S_2(3|8|1) \end{array} \Rightarrow M(2|2|-1)$

Hess'sche Koordinatenform von E: $\dfrac{1}{\sqrt{50}}(5x_1 + 4x_2 + 3x_3 + 20) = 0$ mit $M(2|2|-1)$

$\Rightarrow r = \left| \dfrac{1}{\sqrt{50}}(5 \cdot 2 + 4 \cdot 2 - 3 \cdot 1 + 20) \right| = \dfrac{7}{\sqrt{2}} \Rightarrow (x_1-2)^2 + (x_2-2)^2 + (x_3-1)^2 = 24{,}5$

Kugel berührt Ebene E in B und Mittelpunkt M liegt in Ebene F
Die Hilfsgerade h mit $B \in h$ und $h \perp E$ (d.h., Normalenvektor von E ist Richtungsvektor von g) schneidet die Ebene F in M.
Der Abstand der Punkte M und B ist der Radius der Kugel.
Beispiel: $E: 2x_1 - 2x_2 + x_3 + 1 = 0$; $B(3|2|3)$

$h: x = \begin{pmatrix} 3 \\ 2 \\ 3 \end{pmatrix} + t \begin{pmatrix} 2 \\ -2 \\ 1 \end{pmatrix} \cap F \Rightarrow F: x_1 + 2x_2 - 2x_3 + 11 = 0$

$3 + 2t + 4 - 4t - 6 - 2t + 11 = 0 \Rightarrow t = 3$
$\Rightarrow M(3 + 3 \cdot 2 | 2 + 3 \cdot (-2) | 3 + 3 \cdot 1)$ mit $M(9|-4|6)$
$d(B,M) = \sqrt{36 + 36 + 9} = 9$ Die Kugel: $(x_1-9)^2 + (x_2+4)^2 + (x_3-6)^2 = 81$

4.3.8 Ebenen und Geraden an der Kugel

Tangentialebene T (Ebene berührt die Kugel)

Ebene und Kugel haben genau einen Punkt B (Berührpunkt) gemeinsam. Mit $B(b_1|b_2|b_3)$ gilt für die Tangentialebene
$T: (x_1-m_1)(b_1-m_1) + (x_2-m_2)(b_2-m_2) + (x_3-m_3)(b_3-m_3) = r^2$
x_i der Kugelgleichung einmal durch b_i ersetzen!

Beispiel: Kugel mit Mittelpunkt $M(2|-3|1)$ und $r = 3$
Berührpunkt $B(4|-1|0)$
$\Rightarrow T: (x_1-2)(4-2) + (x_2+3)(-1+3) + (x_3-1)(0-1) = 9$
$\Rightarrow T: 2x_1 + 2x_2 - x_3 - 6 = 0$

Schnitt-Ebene E (Ebene schneidet die Kugel)

Die gemeinsamen Punkte bilden einen Schnittkreis.
Der Mittelpunkt des Kreises wird mit einer Hilfsgeraden h ($M \in h$ und $h \perp E$) ermittelt, der Radius über den Satz des Pythagoras.
$r_s = \sqrt{r^2 - d(M, M_s)^2}$

Beispiel: Kugel mit Mittelpunkt $M(2|-3|1)$ und $r = 3$

$E: x_1 + x_2 - x_3 - 1 = 0$

$h: \vec{x} = \begin{pmatrix} 2 \\ -3 \\ 1 \end{pmatrix} + t \begin{pmatrix} 1 \\ 1 \\ -1 \end{pmatrix} \Rightarrow h$ in E: $2 + t - 3 + t - 1 + t - 1 = 0 \Rightarrow t = 1$

$\Rightarrow M_s(3|-2|0)$ und $r_s = \sqrt{9-3} = \sqrt{6}$

Kein spezieller Name

Der Abstand des Mittelpunktes der Kugel zur Ebene ist größer als der Kugelradius.
Nachweis am besten über die Berechnung des Abstandes Punkt – Ebene ($\rightarrow$ Seite 137).

Beispiel: Kugel mit Mittelpunkt $M(2|-3|1)$ und $r = 3$

$E: x_1 + x_2 - x_3 - 10 = 0$

Hess'sche Form: $\dfrac{x_1 + x_2 - x_3 - 10}{\sqrt{3}} = 0 \Rightarrow d(E, M) = \dfrac{|12 - 3 - 1 - 10|}{\sqrt{3}} = 6{,}9 \Rightarrow d > r$

Tangente t

Für jeden Kugelpunkt B gibt es unendlich viele Tangenten an die Kugel. Alle möglichen Tangenten durch B bilden eine Ebene, die Tangentialebene. Jede Tangente steht senkrecht auf der Geraden durch B und M.

Beispiel: Kugel mit Mittelpunkt $M(2|-3|1)$ und $r = 3$

$t: \vec{x} = \begin{pmatrix} 4 \\ -1 \\ 0 \end{pmatrix} + t \begin{pmatrix} 0 \\ 1 \\ 2 \end{pmatrix}$ $t \cap K = B$ über: $(4-2)^2 + (-1+t-3)^2 + (2t-1)^2 = 9 \Rightarrow t_{1/2} = 0$

Nur ein gemeinsamer Punkt $\Rightarrow t$ ist Tangente.

Schnittgerade g

Die Gerade schneidet die Kugel in zwei Punkten. Man erhält die Schnittpunkte, indem man die x_i der Geradengleichung in die Kugelgleichung einsetzt.
Die Strecke zwischen den Punkten ist $\leq 2r$.

Beispiel: Kugel mit Mittelpunkt $M(2|-3|1)$ und $r = 3$

$g: \vec{x} = \begin{pmatrix} 4 \\ -1 \\ 0 \end{pmatrix} + t \begin{pmatrix} 0 \\ 1 \\ 1 \end{pmatrix}$ g in K ergibt: $(4-2)^2 + (-1+t-3)^2 + (t-1)^2 = 9$

$\Rightarrow t_1 = 0$ mit $B_1(4|-1|0)$; $t_2 = -1$ mit $B_2(4|-2|-1)$.

4 Lineare Algebra und analytische Geometrie

Kein spezieller Name

Der Abstand zwischen dem Mittelpunkt der Kugel und der Geraden ist größer als der Radius. Der Abstand der Geraden g zur Kugel K wird berechnet, indem man den Abstand des Mittelpunktes zu g berechnet.

Beispiel: Kugel mit Mittelpunkt $M(2|-3|1)$ und $r = 3$

$g: \vec{x} = \begin{pmatrix} 4 \\ -1 \\ -1 \end{pmatrix} + t \begin{pmatrix} 0 \\ 1 \\ 2 \end{pmatrix}$

Einsetzen ergibt: $(4-2)^2 + (-3+1-t)^2 + (-1+2t+1)^2 = s \Rightarrow t^2 = -1$
$\Rightarrow$ Keine Lösung $\Rightarrow$ Kein Schnittpunkt.

4.3.9 Enthaltensein (Inzidenz)

Das einfachste »Grundproblem« der Geometrieaufgaben ist das Enthaltensein. Da wir alle Figuren als Punktmengen verstehen, genügt es, wenn man weiß, wann der Punkt A in oder auf der Figur B liegt. (Also: Wann liegt A auf der Geraden g, in der Ebene E, auf oder in der Kugel K, ...)

Grundsätzlich gilt die sehr einleuchtende und damit auch einfache Regel: Setzt man die Koordinaten des Punktes A (also a_1; a_2; und a_3) anstelle der Variablen x_i (also für x_1; x_2 und x_3) der Figur B ein und erhält man dann eine wahre Aussage, so liegt A in (oder auf) B. Erhält man dagegen eine falsche Aussage, so liegt A nicht in oder auf B.

Zur Erinnerung im Folgenden beispielhaft einige (teis sehr »fehleranfällige«) **Inzidenzprobleme** in einer nicht vollständigen Aufstellung.

Gerade g in Ebene E: Eine Gerade g liegt in der Ebene E, wenn zwei beliebige Punkte $A, B \in g$ in E liegen.

Sie wählen auf der Geraden g zwei beliebige Punkte und setzen die Koordinaten in die Ebenengleichung ein.

Punkt A in oder auf Kugel K: Berechnen Sie den Abstand d des Punktes $A(a_1|a_2|a_3)$ vom Mittelpunkt M der Kugel. Vergleichen Sie d und r:

$d < r \Rightarrow A$ liegt innerhalb der Kugel.

$d = r \Rightarrow A$ liegt auf der Kugel.

$d > r \Rightarrow A$ liegt außerhalb der Kugel.

$A(1|-1|1)$ liegt innerhalb, $B(1|-2|0)$ auf und $C(1|-2|-3)$ außerhalb der Kugel mit $M(1|-2|3)$ und $r = 3$.

Punkt A liegt auf der Strecke $\overline{PQ}$: mit $P(p_1|p_2|p_3)$ und $Q(q_1|q_2|q_3)$ ist
$x = \begin{pmatrix} p_1 \\ p_2 \\ p_3 \end{pmatrix} + t \begin{pmatrix} q_1 - p_1 \\ q_2 - p_2 \\ q_3 - p_3 \end{pmatrix}$ die Gerade $(\overline{PQ})$. Die Punktmenge mit $0 \leq t \leq 1$ ist die Strecke $\overline{PQ}$.

Hat $\vec{a} = \vec{p} + t(\vec{q} - \vec{p})$ also
$\quad a_1 = p_1 + t(q_1 - p_1)$
$\quad a_2 = p_2 + t(q_2 - p_2)$
$\quad a_3 = p_3 + t(q_3 - p_3)$

eine Lösung, liegt A auf g. Ist bei der Lösung $t \in [0; 1]$ ($0 \leq t \leq 1$), so liegt A auf der Strecke $\overline{PQ}$.

Sonderfälle: $t = 0 \Rightarrow A = P$; $t = 1 \Rightarrow A = Q$

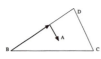

A liegt in der Dreiecksfläche BCD: Wohl am elegantesten über eine Linearkombination ($\rightarrow$ Skizze) zu lösen:
Hat die Vektorgleichung $\overrightarrow{BA} = t \cdot \overrightarrow{BD} + s \cdot \overrightarrow{DC}$ und damit das LGS
$a_1 - b_1 = t(d_1 - b_1) + s(c_1 - d_1)$
$a_2 - b_2 = t(d_2 - b_2) + s(c_2 - d_2)$
$a_3 - b_3 = t(d_3 - b_3) + s(c_3 - d_3)$

eine Lösung, liegt A auf der Ebene BCD. Gilt dabei $0 \leq t \leq 1$ und $0 \leq s \leq t$, so liegt A im Dreieck.

Strecke $\overline{PQ}$ in Ebene E oder Kugel K: Eine Strecke liegt in der Ebene E beziehungsweise in der Kugel K, wenn der Anfangs- und der Endpunkt der Strecke in B liegen.

4.3.10 Schnittprobleme

Gerade $\leftrightarrow$ Gerade: Gleichsetzen der beiden Geradengleichungen ergibt ein lineares Gleichungssystem mit drei Gleichungen und zwei Variablen.
Die beiden Parameter müssen verschieden benannt sein (nicht zweimal t)!
Aus zwei Gleichungen die beiden Parameter bestimmen und in die 3. Gleichung einsetzen.

Gerade $\leftrightarrow$ Ebene: Grundsätzlich kann man für das Schnittproblem »Gerade $\leftrightarrow$ Ebene« jede der drei Ebenenformen verwenden. Dabei gilt immer:
Bei unendlich vielen Lösungen $\Rightarrow g \in E$.
Bei keiner Lösung $\Rightarrow g \parallel E$ mit $g \notin E$.
Genau eine Lösung: Einsetzen ergibt den einzigen Schnittpunkt.
Am sichersten und einfachsten ist der Schnitt der Geraden mit der Koordinatenform der Ebene. Es lohnt sich, die Ebene in die Koordinatenform zu bringen, bevor geschnitten wird. Zur Übersicht die drei Arten:

4 Lineare Algebra und analytische Geometrie

Gerade ↔ Ebene in Vektorgleichung: Gleichsetzen ergibt drei Gleichungen mit drei Variablen. Lösen des linearen Gleichungssystems und Einsetzen der berechneten Parameter ergibt das Ergebnis.

Gerade ↔ Ebene in Koordinatenform: Einsetzen der x_i der Geradengleichung in die Ebenengleichung. Man erhält eine lineare Gleichung für den Parameter der Geraden. Berechnung des Parameters und Einsetzen in Geradengleichung ergibt das Ergebnis.

Gerade ↔ Ebene in Normalenform: Einsetzen der x_i der Geradengleichung in die Normalenform. Ausmultiplizieren des Skalarprodukts ergibt eine lineare Gleichung für den Parameter der Geraden. Berechnung des Parameters und Einsetzen in Geradengleichung ergibt das Ergebnis.

Gerade ↔ Kugel: Ganz gleich ob die Kugel in der Mittelpunktsform oder der allgemeinen Form vorliegt, die x_i der Kugel werden durch die entsprechenden Terme der Geraden ersetzt. Nach dem Ausmultiplizieren und Ordnen erhält man eine quadratische Gleichung für den Parameter der Geraden:

Keine Lösung: Gerade »läuft« an der Kugel vorbei.

Genau eine Lösung: Gerade ist Tangente an K. Der gemeinsame Punkt ist der Berührpunkt.

Zwei Lösungen: In die Geradengleichung eingesetzt, erhält man die beiden Schnittpunkte.

Ebene ↔ Ebene: Grundsätzlich kann wieder jede Ebenenform mit jeder Ebenenform geschnitten werden. Gedanklich am einfachsten ist der Schnitt zweier Ebenen, wenn eine Ebene in Koordinatenform, die andere in Vektorform vorliegt.

Am schnellsten (und mathematisch wohl am elegantesten) ist der Schnitt zweier Ebenen, die beide in der Koordinatengleichung vorliegen. Alle anderen Varianten sind nicht zu empfehlen. Es ist einfacher, eine Ebene umzuschreiben.

Der Schnitt zweier Ebenen ist leer (kein gemeinsamer Punkt), wenn die Ebenen parallel sind.

Ist jeder Punkt der Ebene Lösung des Schnittes, so sind die Ebenen gleich, was leider nicht immer auf den ersten Blick zu sehen ist.

Zwei nicht parallele und ungleiche Ebenen schneiden sich in einer Geraden der Schnittgeraden (also unendlich viele gemeinsame Punkte!).

Koordinatengleichung ↔ Koordinatengleichung: Es liegen zwei lineare Gleichungen mit jeweils drei Variablen (x_1, x_2, x_3) vor. Eine Variable eliminieren und aus der verbliebenen Gleichung eine der Variablen als Funktion der zweiten berechnen. Eliminierte Variable ebenfalls als Funktion der Variablen bestimmen. Die so erhaltene Punktmenge ist die Schnittgerade.

Koordinatengleichung ↔ Vektorgleichung: Die x_i der Koordinatengleichung durch die entsprechenden Terme der Vektorgleichung ersetzen. Ergibt eine lineare Gleichung mit zwei Variablen. Eine Variable als Funktion der anderen Variablen ausdrücken und in die Vektorgleichung einsetzen. Neu geordnet ergibt sich die Schnittgeradengleichung.

Koordinatengleichung ↔ Normalenform: Das Skalarprodukt der Normalenform ausmultiplizieren und zusammenfassen. Dann wie beim Schnitt zweier Koordinatengleichungen.

Vektorgleichung ↔ Vektorgleichung: Gleichsetzen ergibt drei Gleichungen mit vier Variablen. Zwei Variablen (aber beide derselben Ebene) eliminieren und von den restlichen beiden eine als Funktion der anderen berechnen und in Ebene einsetzen. Dann neu ordnen. Dieser Weg ist nicht zu empfehlen; viel zu fehleranfällig!

Vektorgleichung ↔ Normalenform: Die x_i der Vektorgleichung in die Normalenform einsetzen. Skalarprodukt ausmultiplizieren, dann weiter wie beim Schnitt Vektorgleichung ↔ Koordinatengleichung.

Normalenform ↔ Normalenform: Bei beiden Normalenformen die Skalarprodukte ausmultiplizieren und neu ordnen. Dann derselbe Weg wie bei Schnitt Koordinatengleichung ↔ Koordinatengleichung.

Ebene ↔ Kugel: Der Schnitt einer Kugel mit einer Ebene ergibt einen Schnittkreis, wenn der Abstand Mittelpunkt – Ebene kleiner als der Radius ist.
Abstand = Radius ⇒ Schnitt ist ein Punkt (Berührpunkt). Die Ebene heißt dann **Tangentialebene**.

Den Schnittkreis (beziehungsweise den Berührpunkt) erhält man nicht durch Gleichsetzen der beiden Gleichungen, ganz gleich in welcher Form die Kugel- und die Ebenengleichungen auch vorliegen! Der Mittelpunkt M_s des Schnittkreises K_s wird durch den Schnitt der Hilfsgeraden h mit $M \in h$ und $h \perp E$ mit E bestimmt. Der Radius r_s des Schnittkreises wird mit dem Satz des Pythagoras (→ Skizze) bestimmt.

Kein Schnitt:

Kugel ↔ Kugel: Eine Kugel, mit einer Kugel geschnitten, ergibt keinen Schnittpunkt, wenn die Kugeln ineinander liegen $d(M_1, M_2) > r_1 - r_2$ oder wenn $d(M_1, M_2) < r_1 + r_2$.

Ist $d(M_1, M_2) = r_1 + r_2$ oder $r_1 - r_2$ ⇒ ein Berührpunkt. Sonst ergibt sich ein Schnittkreis, der wie beim Schnitt Kugel-Ebene ermittelt werden muss.

Schnittebene E:

Subtrahiert man die beiden allgemeinen Formen der Kugeln, erhält man die Gleichung der Ebene, auf der der Schnittkreis liegt. Diese Ebene wird dann (→ Ebene ↔ Kugel) mit einer der beiden Kugeln geschnitten.

4 Lineare Algebra und analytische Geometrie

4.3.11 Abstandsprobleme

Punkt – Punkt

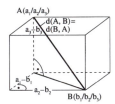

Der Abstand $d(A,B)$ der beiden Punkte $A(a_1|a_2|a_3)$ und $B(b_1|b_2|b_3)$ wird mit dem Satz des Pythagoras berechnet:
$d(A,B) = \sqrt{(b_1-a_1)^2 + (b_2-a_2)^2 + (b_3-a_3)^2} =$
$d(B,A) = \sqrt{(a_1-b_1)^2 + (a_2-b_2)^2 + (a_3-b_3)^2}$
Reihenfolge von Anfangs- und Endpunkt ist unwichtig.

Beispiel: $A(-3|2|5)$; $B(1|-2|7)$
$d(A,B) = \sqrt{(-3-1)^2 + (2-(-2))^2 + (5-7)^2} = \sqrt{16+16+4} = \sqrt{36} = 6$

Punkt – Gerade

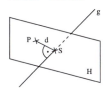

Zunächst wird eine Hilfsebene H bestimmt, auf der der Punkt P liegt und die senkrecht zu der Geraden g ist. Diese Hilfsebene H schneidet die Gerade g in S. Der Abstand der beiden Punkte S und P ist der Abstand des Punktes P zur Geraden g.

Beispiel: Gerade g: $\vec{x} = \begin{pmatrix} 2 \\ -2 \\ 1 \end{pmatrix} + t \begin{pmatrix} 1 \\ 1 \\ -1 \end{pmatrix}$ $P(1|2|-2)$

$\Rightarrow H: \left[\vec{x} - \begin{pmatrix} 1 \\ 2 \\ -2 \end{pmatrix}\right] \cdot \begin{pmatrix} 1 \\ 1 \\ -1 \end{pmatrix} = 0 \Rightarrow x_1 + x_2 - x_3 - 5 = 0$

$g \cap H$: $(2+t) + (-2+t) - (1-t) - 5 = 0 \Rightarrow t = 2 \Rightarrow S(4|0|-1)$

$\Rightarrow d(P,S) = \sqrt{9+4+1} = \sqrt{14}$

Punkt – Ebene

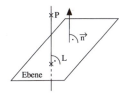

Die Koordinaten des Punktes in eine der hess'schen Formen einsetzen; das ergibt (bis auf das Vorzeichen) den Abstand des Punktes von der Ebene. Bei positivem Vorzeichen liegt der Punkt in Richtung des Normalenvektors, bei negativem Vorzeichen auf der anderen Seite der Ebene (entgegen der Normalenrichtung).

Beispiel: E: $2x_1 - 3x_2 - x_3 + 10 = 0$ $P(1|2|-2)$

E in hess'scher Form: $\dfrac{2x_1 - 3x_2 - x_3 + 10}{\sqrt{14}} = 0$;

P in E eingesetzt, gibt $d(P,E) = \left| \dfrac{2 - 6 - (-2) + 10}{\sqrt{14}} \right| \approx 2{,}14$

Punkt – Kugel

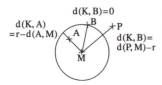

Man berechnet den Abstand d des Mittelpunktes der Kugel zum Punkt P. Ist $d > r$, so ist $d - r$ der Abstand Kugel $\leftrightarrow$ Punkt. Ist $d = r$, so liegt der Punkt auf der Kugel. Ist $d < r$, so liegt der Punkt innerhalb der Kugel, der Abstand zur Kugelfläche ist dann $r - d$.

Beispiel: K: $M(-1|-1|2)$ $r = 3$
$A(0|1|2)$ mit $d(A, M) = \sqrt{5}$ $\Rightarrow d(K, A) = 3 - \sqrt{5}$
$B(0|1|4)$ wegen $d(B, M) = 3$ $\Rightarrow d(K, B) = 0$
$P(0|1|5)$ wegen $d(M, P) = \sqrt{14}$ $\Rightarrow d(K, P) = \sqrt{14} - 3$

Gerade – Gerade

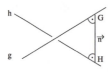

Am einfachsten, schnellsten und »fehlerunanfälligsten« über die Formel (in jeder $\sqrt{}$ enthalten): Mit g: $\vec{x} = \vec{p} + t\vec{u}$ und l: $\vec{x} = \vec{q} + s\vec{v}$ gilt: $d(g, l) = |\vec{n}(\vec{q} - \vec{p})|$ mit den Ortsvektoren $\vec{p}$ und $\vec{q}$ und dem normierten Vektor $\vec{n}$ mit $\vec{n} \perp \vec{u}$; $\vec{n} \perp \vec{v}$ und $|\vec{n}| = 1$.

Beispiel: g: $\vec{x} = \begin{pmatrix} 2 \\ -2 \\ 1 \end{pmatrix} + t \begin{pmatrix} 1 \\ 1 \\ -1 \end{pmatrix}$ h: $\vec{x} = \begin{pmatrix} 2 \\ -1 \\ 3 \end{pmatrix} + s \begin{pmatrix} 2 \\ 2 \\ 1 \end{pmatrix}$

$d(g, h) = \left| \dfrac{1}{\sqrt{2}} \begin{pmatrix} 1 \\ -1 \\ 0 \end{pmatrix} \cdot \begin{pmatrix} 0 \\ 1 \\ 2 \end{pmatrix} \right| = \dfrac{1}{\sqrt{7}} \approx 0{,}7$

Gerade – Ebene

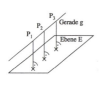

Zunächst werden Ebene und Gerade geschnitten. Ist ein Schnittpunkt vorhanden, so ist der Abstand natürlich null. Ohne gemeinsamen Punkt (g muss dann parallel zu E sein) nimmt man einen beliebigen Punkt der Geraden und berechnet mittels der hess'schen Form den Abstand, der auch der Abstand von g und E ist.

Beispiel: g: $\vec{x} = \begin{pmatrix} 2 \\ -2 \\ 1 \end{pmatrix} + t \begin{pmatrix} 1 \\ 1 \\ -1 \end{pmatrix}$ E: $2x_1 - 3x_2 - x_3 + 10 = 0$

Wegen $g \parallel E$ kommt $P(2|-2|1)$ in die hess'sche Form: $d = \left| \dfrac{2 \cdot 2 - 3(-2) - 1 + 10}{\sqrt{14}} \right| \approx 5{,}1$

Gerade – Kugel

Es wird der Abstand des Mittelpunktes zur Geraden g berechnet. Ist der Abstand d kleiner oder gleich dem Radius, so ist der Abstand von g zur Kugel null. Es gibt gemeinsame Punkte (beziehungsweise einen gemeinsamen Punkt). Ist der Abstand d größer als der Radius, so hat der Abstand von g zu K den Wert $d(M, g) - r$.

Beispiel: K: $M(-1|-1|2)$ $r = 2$ g: $\vec{x} = \begin{pmatrix} 2 \\ -2 \\ 1 \end{pmatrix} + t \begin{pmatrix} 1 \\ 1 \\ -1 \end{pmatrix}$

$d(M, g)$ über Hilfsebene $\left[\vec{x} - \begin{pmatrix} -1 \\ -1 \\ 2 \end{pmatrix}\right] \cdot \begin{pmatrix} 1 \\ 1 \\ -1 \end{pmatrix} = 0 \Rightarrow t = -1 \Rightarrow S(1|-3|2)$

$\Rightarrow d(S, M) = \sqrt{8}$ mit $r = 2 \Rightarrow d(K, g) \approx 0{,}8$

Ebene – Ebene

Nur sinnvoll, wenn sich die Ebenen nicht schneiden, also parallel sind. Sonst ist infolge der gemeinsamen Punkte der Abstand null. Bei parallelen Ebenen sind alle Punkte einer Ebene gleich weit von der anderen Ebene entfernt. Abstand: beliebiger Punkt ↔ Ebene.

Beispiel: Ein beliebiger Punkt P einer Ebene in hess'scher Normalform der anderen Ebene ($E_1 \parallel E_2$).

E_1: $2x_1 - 3x_2 - x_3 + 10 = 0$
E_2: $2x_1 - 3x_2 - x_3 + 3 = 0$ mit $P(0|0|1)$

$\Rightarrow d = \left| \dfrac{0 + 0 - 1 + 10}{\sqrt{14}} \right| \approx 2{,}41$

Ebene – Kugel

Es wird der Abstand vom Mittelpunkt der Kugel zur Ebene berechnet (Punkt in hess'sche Form einsetzen).

Ist der Abstand $d < r \Rightarrow$ Ebene schneidet Kugel, und Abstand Ebene ↔ Kugel ist null. Ist $d = r$, berührt E die Kugel, Abstand ist null. Bei $d < r$ ist der Abstand $d - r$.

Beispiel: $M(-1|-1|2)$ in hess'scher Form der Ebene: $2x_1 - 3x_2 - x_3 + 10 = 0$

$\Rightarrow d = \left| \dfrac{-2 + 3 - 2 + 10}{\sqrt{14}} \right| \approx 2{,}4$ mit $r = 2 \Rightarrow d(K, E) = 0{,}4$

Kugel – Kugel

Der Abstand wird über den Abstand der beiden Mittelpunkte berechnet. Wenn sich die Kugeln schneiden oder berühren, ist der Abstand null.

Haben die Kugeln keinen gemeinsamen Punkt, skizzieren Sie bitte die Lage der Kugeln auf, um den Abstand (über $d(M_1, M_2)$; r_1; r_2) zu bestimmen.

Beispiel: $M_1(-1|-1|2)$ $r_1 = 2$; $M_2(2|3|-4)$ $r_2 = 3$

$d(M_1, M_2) = \sqrt{9 + 16 + 36} = \sqrt{61} \approx 7{,}8 \Rightarrow d = 2{,}8$

4.3.12 Winkelbestimmung

Über die Längen der Vektoren, über das Skalarprodukt (→ Seite 116 f.) und über den Cosinussatz (den auf beliebige Dreiecke verallgemeinerten Satz des Pythagoras) lässt sich der Winkel (genauer: die Winkelweite) zweier Vektoren im Gradmaß berechnen. In der Praxis wird die Berechnung, sofern Sie die Sätze und Regeln dieser Seite beachten beziehungsweise die in Ihrer √ zuständigen Hilfen finden und richtig anwenden, zu einer reinen »Einsetz- und Taschenrechner-Tipp-Übung«.

- Zwei Vektoren schließen immer zwei Winkel ein: die beiden Winkel, die man erhält, wenn die beiden Vektoren so verschoben werden, dass ihre Anfangspunkte zusammenfallen.

- Wir berechnen immer den kleineren der beiden Winkel (die sich ja zu 180° ergänzen).
- Der Winkel zwischen zwei Geraden ist der Winkel zwischen den Richtungsvektoren der beiden Geraden. Da zwei Vektoren immer (ganz gleich, wie sie auch liegen) zwei Winkel miteinander einschließen, schließen damit auch zwei Geraden immer zwei Winkel miteinander ein. Auch wenn sie windschief sind!
- Der Winkel zwischen zwei Ebenen ist der Winkel zwischen den beiden Normalenvektoren der beiden Ebenen. Damit schließen auch zwei Ebenen immer zwei Winkel ein.

- Der Winkel zwischen der Geraden g und der Ebene ist der zu 90° Grad ergänzte Winkel des Winkels zwischen dem Richtungsvektor der Geraden und dem Normalenvektor der Ebene.

$\alpha + \beta = 90°$

! Der Winkel zwischen den Vektoren $\vec{x}$ und $\vec{y}$ wird berechnet über

$$\cos\alpha = \frac{\left|\begin{pmatrix}x_1\\x_2\\x_3\end{pmatrix}\cdot\begin{pmatrix}y_1\\y_2\\y_3\end{pmatrix}\right|}{|\vec{x}|\cdot|\vec{y}|} = \frac{|x_1y_1 + x_2y_2 + x_3y_3|}{\sqrt{x_1^2+x_2^2+x_3^2}\cdot\sqrt{y_1^2+y_2^2+y_3^2}},\ \text{dann mit}\ \boxed{}\ [\text{INV}][\cos]$$

Die Winkelhalbierenden der beiden Geraden g und l (mit den Richtungsvektoren $\vec{u}$ und $\vec{v}$), deren Schnittpunkt A auf der gemeinsamen Ebene E liegt, sind die Geraden:

w_1: $\vec{x} = \vec{a} + t\ (\vec{u}^0 + \vec{v}^0)$ mit $|\vec{u}^0| = |\vec{v}^0| = 1$
w_2: $\vec{x} = \vec{a} + t\ (\vec{u}^0 - \vec{v}^0)$ mit $|\vec{u}^0| = |\vec{v}^0| = 1$ (Einheitsvektoren → Seite 112 f.)

Gegeben sind die zwei Ebenen E und F und die zwei Geraden g und l, gesucht paarweise die zugehörigen Winkel.

E: $-x_1 + 2x_2 - 3x_3 - 4 = 0$, F: $2x_1 - 2x_2 + 5x_3 - 1 = 0$,

g: $\vec{x} = \begin{pmatrix}3\\-2\\4\end{pmatrix} + t\begin{pmatrix}-1\\6\\2\end{pmatrix}$, l: $\vec{x} = \begin{pmatrix}4\\-8\\2\end{pmatrix} + t\begin{pmatrix}2\\-3\\-2\end{pmatrix}$

4 Lineare Algebra und analytische Geometrie

$\sphericalangle(g, l)$: $\cos\alpha = \dfrac{|-1\cdot 2 + 6\cdot(-3) + 2\cdot(-2)|}{\sqrt{1+36+4}\cdot\sqrt{4+9+4}} = \dfrac{24}{\sqrt{697}} = 0{,}909\ldots \Rightarrow \alpha = 24{,}62°$.

$\sphericalangle(g, E)$: $\cos\alpha = \dfrac{|-1\cdot(-1) + 6\cdot 2 + 2\cdot(-3)|}{\sqrt{1+36+4}\cdot\sqrt{1+4+9}} = \dfrac{7}{\sqrt{574}} = 0{,}292\ldots \Rightarrow \alpha = 73{,}01°$

$\Rightarrow$ Winkel 16,99°.

$\sphericalangle(l, E)$: $\cos\alpha = \dfrac{|2\cdot(-1) - 3\cdot 2 - 2\cdot(-3)|}{\sqrt{4+9+4}\cdot\sqrt{1+4+9}} = \dfrac{2}{\sqrt{238}} = 0{,}129\ldots \Rightarrow \alpha = 82{,}55° \Rightarrow$ Winkel 7,45°.

$\sphericalangle(g, F)$: $\cos\alpha = \dfrac{|-1\cdot 2 + 6\cdot(-2) + 2\cdot 5|}{\sqrt{1+36+4}\cdot\sqrt{4+4+25}} = \dfrac{4}{\sqrt{1353}} = 0{,}108\ldots \Rightarrow \alpha = 83{,}76°$

$\Rightarrow$ Winkel 6,24°.

$\sphericalangle(l, F)$: $\cos\alpha = \dfrac{|2\cdot 2 - 3\cdot(-2) - 2\cdot 5|}{\sqrt{4+9+4}\cdot\sqrt{4+4+25}} = \dfrac{0}{\sqrt{561}} \Rightarrow \alpha = 90°\ (l \perp n)$

$\Rightarrow$ Winkel $\beta = 0°\ (l \parallel F)$.

$\sphericalangle(E, F)$: $\cos\alpha = \dfrac{|-1\cdot 2 + 2\cdot(-2) - 3\cdot 5|}{\sqrt{1+4+9}\cdot\sqrt{4+4+25}} = \dfrac{21}{\sqrt{462}} = 0{,}977\ldots \Rightarrow \alpha = 12{,}31°$.

4.3.13 Flächen, Dreiecke

Die Eigenschaften der ebenen Vielecke (Dreieck, Raute, Trapez, ...), sowohl zur zeichnerischen Darstellung als auch zur Berechnung (z. B. des Flächeninhaltes, des Umfangs, ...) und die Zusammenhänge müssen Sie der Formelsammlung entnehmen, wenn Sie sie nicht (mehr) sicher beherrschen.

Obwohl oder gerade weil es sich um Mittelstufenstoff handelt, möchte ich Sie vor einer Unterschätzung dieser »Flächenprobleme« warnen.

Zur Darstellung: In den seltensten Fällen liegen die Flächen parallel zur x_2-x_3-Ebene. Sie sind deshalb im perspektivischen Bild nicht in ihrer wahren Größe zu sehen. Insbesondere sind rechte Winkel in der Zeichnung nicht mehr als solche zu erkennen. Damit übersieht man häufig die Anwendung des Satzes von Pythagoras.

Zum Zeichnen: Am fehlerfreiesten werden Sie immer arbeiten, wenn Sie Punkt für Punkt (bei den Flächen die Eckpunkte) einzeichnen. Dabei bestimmen Sie den Punkt am besten und sichersten, wenn Sie hintereinander die Längen in die drei Koordinatenrichtungen abtragen. Von der zeichnerischen auf die wahre Länge kommen Sie nur über Klappungen in die x_2-x_3-Ebene (oder eine dazu parallele Ebene, → Seite 148).

Zur Berechnung: Alle Berechnungen können (nicht müssen!) Sie auf das Abstandsproblem (→ Seite 137 ff.) zurückführen:

- Die Längen (wie zum Beispiel Grundseiten) berechnet man über den Abstand zweier Punkte.
- Die Höhe von ebenen Figuren (zum Beispiel von Trapez oder Dreieck) ist der Abstand eines Punktes zu einer Geraden.

- Die Höhe von Körpern (zum Beispiel von Pyramide oder Kegel) ist der Abstand eines Punktes zu einer Ebene.
- Die Sätze der Mittelstufengeometrie, ob es die Strahlensätze, der Sehnentangentensatz, der Höhensatz, der Satz des Thales,... ist, gelten und sind anwendbar!

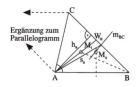

Da jede geradlinig begrenzte ebene Fläche in endlich viele Dreiecke zerlegbar ist, nimmt das Dreieck unter allen Figuren einen beherrschenden Platz ein. Deshalb folgt alphabetisch in Stichworten eine **Übersicht** über die wichtigsten Strecken und Eigenschaften am Dreieck (immer auf Punkt A, Seite a und Winkel α bezogen). Zu beachten ist, dass ein Dreieck »schräg im Raum« liegen kann und keineswegs parallel zu einer Koordinatenebene sein muss.

- **Flächeninhalt:** $F = 0{,}5 \cdot d(C, B) \cdot d(A, (BC))$ mit $d(A, (BC))$ = Abstand des Punktes A von der Geraden (BC) ($\to$ Seite 137).
- **Höhe:** $h_a = d(A, (BC))$ = Abstand des Punktes von A von der Geraden (BC).
- **Inkreis K_i:** Mittelpunkt ist Schnittpunkt M_i der drei Winkelhalbierenden, Radius r_i ist der Abstand von M_i zu einer der Geraden (AB), (AC) oder (BC). K_i liegt auf der Ebene (ABC).
- **Mittelsenkrechte:** m_{BC} ist Gerade $\perp (BC)$ durch M_{BC} in Ebene (ABC) mit
$M_{BC}\left(\frac{b_1+c_1}{2} \middle| \frac{b_2+c_2}{2} \middle| \frac{b_3+c_3}{2}\right)$ (Mitte der Strecke BC).
Berechnung über die Hilfsebene H mit $M_{BC} \in H$ und $H \perp (BC)$, die (AB) in S schneidet. $m_{BC} = (M_{BC}, S)$.
- **Schwerpunkt:** Schnitt der Schwerelinien = Seitenhalbierenden.
- **Seitenhalbierende:** $s_A = \left(A, M_{BC}\left(\frac{b_1+c_1}{2} \middle| \frac{b_2+c_2}{2} \middle| \frac{b_3+c_3}{2}\right)\right)$
Gerade durch A und Mitte der Strecke BC.
- **Umfang:** U = Summe der drei Strecken: $U = \overline{AB} + \overline{BC} + \overline{CA}$.
- **Umkreis K_u:** Mittelpunkt ist Schnittpunkt M_u der drei Mittelsenkrechten, Radius r_u ist der Abstand von M_u zu einem der Punkte A, B oder C. K_u liegt in der Ebene (ABC).
- **Vervollständigen zum Parallelogramm:** Gerade durch C mit Richtung $\overrightarrow{BA}$ schneidet Gerade durch A mit Richtung $\overrightarrow{BC}$ in D. $ABCD$ ist Parallelogramm.
- **Winkelhalbierende:** $w_\alpha = (A W_\alpha)$ mit $\overrightarrow{AW} = \frac{\overrightarrow{AC}}{|\overrightarrow{AC}|} + \frac{\overrightarrow{AB}}{|\overrightarrow{AB}|}$.
- **Winkelsumme:** In jedem Dreieck 180°.

4 Lineare Algebra und analytische Geometrie

4.3.14 Körper

In den letzten Jahren haben Aufgaben mit Körpern zugenommen. Die Körper selbst sind zwar relativ einfach (Quader, Prisma, Pyramide, senkrechter Kreiskegel), dennoch scheinen mir einige Tipps angebracht:

- Nützen Sie insbesondere hier die Stärke der $\sqrt{}$.
- Lassen Sie sich durch einen Text (»Ein Haus hat die Form eines Quaders mit aufgesetztem Walmdach ...«) nicht von der Mathematik abbringen. Zerlegen Sie die Körper in »mathematische Teilkörper«, die von den Gleichungen, von den Eigenschaften und vom Zeichnen her bestimmbar sind.
  Nur über Zerlegungen kommen Sie auf einfache Körper!
- Wenn Sie die Koordinaten von Eckpunkten bestimmen müssen (es sind ja meist nicht alle Koordinaten aller Eckpunkte gegeben), so gehen Sie von bekannten Punkten aus und untersuchen Sie, in welche Richtung Sie um wie viele Einheiten »fahren« müssen, um zum Eckpunkt zu gelangen.
- Denken Sie daran, dass die Schrägbilder gewisse Eigenschaften nicht mehr erkennen lassen (z. B. rechte Winkel, Streckenlängen, ...)
- Zeichnen Sie im Schrägbild die nicht sichtbaren Kanten gestrichelt, Ihr Bild wird dadurch anschaulicher.
- Berechnen Sie Rauminhalt und Oberfläche jeweils über Abstände:
  Die Höhe einer Pyramide zum Beispiel ist der Abstand der Spitze zur Ebene, in der die Grundfläche liegt.
  Die Höhe einer Seitenfläche einer Pyramide ist der Abstand der Spitze zu der Geraden, auf der die entsprechende Grundseite liegt.

Eine senkrechte quadratische Pyramide wird von einer schiefen Ebene BCA_1 geschnitten. Die Grundfläche der Pyramide ist $ABCD$, die Spitze ist 10 Meter über der Grundfläche. Gegeben sind die Eckpunkte $A(6|0|0)$, $B(8|4|0)$ und $C(4|6|0)$ der Grundfläche sowie der Punkt $A_1(5,8|0,6|2)$ der Ebene. Bestimmen Sie die Koordinaten der Eckpunkte der Pyramide. An welcher Stelle D_1 tritt die Pyramidenkante $\overline{DS}$ aus der Ebene aus? Berechnen Sie den oberhalb der Ebene befindlichen Volumteil der Pyramide.

Ergebnisse

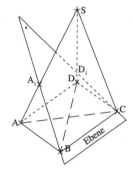

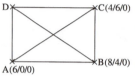

Zeichnen Sie eine Skizze mit allen Angaben, die Sie kennen. Zur Bestimmung der Koordinaten des Punktes D eine weitere Skizze (hier der Schnitt in der x_1-x_2-Ebene). Es »geht« von B nach A um -2 in x_1-Richtung und um -4 in x_2-Richtung.

Dieselbe »Verschiebung« von C aus bringt

$D(4-2|6-4|0) \Rightarrow D(2|2|0)$. Die Mitte von $\overline{AC}$ oder $\overline{BD}$ bringt uns die x_1- und x_2-Koordinate des Punktes S, dessen x_3-Koordinate (10) wir aus dem Text kennen: $S(5|3|10)$.

D_1 ist der Schnitt der Geraden $(DS) = g$ mit der Ebene $(BCA_1) = E$.

$E: = 2x_1 + 4x_2 + 9x_3 - 32 = 0$

$\vec{x} = \begin{pmatrix} 2 \\ 2 \\ 0 \end{pmatrix} + t \begin{pmatrix} 2 \\ 1 \\ 10 \end{pmatrix} \cap E: \ 2(2+3t) + 4(2+t) + 9 \cdot 10 t - 32 = 0$

$\Rightarrow t = 0{,}2 \Rightarrow D_1(2{,}6|2{,}2|2)$

Volumenberechnung

- Grundfläche A_G: Von der viereckigen Grundfläche (kein Quadrat mehr!) sind die Eckpunkte A_1, B, C, D_1 bekannt.
  Da $(A_1D_1)|(BC)$ und $(BA_1) \perp (BC) \Rightarrow$
  $A_G = \overline{BA_1} \cdot \overline{BC} = \sqrt{2{,}2^2 + 3{,}4^2 + 2^2} \cdot \sqrt{4^2 + 2^2} = 20{,}199$

- Höhe ist Abstand $S \rightarrow$ Ebene (A_1, B, C). S in hess'sche-Form eingesetzt:

$d(S,E) = \left| \dfrac{2 \cdot 5 + 4 \cdot 3 + 9 \cdot 10 - 32}{\sqrt{4+16+81}} \right| = \dfrac{80}{\sqrt{101}} \approx 7{,}96$

$\Rightarrow$ Volumen = $53{,}60$ Einheiten^3 $(V = \frac{1}{3} G \cdot h)$

4.3.15 Textaufgaben

Unter **Textaufgaben** versteht man die Aufgaben, bei denen die Probleme der analytischen Geometrie mehr oder weniger sinnvoll bzw. realistisch in ein (scheinbar bestehendes) allgemeines Problem eingebettet werden.

Sie müssen auf jeden Fall die Mathematik in dieses »praktische Problem« hineinbringen. Versuchen Sie die zu betrachtenden Figuren und Körper als mathematische Figuren und Körper zu erkennen.

In der Regel sind Textaufgaben etwas einfacher (oder besser: mathematisch weniger anspruchsvoll) als die »normalen« Aufgaben.

4 Lineare Algebra und analytische Geometrie

Das einzige Problem ist die Erfassung der gestellten Aufgabe.

Bleiben Sie auch bei einer Textaufgabe ruhig. Sie müssen nichts anderes tun, als bei den anderen Aufgaben auch. Ob eine Pyramide »Signalmast« oder »Kirchendach« heißt, ändert nun mal am Lösungsverfahren überhaupt nichts.

Ob Sie eine Gerade mit einer Ebene schneiden oder ob Sie untersuchen müssen, wo ein Draht (bekannter Richtung und Lage) an der Hauswand (deren Gleichung Sie ebenfalls kennen) befestigt werden muss, die mathematischen Schritte sind die gleichen.

Denken Sie daran, dass nur bekannter Stoff abgefragt wird. Sie können jede Textaufgabe (und auch jeden Teil einer Textaufgabe) immer einem schon behandelten theoretischen Problem zuordnen.

Wo trifft der Schatten der Baumspitze auf die Hauswand?

Lösungsweg: Schnitt einer Geraden g mit einer Ebene (= Hauswand) durch den Punkt S in Richtung der Sonnenstrahlen.

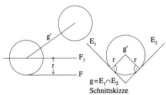

Eine Kugel rollt eine Rinne, deren Begrenzungsflächen in zwei Ebenen liegen, herab, bis Sie die Ebene F berührt. Geben Sie die Ruhelage der Kugel an.

Lösungsweg: Schnitt der beiden Ebenen E_1 und E_2 gibt Richtung an, in die sich der Kugelmittelpunkt bewegt. Gerade der Mittelpunkte schneidet die um r verschobene Ebene F im »Ruhemittelpunkt«.

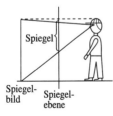

Anton will sich, bevor er zu Schule geht, vollständig in einem Spiegel sehen. Wie hoch muss dieser Spiegel mindestens sein und wo muss er ihn an der Wand anbringen, damit er sich ganz sieht, wenn er einen Meter davorsteht? Um wie viel Prozent kann der Spiegel verkleinert werden, wenn Anton zwei Meter vom Spiegel entfernt stehen würde?

Lösungsweg: Zunächst eine Punktspiegelung an einer Ebene, dann ein einfaches Schnittproblem (Gerade-Ebene).

4.3.16 Häufig auftretende Probleme

Einige Standardprobleme gehören zu der minimalen »Grundausstattung« dessen, was man im Geometriebereich wissen sollte.

Welche Problemkreise angesprochen werden, sehen Sie in der folgenden Übersicht, sodass Sie bei Bedarf gezielt einzelne Probleme durcharbeiten können. Dabei wurde die Reihenfolge nicht nach der Häufigkeit oder Wichtigkeit, sondern nach dem Alphabet festgelegt.

- Fragestellung (rein sprachliches Problem, leicht abzubauen)
- Höhen (bei ebenen Figuren und bei Körpern)
- Klappungen (zum Beispiel zur Berechnung wahrer Längen und zur Berechnung »geknickter«Geraden)
- Konstruktion wahrer Längen (geometrische Grundübung)
- Kugelprobleme (kurzer Rückblick zu den Kugeleigenschaften, die in der Mittelstufengeometrie meist fehlen)
- Lot, Lotgerade, Lotfußpunkt (eines der wichtigsten geometrischen Probleme schlechthin)
- Parameter (über die Verschiedenheit der Platzhalter und ihre verschieden mächtige Bedeutung)
- Polarebene (Ebene, auf der alle Berührpunkte aller Tangenten an die Kugel vom selben Punkt aus liegen)
- Punktscharen (Figuren als Punktmengen geschrieben)
- Schatten (sehr häufig vorkommende Art, Schnittprobleme in einen Text einzugliedern)
- Schnittkreise (Schnitt von Kugel und Ebene, leider nicht durch eine Gleichung beschreibbar)
- Spezialfälle (bei Geraden, Ebenen und Kugeln)
- Spiegelungen (ein Grundproblem der Geometrie, ob an einem Punkt oder an einer Geraden oder an einer Ebene)

4 Lineare Algebra und analytische Geometrie

Fragestellung

Insbesondere bei den so genannten Textaufgaben kann es sehr leicht vorkommen, dass man mit der Umsetzung des Textes in einen mathematischen Term oder in eine Gleichung Probleme erhält. Sie dürfen sich nicht durch sprachliche »Feinheiten« verwirren lassen. Man kann in der deutschen Sprache Fragen in verschiedene Worte kleiden. Lesen Sie alte Abituraufgaben durch, damit Sie mit den üblichen Fragestellungen vertraut werden. Setzen Sie alles, was an »Gegenständlichem« vorkommt, in eine Ihnen bekannte mathematische »Figur«, die in Gleichungen zu fassen ist, um. So wird:

- ein gespannter Draht, ein Seil, eine Stange, der Schatten eines Punktes, ... rechnerisch zu einer Geraden;
- eine Dachfläche, die Erdoberfläche, ein Rasenfeld, eine Hauswand, ... rechnerisch zu einer Ebene;
- der Signalmast, das Kirchendach, der Turm, das Walmdachhaus, der Baustamm, ... rechnerisch zu einem Körper;
- der Luftballon, der Ball, ... rechnerisch zu einer Kugel.

Zur Flächen- und Volumenberechnung ist meist die Berechnung von Höhen notwendig. Grundsätzlich sollten Sie Folgendes wissen:

- Höhen von Körpern (Pyramide, Kegel, Prisma, ...) werden über den Abstand eines Punktes von einer Ebene (Spitze – Grundfläche) berechnet.
- Höhen von Flächen (Dreieck, Parallelogramm, Trapez, Seitenflächen von Körpern ...) werden über den Abstand eines Punktes von einer Geraden (→ Seite 137 ff.) berechnet.

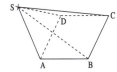

Höhe der Pyramide: Abstand des Punktes S von der Ebene (A, B, C, D)

Seitenhöhe der Seite (A, B, S): Abstand des Punktes S von der Geraden (AB)

Grundfläche: Addition der Dreiecksflächen (Viereck $ABCD$ in zwei Dreiecke zerlegen)

Klappungen

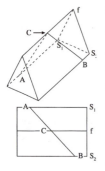

Gegeben sei ein Giebeldach. Vom Punkt A zum Punkt B wird ein Draht auf der Dachfläche gespannt, der möglichst kurz sein soll. An welchem Punkt C überquert er den Dachfirst f?

Eine Frage, die in der darstellenden Geometrie konstruktiv sehr einfach gelöst werden kann: Man klappt einfach eine Dachfläche in die Ebene der anderen Dachfläche und zieht die Gerade von A nach B.

Es genügt, wenn Sie von einem Dreieck ABC den Punkt B über C auf die Gerade (AC) klappen können.

Damit können Sie mittels mehrerer »Klappungen« alle geradlinig begrenzten Figuren und über den Mittelpunkt Kreise und Kugeln klappen.

Schreibt man die Gerade $g\,(=(AC))$ mit dem Ortsvektor $\vec{c}$ von C als Stützvektor und dem normierten Richtungsvektor $\overrightarrow{AC}^0$ (Länge 1!), so erhält man, wenn man für den Parameter t den Abstand $d\,(C, B)$ einsetzt, den Ortsvektor (und damit die Koordinaten) des Punktes B' und wenn man für $t - d\,(C, B)$ einsetzt, den Ortsvektor (und damit die Koordinaten) des Punktes B''.

Konstruktion wahrer Längen

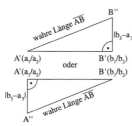

allgemein

Die Konstruktion wahrer Längen ist eine Anwendung der Klappungen. Nur die Strecken und Winkel, die in der x_2-x_3-Ebene (oder in einer dazu parallelen Ebene, Gleichung: $x_1 = k$) liegen, haben in der üblichen perspektivischen Darstellung ihre wahren Größen. In der Regel müssen die wahren Größen berechnet werden, eine recht einfache Sache (Abstandsproblem → Seite 137 ff.).

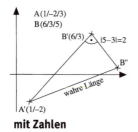

mit Zahlen

Zeichnerisch wird in die Ebene $x_1 = k$ geklappt.

Eine »halbgeometrische« Lösung zur Bestimmung wahrer Längen ist folgendes Verfahren, das wohl in einer gewissen Grauzone (mathematisch nicht ganz korrekt) angesiedelt werden muss:

Gegeben sei die Strecke $\overline{AB}$ mit $A\,(a_1|a_2|a_3)$ und $B\,(b_1|b_2|b_3)$.

Man wählt nun eine zweidimensionale »Hilfszeichenebene«, in der die »Hilfspunkte« $A'(a_1|a_2)$ und $B'(b_1|b_2)$ eingezeichnet werden.

4 Lineare Algebra und analytische Geometrie

Dann zeichnet man in A (oder B) senkrecht zu $\overline{AB}$ die Differenz der x_3-Koordinaten $(a_3 | b_3)$ und erhält damit die wahre Länge der Strecke $\overline{AB}$.

Kugelprobleme

Die Kugel (und damit auch ihre ebenen Schnittfiguren, die Kreise) nimmt in der Oberstufengeometrie eine Sonderstellung ein: Zur Beschreibung benötigt man quadratische Gleichungen; die übliche Linearität geht verloren.

Da quadratische Gleichungen schon von der Analysis her kein Problem darstellen, hier nur einige »geometrische« Gedanken:

- Zeichnen Sie in jeder Skizze den Radius zu jedem angegebenen Kugelpunkt ein.
- Bei Kugeln, die sich scheinbar bewegen, bitte nur einzelne (also feste) Stellungen betrachten und berechnen.
- In der Ebene ist der geometrische Ort für den Mittelpunkt eines Kreises, der zwei nicht parallele Geraden berührt, die Winkelhalbierende der Geraden. Entsprechend liegt der Mittelpunkt der Kugeln, die zwei nicht parallele Ebenen berühren, auf einer der beiden Ebenen, die die Winkel halbieren. Man erhält den Normalenvektor dieser beiden Ebenen über die Normalenvektoren der beiden Berührebenen ($\rightarrow$ Skizze Seite 150).
- Drei Punkte bestimmen eindeutig einen Kreis (Umkreis des Dreiecks dieser drei Punkte), somit gibt es für drei gegenseitig nicht parallele Geraden genau einen Kreis, der diese drei Geraden zu Tangenten hat (sie also berührt).
- Bei der Kugel sind es vier Punkte (sie dürfen aber nicht auf einer Ebene liegen). Rechnerisch wird die Kugelgleichung bestimmt, indem man die vier Punkte in den allgemeinen Ansatz der Kugelgleichung einsetzt. Entsprechend gibt es genau eine Kugel, die vier nicht parallele Ebenen zu Tangentialebenen hat.
- Bestimmung des Mittelpunktes: Der Schnitt zweier »Winkelhalbierenden-Ebenen« gibt eine Gerade, die die dritte Winkelhalbierenden-Ebene in M schneidet.
- In der Praxis handelt es sich meist um symmetrische Probleme; zum Beispiel wird eine Kugel in einer dreiseitigen Pyramide gesucht, die alle Seitenflächen berührt.

Aufgrund der Symmetrien, die meist nicht zu übersehen sind, ist oftmals die Lösung einfacher zu finden als mit oben angegebenem allgemeinen Verfahren durch die drei Ebenen. Eine Skizze vor der Berechnung lohnt sich.

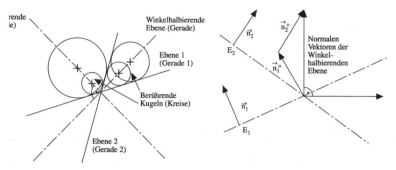

Die **Skizze beim Kreis** (Bezeichnung in Klammern) und der **Schnitt für die Kugel** sehen genau gleich aus.

Bestimmung der **Normalenvektoren der halbierenden Ebenen**

Lot, Lotgerade, Lotfußpunkt

> Das Lot (oder die Lotgerade) vom Punkt A auf die Gerade g (bzw. die Ebene E) ist die Gerade durch A, welche die Gerade g (bzw. die Ebene E) senkrecht schneidet. Der Schnittpunkt mit der Geraden (bzw. der Ebene) heißt Lotfußpunkt.

◆ Das Lot von $A\,(a_1|a_2|a_3)$ auf die Gerade g: $\vec{x} = \begin{pmatrix}p_1\\p_2\\p_3\end{pmatrix} + r\begin{pmatrix}u_1\\u_2\\u_3\end{pmatrix}$

wird über eine Hilfsebene H mit $A \in H$ und $g \perp H$ (Richtungsvektor von g ist Normalenvektor von H) bestimmt. g schneidet H im Lotfußpunkt L. (AL) ist die Lotgerade.

Gegeben: Punkt $A\,(-1|2|-3)$ und Gerade g: $\vec{x} = \begin{pmatrix}2\\-1\\2\end{pmatrix} + t\begin{pmatrix}-1\\-2\\1\end{pmatrix}$.
Gesucht: Lot von A auf g.

H: $\left[\begin{pmatrix}x_1\\x_2\\x_3\end{pmatrix} - \begin{pmatrix}-1\\2\\-3\end{pmatrix}\right] \cdot \begin{pmatrix}-1\\-2\\1\end{pmatrix} = 0 \Rightarrow -x_1 - 2x_2 + x_3 + 6 = 0.$

$H \cap g$: $-(2-t) - 2(-1-2t) + (1+t) + 6 = 0 \Rightarrow t = -\dfrac{7}{6}$

$\Rightarrow L\left(\dfrac{19}{6}\bigg|\dfrac{8}{6}\bigg|\dfrac{1}{6}\right)$. Lot: $\vec{x} = \begin{pmatrix}-1\\2\\-3\end{pmatrix} + t\begin{pmatrix}25\\-4\\17\end{pmatrix}$ (Richtungsvektor $\overrightarrow{AL}$ mit 6 multipliziert.)

◆ Das Lot von $A\,(a_1|a_2|a_3)$ auf die Ebene E: $ax_1 + bx_2 + cx_3 + d = 0$ kann ohne Rechnung sofort angegeben werden, da der Richtungsvektor der Lotgeraden gleich dem Normalenvektor der Ebene ist.

l: $\vec{x} = \begin{pmatrix}a_1\\a_2\\a_3\end{pmatrix} + t\begin{pmatrix}a\\b\\c\end{pmatrix}$. Den Lotfußpunkt erhalten wir aus $l \cap E$.

4 Lineare Algebra und analytische Geometrie

Parameter

In drei verschiedenen Nachschlagewerken habe ich drei sehr verschiedene Bedeutungen des Wortes »Parameter« gefunden:
- zur Unterscheidung der einzelnen Funktionen einer bestimmten Gruppe gewählte charakteristische Konstante,
- Veränderliche, die für gewisse Betrachtungen als Konstante anzusehen ist,
- Laufzahl, verbindende Mittelgröße, Hilfsgröße, Hilfsveränderliche.

Auch in der Geometrie wird die Bezeichnung »Parameter« in zweifacher Hinsicht verwendet:
- Als reine Laufzahl über ganz $\mathbb{R}$ bei der Geradengleichung und der Vektorgleichung einer Ebene bzw. als reine Laufzahl über eine Teilmenge der reellen Zahlen bei der Strecke und bei Teilen einer Ebene (Flächen).
- Als Veränderliche zur Unterscheidung einer ganz bestimmten »Figur« aus einer ganzen Schar ähnlicher »Figuren«. Beim Betrachten dieser einzelnen Figur wird der Parameter als konstante Größe angesehen.

! Ebenenschar E_t: $\vec{x} = \begin{pmatrix} t \\ p_2 \\ p_3 \end{pmatrix} + r \begin{pmatrix} u_1 \\ u_2 \\ -t \end{pmatrix} + s \begin{pmatrix} v_1 \\ v_2 \\ v_3 \end{pmatrix}$

r und s sind reine Laufzahlen, die über ganz R »laufen« und damit erst die Ebene beschreiben.

t dagegen ist bei der Betrachtung von Ebenen (z. B. Schnitte, Abstände, Durchstoßpunkte, ...) als konstante reelle Zahl anzusehen. Es ändert sich für eine einzelne Ebene der Schar nicht. Die Ergebnisse sind dann nicht mehr ausschließlich reelle Zahlen, sondern Terme mit t.

Polarebene

Legt man von einem Punkt P außerhalb einer Kugel sämtliche möglichen Tangenten an die Kugel, so bilden diese Tangenten einen Doppelkegel mit der Spitze in P. Die Berührpunkte aller Tangenten bilden einen Kreis auf der Kugel. Die Ebene, auf der dieser Kreis liegt, heißt Polarebene des Punktes P an der Kugel K. Die Gleichung der Polarebene erhält man sehr einfach, indem man bei der Kugelgleichung einmal die Variablen x_i der Kugel durch die entsprechenden Koordinaten des Punktes P ersetzt.

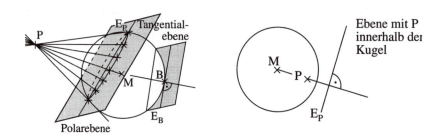

Mit Kugel K $(x_1-m_1)^2 + (x_2-m_2)^2 - (x_3-m_3)^2 = r^2$ und Punkt $P(p_1|p_2|p_3)$ ⇒ Polar- oder Tangential-Ebene:

$(x_1-m_1)(p_1-m_1) + (x_2-m_2)(p_2-m_2) + (x_3-m_3)(p_3-m_3) = r^2$

K: $(x_1-2)^2 + (x_2+3)^2 + (x_3-1)^2 = 9$; $P(4|-1|0) \in K$

⇒ $2x_1 + 2x_2 - x_3 - 6 = 0$ ist eine Tangentialebene.

$P(4|-1|-1)$ liegt außerhalb von K

⇒ $2x_1 + 2x_2 - 2x_3 - 5 = 0$ ist Polarebene.

! Ersetzt man bei der Kugelgleichung die x_i einmal (nicht beide x_i ersetzen!) durch die Koordinaten eines Punktes, so erhält man die Gleichung
- der Tangentialebene, wenn der Punkt auf der Kugel liegt;
- der Polarebene, wenn der Punkt außerhalb der Kugel liegt;
- einer Ebene im Abstand $d = r^2 : d(M, P) - r$, die K nicht schneidet und geometrisch ohne Bedeutung ist, wenn P innerhalb der Kugel liegt.

Punktescharen

Da jede geometrische Figur in der analytischen Geometrie als Punktmenge definiert ist, muss man jede Figur auch als Punktmenge $P(a|b|c)$ beschreiben können.
Sinnvoll, einsichtig und übersichtlich ist dies allerdings nur bei den Geraden und den Ebenen.
Wer dieses »Umsetzen«, das eigentlich ja nur ein Umschreiben darstellt, beherrscht, hat insbesondere bei der Deutung von Ergebnissen und bei Spezialfällen enorme Vorteile.
Oft fehlt es am Überblick, nur weil die Figur als Punktmenge beschrieben wird und nicht in der sonst gewohnten Art.

4 Lineare Algebra und analytische Geometrie

Name	Übliche Schreibweise	Bemerkungen	Schreibweise als Punktmenge
Gerade g	$\vec{x} = \begin{pmatrix} p_1 \\ p_2 \\ p_3 \end{pmatrix} + t \begin{pmatrix} r_1 \\ r_2 \\ r_3 \end{pmatrix}$	Es kommt nur ein Parameter vor. t kann natürlich auch x_i heißen.	$P_t(p_1 + tr_1 \mid p_2 + tr_2 \mid p_3 + tr_3)$ $P_t(3-t \mid -4 \mid 3t)$
x_2-Achse	$\vec{x} = \begin{pmatrix} 3 \\ -4 \\ 0 \end{pmatrix} + t \begin{pmatrix} -1 \\ 0 \\ 3 \end{pmatrix}$ $\vec{x} = \begin{pmatrix} 0 \\ 0 \\ 0 \end{pmatrix} + t \begin{pmatrix} 0 \\ 1 \\ 0 \end{pmatrix}$	Bitte das Zahlenbeispiel und die speziellen Geraden sowie die Achsen beachten.	$Px_2(0 \mid t \mid 0)$
Ebene	$\vec{x} = \begin{pmatrix} p_1 \\ p_2 \\ p_3 \end{pmatrix} + t \begin{pmatrix} v_1 \\ v_2 \\ v_3 \end{pmatrix} - \begin{pmatrix} u_1 \\ u_2 \\ u_3 \end{pmatrix}$	Zur Beschreibung der Punktmenge sind zwei Parameter notwendig (hier t und s).	$P_{ts}(p_1 + tv_1 + su_1 \mid$ $p_2 + tv_2 + su_2 \mid$ $p_3 + tv_3 + su_3)$
$x_{2,3}$-Ebene	$x_1 = 0$ oder: $\vec{x} = \begin{pmatrix} 0 \\ 0 \\ 0 \end{pmatrix} + t \begin{pmatrix} 0 \\ 1 \\ 0 \end{pmatrix} + s \begin{pmatrix} 0 \\ 0 \\ 1 \end{pmatrix}$	Wichtig sind die Koordinatenebenen.	$E_{2,3}: (0 \mid t \mid s)$ mit $t, s \in \mathbb{R}$

Schatten

»Schattenbilder« (... wo trifft der Schatten der Baumspitze die Hauswand ...) sind für Textaufgaben innerhalb der Geometrie geeignet und daher auch verbreitet.

- Der Schatten eines Punktes (zum Beispiel der Kirchturmspitze) wird zu einer Geraden mit dem besagten Punkt als Ausgangspunkt und der Richtung der Sonnenstrahlen (die meist gegeben ist) als Richtung.
  In der Regel muss dann der Schnitt dieser Geraden mit einer Ebene (zum Beispiel die Hauswand) berechnet werden.
- Der Schatten einer Geraden ist eine Ebene. Beschreibbar mittels einem beliebigen Punkt der Schatten werfenden Geraden, der Richtung der Geraden als einem Richtungsvektor und der Richtung der Sonnenstrahlen als zweitem Richtungsvektor.

Damit wird die Schattenbildung meist zu einem Schnittproblem Ebene-Ebene.

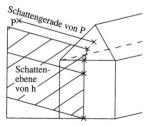

Über Punkt und Gerade lassen sich alle geradlinig begrenzten Flächen und Körper abbilden; Kreise und Kugeln am besten über den Mittelpunkt und einige Randpunkte.

Der Schatten einer Kugel ist immer ein Kreis, der Schatten eines Kreises (sofern er nicht senkrecht oder parallel zu den Strahlen steht) wird immer zu einer Ellipse.

Schnittkreise

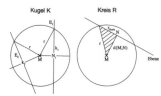

Wird eine Kugel K mit Radius r von einer Ebene E geschnitten, so erhält man als Schnittfigur einen Kreis R mit Mittelpunkt N und Radius k. Dabei ist N ein innerer Punkt der Kugel K und für k gilt $0 \leq k \leq r$.

Vom Kreis R berechnet man N als Schnitt einer Hilfsgeraden h ($\to$ Seite 136) mit der Ebene E sowie k mithilfe des Satzes des Pythagoras ($r^2 = d(N, M)^2 + r_{Kreis}^2$) und den Streckenlängen r und $d(N, M)$.

Wird nun (anstelle des Schnittkreises bei vorgegebener Ebene) die Schnittebene gesucht, wenden wir denselben Gedankengang an.

Liegt die Richtung der gesuchten Ebene fest (der Normalenvektor ist bekannt), so existieren genau zwei Schnittebenen mit dem fest vorgegebenen Schnittkreisradius k.

Liegt die Richtung der Ebene nicht fest, existieren unendlich viele solcher Ebenen.

Spezialfälle

Spezialfälle sind erfahrungsgemäß ungleich schwieriger zu bearbeiten als die allgemeinen, da sie von der gewohnten Form abweichen. Hier eine Auflistung der Fälle, die meiner Erfahrung nach für »Verwirrung« sorgen können:

Spezielle Geradengleichungen

Ursprungsgerade $\qquad$ x_1-Achse $\qquad$ x_2-Achse $\qquad$ x_3-Achse

$$\vec{x} = t\begin{pmatrix}r_1\\r_2\\r_3\end{pmatrix} \qquad \vec{x} = t\begin{pmatrix}1\\0\\0\end{pmatrix} \qquad \vec{x} = t\begin{pmatrix}0\\1\\0\end{pmatrix} \qquad \vec{x} = t\begin{pmatrix}0\\0\\1\end{pmatrix}$$

Geraden parallel zu den Achsen durch den Punkt $P(p_1|p_2|p_3)$

parallel zur x_1-Achse $\qquad$ parallel zur x_2-Achse $\qquad$ parallel zur x_3-Achse

$$\vec{x} = \begin{pmatrix}p_1\\p_2\\p_3\end{pmatrix} + t\begin{pmatrix}1\\0\\0\end{pmatrix} \qquad \vec{x} = \begin{pmatrix}p_1\\p_2\\p_3\end{pmatrix} + t\begin{pmatrix}0\\1\\0\end{pmatrix} \qquad \vec{x} = \begin{pmatrix}p_1\\p_2\\p_3\end{pmatrix} + t\begin{pmatrix}0\\0\\1\end{pmatrix}$$

Spezielle Ebenengleichungen

x_1-x_2-Ebene $\qquad$ x_1-x_3-Ebene $\qquad$ x_2-x_3-Ebene

$$\vec{x} = t\begin{pmatrix}1\\0\\0\end{pmatrix} + s\begin{pmatrix}0\\1\\0\end{pmatrix} \qquad \vec{x} = t\begin{pmatrix}1\\0\\0\end{pmatrix} + s\begin{pmatrix}0\\0\\1\end{pmatrix} \qquad \vec{x} = t\begin{pmatrix}0\\1\\0\end{pmatrix} + s\begin{pmatrix}0\\0\\1\end{pmatrix}$$

Ebenen parallel zu den Koordinatenebenen durch den Punkt $P(p_1|p_2|p_3)$

x_1-x_2-Ebene $\qquad$ x_1-x_3-Ebene $\qquad$ x_2-x_3-Ebene

$$\vec{x} = \begin{pmatrix}p_1\\p_2\\p_3\end{pmatrix} + t\begin{pmatrix}1\\0\\0\end{pmatrix} + s\begin{pmatrix}0\\1\\0\end{pmatrix} \qquad \vec{x} = \begin{pmatrix}p_1\\p_2\\p_3\end{pmatrix} + t\begin{pmatrix}1\\0\\0\end{pmatrix} + s\begin{pmatrix}0\\0\\1\end{pmatrix} \qquad \vec{x} = \begin{pmatrix}p_1\\p_2\\p_3\end{pmatrix} + t\begin{pmatrix}0\\1\\0\end{pmatrix} + s\begin{pmatrix}0\\0\\1\end{pmatrix}$$

Kugelgleichungen mit speziellem Mittelpunkt M

$M(0|0|0)$ $\qquad$ M auf x_1-Achse $\qquad$ M auf $x_{2,3}$-Ebene

$x_1^2 + x_2^2 + x_3^2 = r^2 \qquad (x_1 - m_1)^2 + x_2^2 + x_3^2 = r^2 \qquad x_1^2 + (x_2 - m_2)^2 + (x_3 - m_3)^2 = r^2$

$(\vec{x})^2 = r^2 \qquad \left[\vec{x} - \begin{pmatrix}m_1\\0\\0\end{pmatrix}\right]^2 = r^2 \qquad \left[\vec{x} - \begin{pmatrix}0\\m_2\\m_3\end{pmatrix}\right]^2 = r^2$

4 Lineare Algebra und analytische Geometrie

Spiegelungen

Keine Angst vor Spiegelungen. Sie müssen lediglich einen Punkt spiegeln können, denn alle Spiegelprobleme lassen sich auf Spiegelungen von Punkten zurückführen.

A	Skizze	Beschreibung	Beispiel
am Punkt S		Stellen Sie die Gleichung der Geraden (AS) mit Stützvektor $\overrightarrow{OA}$ auf und setzen Sie $t = 2$, so erhalten Sie den Ortsvektor des Spiegelpunktes A'. Spiegeln Sie jeden Punkt für sich.	$A(2\|-1\|4)$ an $S(-2\|3\|2)$ gespiegelt: $(AS): \vec{x} = \begin{pmatrix} 2 \\ -1 \\ 0 \end{pmatrix} + t \begin{pmatrix} -4 \\ 4 \\ -2 \end{pmatrix}$ $t = 2 \Rightarrow \begin{aligned} x_1 &= 2 + 2(-4) = -6 \\ x_2 &= -1 + 2 \cdot 4 = 7 \\ x_3 &= 4 + 2(-2) = 0 \end{aligned}$ $\Rightarrow A'(-6\|7\|0)$
an der Geraden g		Die Hilfsebene H mit $A \in H$ und $H \perp g$ schneidet g in S. A über S gespiegelt ($\to$ Skizze) ergibt den Spiegelpunkt A'. Hilfsebene H über die Normalenform bschreiben, dann in die Koordinatengleichung umwandeln.	$A(2\|-1\|4)$ $g: \vec{x} = \begin{pmatrix} 0 \\ 4 \\ 0 \end{pmatrix} + t \begin{pmatrix} -2 \\ 1 \\ -2 \end{pmatrix}$ $H: \left[\vec{x} - \begin{pmatrix} 2 \\ -1 \\ 4 \end{pmatrix}\right] \cdot \begin{pmatrix} 2 \\ 1 \\ -2 \end{pmatrix} = 0$ $\Rightarrow 2x_1 + x_2 - 2x_3 + 5 = 0$ $H \cap g: 2(0 + 2t) + (4 + t) - 2(0 - 2t) + 5 = 0$ $\Rightarrow t = -1 \Rightarrow S(-2\|3\|2)$ $\Rightarrow A'$ wie bei Punkt S
an der Ebene E		Die Hilfsgerade h mit $A \in h$ und $h \perp E$ schneidet E in S. A über S spiegeln ($\to$ Skizze) ergibt den Spiegelpunkt A'. Am besten: Gerade mit A und $\overrightarrow{AS}$, dann $t = 2$ ($\to$ auch Spiegelung am Punkt).	$A(2\|-1\|4)$ $E: -2x_1 + 2x_2 - x_3 - 8 = 0$ $h: \vec{x} = \begin{pmatrix} 2 \\ -1 \\ 0 \end{pmatrix} + t \begin{pmatrix} -2 \\ 1 \\ -2 \end{pmatrix}$ $h \cap E: -2(2 - 2t) + 2(-1 + 2t) - (4 - t) - 8 = 0$ $\Rightarrow t = 2 \Rightarrow S(-2\|3\|2)$ $\Rightarrow A'(-6\|7\|0)$

4.4 Strukturelle Betrachtungen

Für »Vollblutmathematiker« ist Algebra ein assoziativer Ring, dessen additive Gruppe einen Vektorraum über einem Körper bildet.

Im Teilgebiet der linearen Algebra der Oberstufenmathematik (*linear* bedeutet mathematisch »vom ersten Grade«, in der Geometrie »geradlinig«) werden Strukturbetrachtungen durchgeführt. Die lineare Algebra ist begrenzt, überschaubar und (sofern man einmal den Überblick gewonnen hat) nicht allzu schwierig.

Es ist eher die ungewohnte Problematik (wann beschäftigt man sich in der Schule schon mit Strukturen und Lösungsräumen) und die ungewöhnliche Schreibweise (Matrizen!), die diesem Teilgebiet negativ anlasten. Länder-, ja sogar schulspezifisch wird ihm ein mehr oder weniger großer Raum zugebilligt.

Bitte erkundigen Sie sich, wie tief und an welchen Stellen Sie die lineare Algebra im Rahmen der Geometrie beherrschen müssen, da in keinem anderen Gebiet größere Streuungen zu finden sind als gerade in diesem.

Im Großen und Ganzen geht es um Lösungen (Lösungsmenge und Lösungsstruktur) der linearen Gleichungssysteme und der Matrizenrechnung, um Beschreibungen der linearen Abbildungen mittels Matrizen und um Eigenwertprobleme.

Die folgenden Seiten stellen wiederum im Überblick ein Minimalprogramm dar.

Dabei kommt es darauf an, dass Sie Zusammenhänge sehen und erkennen, um sich sehr viel unnötige Arbeit zu ersparen.

In drei verschiedenen Lebensmitteln (X, Y, Z) sind pro Einheit die drei Vitamine A, B, C jeweils in verschiedenen mg ($\rightarrow$ Tabelle) enthalten:

	Vitamin A	Vitamin B	Vitamin C
Stoff X	1	0	3
Stoff Y	3	2	1
Stoff Z	2	1	2

Angenommen, man will wissen, wie viel Einheiten von jedem der drei Stoffe zu nehmen sind, damit man von jedem Vitamin genau 20 mg erhält, lässt sich die Aufgabe auf verschiedene Weise lösen:

Am nahe liegendsten wird wohl ein lineares Gleichungssystem sein mit drei Gleichungen (pro Vitaminsorte eine) und drei Variablen (Anzahl der Einheiten pro Stoff; $x \triangleq$ Stoff X; $y \triangleq$ Stoff Y; $z \triangleq$ Stoff Z):

Vitamin A: $x \cdot 1 + y \cdot 0 + z \cdot 3 = 20 \quad \Rightarrow \quad x + 3z = 20$

Vitamin B: $x \cdot 3 + y \cdot 2 + z \cdot 1 = 20 \quad \Rightarrow \quad 3x + 2y + z = 20$

Vitamin C: $x \cdot 2 + y \cdot 1 + z \cdot 2 = 20 \quad \Rightarrow \quad 2x + y + 2z = 20$

4 Lineare Algebra und analytische Geometrie

Die Lösung wäre $x = 2$; $y = 4$; $z = 6$.
Man kann die Vitaminmengen auch als Vektoren auffassen:
Für A: $\vec{a} = \begin{pmatrix} 1 \\ 3 \\ 2 \end{pmatrix}$; für B: $\vec{b} = \begin{pmatrix} 0 \\ 2 \\ 1 \end{pmatrix}$; für C: $\vec{c} = \begin{pmatrix} 3 \\ 2 \\ 1 \end{pmatrix}$;

und erhält anstelle des LGS eine Vektorgleichung $x\vec{a} + y\vec{b} + z\vec{c} = \begin{pmatrix} 20 \\ 20 \\ 20 \end{pmatrix}$

Da es nicht auf die Form, sondern auf die Zahlen ankommt, würde die Beschreibung des Problems mittels der Zahlen ausreichen. Man erhält dann die folgende Matrix:
$\begin{pmatrix} 1 & 0 & 3 & 20 \\ 3 & 2 & 2 & 20 \\ 2 & 1 & 1 & 20 \end{pmatrix}$

Im Prinzip spielt der Ansatz überhaupt keine Rolle. Die drei Lösungswege (LGS; Vektorgleichung; Matrix) sind gleichwertig, nur die Schreibweise weist wesentliche Unterschiede auf. Von jeder Rechenart kann zu jeder Zeit in eine der beiden anderen gewechselt werden.
Versteht man diese Identität, entfällt die Brisanz der neuen Schreibweise.

4.4.1 Algebraische Grundprobleme

Überprüfen, ob eine gegebene Menge von Vektoren eine Basis bilden

Lösungsvorschlag, Beschreibung: Eine Menge B von Vektoren $\{b_1, ..., b_n\}$ heißt Basis, wenn
- jeder Vektor des Vektorraums als Linearkombination der Vektoren $b_1, ..., b_n$ darstellbar ist und
- die Vektoren $b_1, ..., b_n$ linear unabhängig sind.
  Man muss beide Kriterien überprüfen. Am besten mit der linearen Unabhängigkeit beginnen.

Bemerkungen: Alle Basen eines Vektorraums haben gleich viele Elemente. Die Anzahl der Elemente (Basisvektoren) heißt **Dimension** des Vektorraums. Übliche Basis im $\mathbb{R}^3$:
$\begin{pmatrix} 1 \\ 0 \\ 0 \end{pmatrix}$; $\begin{pmatrix} 0 \\ 1 \\ 0 \end{pmatrix}$; $\begin{pmatrix} 0 \\ 0 \\ 1 \end{pmatrix}$

Beispiel:
$\begin{pmatrix} 3 \\ 1 \\ 1 \end{pmatrix}$; $\begin{pmatrix} -1 \\ 2 \\ 1 \end{pmatrix}$ und $\begin{pmatrix} 1 \\ -1 \\ -1 \end{pmatrix}$

$\begin{pmatrix} 3 \\ 1 \\ 1 \end{pmatrix} = r \begin{pmatrix} -1 \\ 2 \\ 1 \end{pmatrix} + t \begin{pmatrix} 1 \\ -1 \\ -1 \end{pmatrix}$ ergibt keine Lösung $\Rightarrow$ lineare Unabhängigkeit

$\begin{pmatrix} x_1 \\ x_2 \\ x_3 \end{pmatrix} + s \begin{pmatrix} 3 \\ 1 \\ 1 \end{pmatrix} + r \begin{pmatrix} -1 \\ 2 \\ 1 \end{pmatrix} + t \begin{pmatrix} 1 \\ -1 \\ -1 \end{pmatrix}$ ist immer darstellbar.

Festlegen der Dimension eines Vektorraums

Lösungsvorschlag, Beschreibung: In jedem Vektorraum gibt es unendlich viele verschiedene Basen, die aber alle dieselbe Anzahl Elemente haben.
Die Anzahl der Elemente einer Basis heißt Dimension. Man muss die maximale Anzahl linearer Vektoren bestimmen.
Vektoren wählen, die bis auf eine Komponente nur »Nullen« haben: $\begin{pmatrix}1\\0\\\vdots\\0\end{pmatrix}; \begin{pmatrix}0\\1\\\vdots\\0\end{pmatrix}; \begin{pmatrix}0\\0\\\vdots\\1\end{pmatrix}$

Bemerkungen: Im Raum $\mathbb{R}^3$ ist die Dimension drei. Es gibt also genau drei linear unabhängige Vektoren. Oder: Vier beliebige Vektoren des Raumes sind linear abhängig. In der Ebene ist die Dimension zwei. Es gibt also genau zwei unabhängige Vektoren.

Beispiel:
Übliche Basis in $\mathbb{R}^3$: $\begin{pmatrix}1\\0\\0\end{pmatrix}; \begin{pmatrix}0\\1\\0\end{pmatrix}; \begin{pmatrix}0\\0\\1\end{pmatrix}$; Basis in der x_1-x_2-Ebene: $\begin{pmatrix}1\\0\\0\end{pmatrix}; \begin{pmatrix}0\\1\\0\end{pmatrix}$

(Die x_2-Ebene besteht aus den Vektoren $\begin{pmatrix}x_1\\x_2\\0\end{pmatrix}$.)

Untersuchen, ob eine gegebene Abbildung ein Skalarprodukt ist

Lösungsvorschlag, Beschreibung: Mathematisch ist das Skalarprodukt eine positiv definite, symmetrische Bilinearform $V \times V \to \mathbb{R}$ mit folgenden Eigenschaften:

- $xy = yx$ (Symmetrie)
- $x(y+z) = xy + xz$ und $k(xy) = (kx)y = (ky)x$ (bilinear)
- $xx > 0$; $xx = 0 \Rightarrow x = 0$ (positiv definit)

Bemerkungen: Das Skalarprodukt bildet zwei Vektoren auf eine reelle Zahl ab. (Die einzige Abbildung der Schulmathematik, die Elemente einer Menge nicht wieder in dieselbe Menge abbildet, deshalb Vorsicht!) Bei rechtwinkligen Koordinaten gilt:

$$xy = \begin{pmatrix}x_1\\\vdots\\x_n\end{pmatrix}\begin{pmatrix}y_1\\\vdots\\y_n\end{pmatrix} = x_1 y_1 + x_2 y_2 + \ldots + x_n y_n$$

Beispiel:
Abbildung: $\vec{x} \circ \vec{y} = (x_1 + y_1) \cdot y_2$ ist kein Skalarprodukt, da nicht symmetrisch:
$\begin{pmatrix}1\\2\\3\end{pmatrix}\begin{pmatrix}-2\\-1\\0\end{pmatrix} = 1; \begin{pmatrix}-2\\-1\\0\end{pmatrix} \cdot \begin{pmatrix}1\\2\\3\end{pmatrix} = -2$

Untersuchen, ob eine Teilmenge der Vektoren einen Unterraum bildet

Lösungsvorschlag, Beschreibung: Ein Unterraum ist eine Teilmenge des Vektorraums, die die Kriterien eines Vektorraums ($\to$ Seite 114) erfüllt und deshalb selbst ein Vektorraum ist. Ist für alle Vektoren $\vec{a}, \vec{b}$ auch $\vec{a} + r\vec{b}$ (mit $r \in \mathbb{R}$) in der Teilmenge, so ist die Teilmenge ein Untervektorraum.

4 Lineare Algebra und analytische Geometrie

Bemerkungen: Ein Unterraum des Raumes $\mathbb{R}^3$ mit der Dimension 2 (zwei Basisvektoren) ist eine Ebene. Ein Unterraum mit der Dimension 1 (einem Basisvektor) ist eine Gerade.

Beispiel:

$\begin{pmatrix} x_1 \\ 0 \\ x_3 \end{pmatrix}$ ist Unterraum, da bei Addition die 0 bleibt und der Vektor wieder aus derselben Menge ist.

$\begin{pmatrix} x_1 \\ 1 \\ x_3 \end{pmatrix}$ Ist kein Unterraum, da bei Addition aus der »1« eine andere Zahl wird.

4.4.2 Matrizen

> Unter einer (m, n)-Matrix versteht man ein rechteckiges Zahlenschema, in dem in m Zeilen und n Spalten reelle Zahlen oder deren Platzhalter aufgelistet sind.

$\begin{pmatrix} a_{11} & a_{12} & \cdots & a_{1n} \\ a_{21} & a_{22} & \cdots & a_{2n} \\ & & \vdots & \\ a_{m1} & a_{m2} & \cdots & a_{mn} \end{pmatrix}$ Dabei ist a_{ij} das Element in der j-ten Zeile und der i-ten Spalte; a_{34} steht in der 3. Zeile und der 4. Spalte.

Die Matrix ist eine sehr angenehme, kurze, treffende, alles Unnötige weglassende Schreibweise für eine ganze Menge mathematischer Probleme.

Innerhalb der Oberstufenmathematik wird die Matrix als Beschreibung linearer Gleichungssysteme, linearer Abbildungen, affiner Abbildungen und von Vektorgleichungen verwendet. Wenn Sie sich mit dieser eleganten, schnörkellosen, Platz sparenden Schreibweise auch nicht unbedingt anfreunden müssen, so sollten Sie sich wenigstens an sie gewöhnen.

Gegenüberstellung von Matrix und anderen Schreibweisen:

Lineares Gleichungssystem

$$\begin{array}{rcl} a_{11}x_1 + a_{12}x_2 + \ldots a_{1n}x_n &=& b_1 \\ a_{21}x_1 + a_{22}x_2 + \ldots a_{2n}x_n &=& b_2 \\ &\vdots& \\ a_{m1}x_1 + a_{m2}x_2 + \ldots a_{mn}x_n &=& b_m \end{array}$$

Matrix

$$\begin{pmatrix} a_{11} & + & a_{12} & \cdots & a_{1n} & b_1 \\ a_{21} & + & a_{22} & \cdots & a_{2n} & b_2 \\ & & & \vdots & & \\ a_{m1} & + & a_{m2} & \cdots & a_{mn} & b_m \end{pmatrix}$$

Vektorgleichung

$$\begin{pmatrix} a_{11} \\ a_{21} \\ \vdots \\ a_{m1} \end{pmatrix} x_1 + \ldots + \begin{pmatrix} a_{1n} \\ a_{2n} \\ \vdots \\ a_{mn} \end{pmatrix} x_n = \begin{pmatrix} b_1 \\ b_2 \\ \vdots \\ b_m \end{pmatrix}$$

Oft wird die Matrixschreibweise bei den linearen Abbildungen verwendet:

Lineare Abbildung: Matrix:
$x'_1 = a_1 x_1 + b_1 x_2$ $\begin{pmatrix} a_1 & b_1 \\ a_2 & b_2 \end{pmatrix}$
$x'_2 = a_2 x_1 + b_2 x_2$

Da man in der Schulmathematik bei der Vektorrechnung mit (3, 3)-Matrizen auskommt und für die linearen und affinen Abbildungen (2, 2)-Matrizen verwendet, werden im Folgenden nur diese beiden Matrizenarten vorgestellt.

4.4.3 Wichtige Begriffe zur Matrixschreibweise

Einheitsmatrix

Beschreibung, Erklärung: Die Einheitsmatrix E ist das neutrale Element der Matrizenmultiplikation ($A \cdot E = E \cdot A = A$): identische Abbildung, die jeden Punkt auf sich selbst abbildet.

(3,3)-Matrix: $\begin{pmatrix} 1 & 0 & 0 \\ 0 & 1 & 0 \\ 0 & 0 & 1 \end{pmatrix} = E$

(2,2)-Matrix: $\begin{pmatrix} 1 & 0 \\ 0 & 1 \end{pmatrix} = E$

Adjunkte A_{ij}

Beschreibung, Erklärung: Die Adjunkte A_{ij} des Elements a_{ij} (auch algebraisches Komplement) ist die mit dem Vorzeichen $(-1)^{i+j}$ multiplizierte Unterdeterminante der Matrix A, wenn die i-te Zeile und die j-te Spalte bei A gestrichen wird.

(3,3)-Matrix: Zur Bestimmung von Determinante und inverser Matrix:

$\begin{pmatrix} a_{11} & a_{12} & a_{13} \\ a_{21} & a_{22} & a_{23} \\ a_{31} & a_{32} & a_{33} \end{pmatrix} \Rightarrow \begin{matrix} A_{11} = (-1)^2 \cdot (a_{22} \cdot a_{33} - a_{23} \cdot a_{32}) \\ A_{23} = (-1)^5 \cdot (a_{11} \cdot a_{32} - a_{12} \cdot a_{31}) \end{matrix}$

(2,2)-Matrix: Bei Matrizen vom Rang < 3 kommt die Adjunkte nicht vor. Determinante und inverse Matrix der (2,2)-Matrix auswendig lernen!

Determinante $DetA = |A|$

Beschreibung, Erklärung: Die Determinante einer Matrix ist eine reelle Zahl, die von den Elementen der Matrix abhängt. Die Determinante benötigt man für fast alle Rechenprobleme mit Matrizen. Man muss die Determinante einer (2,2)- und einer (3,3)-Matrix bestimmen können.

(3,3)-Matrix:

$\begin{vmatrix} a_{11} & a_{12} & a_{13} \\ a_{21} & a_{22} & a_{23} \\ a_{31} & a_{32} & a_{33} \end{vmatrix} = |A| = detA$

$detA = a_{11} \cdot a_{22} \cdot a_{33} + a_{12} \cdot a_{23} \cdot a_{31} + a_{13} \cdot a_{21} \cdot a_{32} - a_{13} \cdot a_{22} \cdot a_{31} - a_{11} \cdot a_{23} \cdot a_{32}$
$\qquad - a_{12} \cdot a_{21} \cdot a_{33}$

(2,2)-Matrix: Bei Abbildungen ist die (leicht merkbare) Determinante wichtig:

$Det\, A = \begin{vmatrix} a_1 & b_1 \\ a_2 & b_2 \end{vmatrix} = a_1 b_2 - a_2 b_1$

4 Lineare Algebra und analytische Geometrie

Inverse Matrix A^{-1}

Beschreibung, Erklärung: Die inverse Matrix von A heißt A^{-1}. Es gilt $A \cdot A^{-1} = A^{-1} \cdot A = E$.
Eine inverse Matrix von A existiert, wenn $Det\, A \neq 0$ ist. Eine (n, n)-Matrix hat eine inverse Matrix, wenn $Rang\, A = n$.
Die Bestimmung der inversen Matrix geht über die Adjunkte. A_{ij} ist die zu a_{ij} gehörige Adjunkte von $Det\, A$.

(3,3)-Matrix: Bei (3,3)-Matrix gilt:
$$A^{-1} = \frac{1}{Det\, A} \cdot \begin{pmatrix} A_{11} & A_{12} & A_{13} \\ A_{21} & A_{22} & A_{23} \\ A_{31} & A_{32} & A_{33} \end{pmatrix} \Rightarrow \checkmark$$

(2,2)-Matrix: Auf jeden Fall müssen Sie die inverse Matrix einer (2,2)-Matrix kennen!
- 1. Diagonale: Vorzeichen ändern
- 2. Diagonale: Elemente tauschen
- durch $Det\, A$ dividieren

$$A = \begin{pmatrix} a_1 & b_1 \\ a_2 & b_2 \end{pmatrix}; \quad A^{-1} = \frac{1}{|A|} \begin{pmatrix} b_1 & -b_1 \\ -a_2 & a_1 \end{pmatrix}$$

Rang einer Matrix

Beschreibung, Erklärung: Der Rang einer Matrix ist die Maximalzahl der linear unabhängigen Zeilen- bzw. Spaltenvektoren. Beide maximalen Zahlen stimmen überein.

(3,3)-Matrix: Der Rang ist ≤ 3.

(2,2)-Matrix: Der Rang ist ≤ 2.

Summe und Differenz

Beschreibung, Erklärung: Grundsätzlich können nur Matrizen, die in der Zeilen- und Spaltenzahl gleich sind, verknüpft werden. $A \pm B = C$ mit $c_{ij} = a_{ij} \pm b_{ij}$; man addiert (subtrahiert) die an gleicher Stelle stehenden Elemente.

(3,3)-Matrix: $\begin{pmatrix} 1 & 4 & 3 \\ 2 & -1 & -2 \\ 3 & -1 & 10 \end{pmatrix} + \begin{pmatrix} -1 & 2 & -1 \\ -1 & 2 & 3 \\ 0 & 3 & -5 \end{pmatrix} = \begin{pmatrix} 0 & 6 & 2 \\ 1 & 1 & 1 \\ 3 & 2 & 5 \end{pmatrix}$

(2,2)-Matrix: $\begin{pmatrix} -2t & 3 \\ t & -t \end{pmatrix} + \begin{pmatrix} t & 2 \\ 1 & -t \end{pmatrix} = \begin{pmatrix} -t & 5 \\ t-1 & -2t \end{pmatrix}$

Skalarmultiplikation

Beschreibung, Erklärung: Wird eine Matrix mit einem Skalar (also für Sie mit einer reellen Zahl) multipliziert, so wird jedes Element der Matrix mit dieser Zahl multipliziert.

(3,3)-Matrix: $(-2) \cdot \begin{pmatrix} 1 & 4 & 3 \\ 2 & -1 & -2 \\ 3 & -1 & 10 \end{pmatrix} = \begin{pmatrix} -2 & -8 & -6 \\ -4 & 2 & 4 \\ -6 & 2 & 20 \end{pmatrix}$

(2,2)-Matrix: $t \cdot \begin{pmatrix} t & -t \\ -2 & 3 \end{pmatrix} = \begin{pmatrix} t^2 & -t^2 \\ -2t & 3t \end{pmatrix}$

Produkt von Matrizen

Beschreibung, Erklärung: Führt man zwei Abbildungen hintereinander aus (Verkettung), so berechnet sich die Abbildungsgleichung über das Produkt der dazugehörigen Matrizen.

(3,3)-Matrix: $A \cdot B = C$ mit $c_{ij} = a_{i1} \cdot b_{1j} + \ldots a_{in} \cdot b_{nj}$; $(\ldots) \cdot \begin{pmatrix} \vdots \\ \vdots \end{pmatrix} = \begin{pmatrix} \boldsymbol{+} \end{pmatrix}$

(2,2)-Matrix: $\begin{pmatrix} 2 & -3 \\ 1 & 2 \end{pmatrix} \cdot \begin{pmatrix} -2 & -4 \\ 3 & 1 \end{pmatrix} = \begin{pmatrix} -4 & -9 & -8 & -3 \\ -2 & +6 & -4 & +2 \end{pmatrix} = \begin{pmatrix} -14 & -11 \\ 4 & -2 \end{pmatrix}$

(2,2)-Regeln

Beschreibung, Erklärung: Nur bei den Abbildungen (und damit nur bei den (2,2)-Matrizen) gilt:

(3,3)-Matrix: –

(2,2)-Matrix: $(A \cdot B)^{-1} = B^{-1} A^{-1}$; $A^{-n} = (A^{-1})^n$

Im Allgemeinen gilt: $AB \neq BA$.

4.4.4 Übersicht zu linearen Gleichungssystemen, Vektorgleichung und Matrixenrechnung

Die folgenden Schreibweisen, Aussagen und Sätze sind (sofern sie in demselben Unterpunkt stehen) gleichwertig und austauschbar. Vorschlag zur Lösung (bei jeder Schreibweise!): Umschreiben in LGS und mit Gauß-Verfahren (→ Seite 101 f.) lösen.

Lineares Gleichungssystem (LGS)

Schreibweise: für m Gleichungen mit n Variablen:

$$\begin{array}{lllll}
a_{11}x_1 & + & a_{12}x_2 & + & \ldots\ a_{1n}x_n = b_1 \\
a_{21}x_1 & + & a_{22}x_2 & + & \ldots\ a_{2n}x_n = b_2 \\
& & & \vdots & \\
a_{m1}x_1 & + & a_{m2}x_2 & + & \ldots\ a_{mn}x_n = b_m
\end{array}$$

Zahlenbeispiel: LGS mit drei Gleichungen und drei Variablen:

$$\begin{array}{rcl}
-2x_1 + 2x_2 + 7x_3 & = & 11 \\
3x_1 - 10x_2 - 3x_3 & = & 3 \\
x_1 + 3x_2 + 10x_3 & = & 0
\end{array}$$

Bezeichnungen: x_i heißen Variablen; a_{ij} heißen Koeffizienten; a_{ij} ist der Koeffizient vor der j-ten Variablen in i-ter Gleichung.

Zusammenhänge: Die Gleichungen sind voneinander unabhängig. Anzahl der Gleichungen = Anzahl der Variablen.

4 Lineare Algebra und analytische Geometrie

Spezialfall mit $b_1 = b_2 = \ldots b_n = 0$ **bzw.** $b = 0$: Gilt $b_1 = b_2 = \ldots b_3 = 0$, so heißt das LGS homogenes LGS. Ein homogenes LGS hat mindestens die triviale Lösung $(0|0|\ldots 0)$. Beim homogenen LGS ist jedes Vielfache einer Lösung wieder eine Lösung und die Summe zweier Lösungen auch wieder eine Lösung.
Ein homogenes LGS hat eine oder unendliche viele Lösungen. Die Menge der Lösungen bildet einen Vektorraum: den Lösungsraum.

Allgemeiner Fall, Lösbarkeit: Ist mindestens ein $b_i \neq 0$, so ist das LGS inhomogen. Ein inhomogenes LGS ist eindeutig lösbar, wenn das homogene LGS nur die triviale Lösung hat. Ist eine Lösung bekannt, so kennt man alle: jede Lösung des homogenen LGS plus die bekannte Lösung.

Die Lösungen bilden keinen Vektorraum: Die triviale Lösung, also das neutrale Element, fehlt.

Vektorgleichung (VG)

Schreibweise:
$$\vec{a}_1 x_1 + \vec{a}_2 x_2 + \ldots + \vec{a}_n x_n = b \text{ mit } a_i = \begin{pmatrix} a_{11} \\ a_{21} \\ \vdots \\ a_{m1} \end{pmatrix} x_1 + \begin{pmatrix} a_{12} \\ a_{22} \\ \vdots \\ a_{m2} \end{pmatrix} x_2 + \ldots + \begin{pmatrix} a_{1n} \\ a_{2n} \\ \vdots \\ a_{mn} \end{pmatrix} x_n = \begin{pmatrix} b_1 \\ b_2 \\ \vdots \\ b_m \end{pmatrix}$$

Zahlenbeispiel: Vektorgleichung mit Vektoren aus $\mathbb{R}^3$:
$$\begin{pmatrix} -2 \\ 3 \\ 1 \end{pmatrix} x_1 + \begin{pmatrix} 2 \\ -10 \\ 3 \end{pmatrix} x_2 + \begin{pmatrix} 7 \\ -3 \\ 10 \end{pmatrix} x_3 = \begin{pmatrix} 11 \\ 3 \\ 0 \end{pmatrix}$$

Bezeichnungen: x_i heißen Koeffizienten oder Koordinaten der Vektoren und sind reelle Zahlen.

Zusammenhänge: Die Vektoren sind linear unabhängig.

Spezialfall mit $b_1 = b_2 = \ldots b_n = 0$ **bzw.** $b = 0$: $\vec{b}$ ist Nullvektor $\vec{0} = \begin{pmatrix} 0 \\ 0 \\ 0 \end{pmatrix}$.

Die Vektorgleichung hat mindestens eine Lösung:
Alle Koeffizienten sind $=0$ ($x_1 = x_2 = \ldots x_n = 0$). Sind die Vektoren $\vec{a}_1, \vec{a}_2, \ldots \vec{a}_n$ linear abhängig, so existieren weitere Lösungen der Vektorgleichung.

Allgemeiner Fall, Lösbarkeit: Lösungen existieren, wenn $\vec{b}$ als Linearkombination der Vektoren $\vec{a}_1, \vec{a}_2, \ldots \vec{a}_n$ darstellbar ist, das heißt:
$\{\vec{b}, \vec{a}_2, \ldots \vec{a}_n\}$ sind linear abhängig.
Sind die Vektoren $\vec{a}_1, \ldots \vec{a}_n$ linear abhängig, gibt es ∞ viele Lösungen.

Matrizenrechnung (MR)

Schreibweise: Erweiterte Matrix (A/b), eine $(m, n + 1)$ Matrix:

$$\begin{pmatrix} a_{11} & a_{12} & \ldots & a_{1n} & = & b_1 \\ a_{21} & a_{22} & \ldots & a_{2n} & = & b_2 \\ & & \vdots & & & \\ a_{m1} & a_{m2} & \ldots & a_{mn} & = & b_m \end{pmatrix}$$

Zahlenbeispiel: (3,4)-Matrix (ebenfalls eine erweiterte Matrix):

$$\begin{pmatrix} -2 & 2 & 7 & 11 \\ 3 & -10 & -3 & 3 \\ 1 & 3 & 10 & 0 \end{pmatrix}$$

Bezeichnungen: Die Anzahl der linear unabhängigen Zeilen ist gleich der Anzahl der linear unabhängigen Spalten und heißt Rang der Matrix.

Zusammenhänge: Die Determinante der Matrix ist ungleich null. Die einfache Matrix A ist quadratisch.

Spezialfall mit $b_1 = b_2 = \ldots b_n = 0$ **bzw.** $b = 0$: Die letzte Spalte besteht aus lauter Nullen und entfällt damit. Es entsteht die einfache Matrix A:

$$\begin{pmatrix} a_{11} & a_{12} & \ldots & a_{1n} \\ a_{21} & a_{22} & \ldots & a_{2n} \\ & & \vdots & \\ a_{m1} & a_{m2} & \ldots & a_{mn} \end{pmatrix}$$

Eindeutig lösbar, wenn Rang $A = n$ (die eindeutige Lösung ist die triviale Lösung).
Rang $A < n \Rightarrow$ unendlich viele Lösungen.

Allgemeiner Fall, Lösbarkeit: Beim inhomogenen System (nicht alle b_i sind null) gilt:
Rang A = Rang $(A|b) = n \Rightarrow$ eindeutig lösbar.
Rang A = Rang $(A|b) < n \Rightarrow \infty$ viele Lösungen.
Rang $A <$ Rang $(A|b) \quad \Rightarrow$ keine Lösung.

4.4.5 Abbildungen

Die von der Mittelstufe her bekannten Abbildungen (Verschiebung, Spiegelung, Streckung, Drehung, ...) werden in der Oberstufe nicht mehr nur konstruiert, sondern algebraisch erfasst und berechnet. Dabei handelt es sich ausschließlich um Abbildungen der Zeichenebene auf sich selbst. Insbesondere kommen (im selben Koordinatensystem) Bild- und Urpunkte vor. Ich bezeichne die Urpunkte mit großen lateinischen Buchstaben, die zugehörigen Bildpunkte mit einem Strich. $A \to A'$.

Da nur ebene Figuren abgebildet werden, wird im $\mathbb{R}^2$ gearbeitet. Die Vektoren bestehen also aus zwei Zahlen.

Man unterscheidet zwischen den affinen Abbildungen (der Punktraum $\mathbb{R}^2$ wird in $\mathbb{R}^2$ abgebildet; jeder Punkt der »Ur-Ebene« hat einen eindeutig festgelegten Bildpunkt in der Bild-Ebene), und der dazugehörigen linearen Abbildung (jeder Vektor der Ebene hat einen eindeutigen Bildvektor in der Ebene).

4 Lineare Algebra und analytische Geometrie

Man muss streng zwischen affinen und linearen Abbildungen unterscheiden. Jede affine Abbildung induziert (bedingt) eindeutig eine Vektorabbildung, bei der die Verschiebungen entfallen, da zwei Vektoren gleich sind, wenn sie in Richtung und Länge übereinstimmen (die Lage spielt dabei keine Rolle).

Umgekehrt wird die zugehörige Vektorabbildung benutzt, um bestimmte Fragen zur affinen Abbildung zu beantworten.

Meist benutzt man zur Beschreibung der Abbildungen die Matrixschreibweise.

Die Aufgaben innerhalb der Abbildungen sind nicht schwer und nicht vielfältig. Erleichternd kommt hinzu, dass in der Ebene gearbeitet wird, sodass die Skizzen sehr einfach und klar sind, dass es lediglich 2,2-Matrizen sind, die bearbeitet werden müssen und dass nur zwei lineare Gleichungen zu lösen sind.

Wenn man mit einer Abbildung »arbeiten« muss, ist es immer von Vorteil, wenn sie in der Koordinatendarstellung (zwei lineare Gleichungen) vorliegt.

Die wichtigsten Definitionen und Erläuterungen in alphabetischer Reihenfolge:

Charakteristische Gleichung: Ist $A = \begin{pmatrix} a_1 & b_1 \\ a_2 & b_2 \end{pmatrix}$ eine Vektorabbildung, so heißt die quadratische Gleichung $\begin{vmatrix} a_1 - k & b_1 \\ a_2 & b_2 - k \end{vmatrix} = 0 \Leftrightarrow k^2 - (a_1 + b_1)k + (a_1 b_2 - a_2 b_1) = 0$ die charakteristische Gleichung der Vektorabbildung.

Determinante D: Ist $D \neq 0$, so ist die Abbildung umkehrbar. Ist $|D| = 1$, so ist die Abbildung flächentreu.

Eigenraum: Von den Eigenvektoren und dem Nullvektor gebildeter Untervektorraum von $\mathbb{R}^2$.

Eigenvektoren: Ist k ein Eigenwert und gilt mit der Vektorabbildung A: $A\vec{v} = k\vec{v}$, so heißt $\vec{v}$ Eigenvektor zum Eigenwert k.

Eigenwerte: Lösungen der charakteristischen Gleichungen.

Fixgerade: Gerade bezüglich der Abbildung α, die auf sich selbst abgebildet wird. Ein Punkt kann auf einen anderen Punkt der Geraden abgebildet werden.

Fixpunkt: Punkt bezüglich der Abbildung α, der auf sich selbst abgebildet wird.

Fixpunktgerade: Gerade bezüglich der Abbildung α, auf der jeder Punkt auf sich selbst abgebildet wird (jeder Punkt ist Fixpunkt im Gegensatz zu einer Fixgeraden, bei der kein Punkt fest bleiben muss).

Invariantes Rechtwinkelpaar: Werden zwei Richtungen, die senkrecht aufeinander stehen, bezüglich der Abbildung α so abgebildet, dass die Bildrichtungen wieder rechtwinklig stehen, heißen die Richtungen »Rechtwinkelpaar« zu α. ($\vec{v} \perp \vec{u} \Rightarrow \alpha(\vec{v}) \perp \alpha(\vec{u}) \Rightarrow \vec{v}, \vec{u}$ ist invariantes Rechtwinkelpaar).

Jede affine Abbildung hat genau ein Rechtwinkelpaar.

Matrizenrechnung: Notwendige Begriffe und Verknüpfungen → Seite 159 ff.
Normalform: Ändert man die Basisvektoren (→ Seite 115), ändern sich auch die Koordinaten der Abbildungsgleichungen. Besonders einfach wird die Beschreibung, wenn die Eigenvektoren als Basisvektoren verwendet werden. Die affinen Abbildungen heißen Normalform, wenn sie folgende Form haben:

Bei zwei Eigenwerten (k, r):   Bei einem Eigenwert (k):   Ohne Eigenwert:

$\begin{pmatrix} k & 0 \\ 0 & r \end{pmatrix} + \begin{pmatrix} c_1 \\ c_2 \end{pmatrix}$ $\begin{pmatrix} k & 0 \\ 0 & k \end{pmatrix} + \begin{pmatrix} c_1 \\ c_2 \end{pmatrix}$ oder $\begin{pmatrix} k & 1 \\ 0 & k \end{pmatrix} + \begin{pmatrix} c_1 \\ c_2 \end{pmatrix}$ $\begin{pmatrix} a & -b \\ b & a \end{pmatrix} + \begin{pmatrix} c_1 \\ c_2 \end{pmatrix}$

4.4.6 Eigenschaften von Abbildungen

Affine Abbildung α

Beschreibung: Abbildung einer Ebene E auf sich selbst.
»Vereinfachte Schulversion«: Die im x_1-x_2-Koordinatensystem (entspricht dem x-y-System der Analysis) liegenden Punkte der Zeichenebene werden durch Vorschriften (Gleichungen) wieder auf Punkte derselben Ebene abgebildet.
Zusammenhang: Jede affine Abbildung induziert eine lineare Abbildung im Vektorraum der Verschiebungspfeile der Ebene.
Vektordarstellung: $\vec{x}' = x_1 \vec{a} + x_2 \vec{b} + \vec{c}$ oder $\begin{pmatrix} x_1 \\ x_2 \end{pmatrix}' = x_1 \begin{pmatrix} a_1 \\ a_2 \end{pmatrix} + x_2 \begin{pmatrix} b_1 \\ b_2 \end{pmatrix} + \begin{pmatrix} c_1 \\ c_2 \end{pmatrix}$
Koordinatendarstellung:
$x_1' = a_1 x_1 + b_1 x_2 + c_1 \qquad x_1' = -3x_1 + 2x_2 - 1$
$x_2' = a_2 x_2 + b_2 x_2 + c_2 \qquad x_2' = 4x_1 - 3x_2 + 5$
Matrixdarstellung: $\vec{x}' = A\vec{x} + \vec{c}$ mit $A = \begin{pmatrix} a_1 & b_1 \\ a_2 & b_2 \end{pmatrix}$; $\vec{x}' = \begin{pmatrix} -3 & 2 \\ 4 & -3 \end{pmatrix}$; $\vec{x} + \begin{pmatrix} -1 \\ 5 \end{pmatrix}$
Definition: Geometrische Definition: Eine geradentreue und umkehrbare Abbildung der Ebene auf sich heißt affine Abbildung oder Affinität.
Eigenschaften: Parallelentreu und teilverhältnistreu (Mitte bleibt Mitte; Gerade bleibt Gerade, parallel bleibt parallel), aber nicht winkeltreu und nicht längentreu.
Inverse Abbildung:

α^{-1}: $x = A^{-1}x' - a^{-1}c$ mit $A^{-1} = \begin{pmatrix} b_1 & -b_1 \\ -a_2 & a_1 \end{pmatrix}$: $(Det\,A)$

A^{-1} aus A mit
1. Diagonale: Vorzeichen ändern und
2. Diagonale: Elemente tauschen. Dann durch $Det\,A$ teilen.

Verkettung (Hintereinanderausführung):
$\alpha \circ \beta$ (α nach β): Mit α: $\vec{x}' = A\vec{x} + \vec{c}$ und β: $\vec{x}' = U\vec{x} + \vec{w}$ gilt:
$\alpha \circ \beta$ (α nach β): $\vec{x}' = AU\vec{x} + A\vec{w} + \vec{c}$; aber
$\beta \circ \alpha$ (β nach α): $\vec{x}' = UA\vec{x} + U\vec{c} + \vec{w}$.

4 Lineare Algebra und analytische Geometrie

Lineare Abbildung f

Beschreibung: Abbildung eines Vektorraums V auf einen Vektorraum U.
»Vereinfachte Schulversion«: Die Vektoren der Ebene werden auf Vektoren der Ebene abgebildet.
Zusammenhang: Lässt man bei der affinen Abbildung die »Verschiebung« (Abbildung des Ursprungs $(0|0)$) weg, erhält man die induzierte lineare Abbildung für die Vektoren der Ebene.
Vektordarstellung:
$\vec{x}' = x_1 \vec{a} + x_2 \vec{b}$ oder $\begin{pmatrix} x_1 \\ x_2 \end{pmatrix}' = x_1 \begin{pmatrix} a_1 \\ a_2 \end{pmatrix} + x_2 \begin{pmatrix} b_1 \\ b_2 \end{pmatrix}$
Koordinatendarstellung:
$x_1' = a_1 x_1 + b_1 x_2 \qquad x_1' = -3 x_1 + 2 x_2$
$x_2' = a_2 x_1 + b_2 x_2 \qquad x_2' = 4 x_1 - 3 x_2$
Matrixdarstellung: $\vec{x}' = A \vec{x}$ mit $A = \begin{pmatrix} a_1 & b_1 \\ a_2 & b_2 \end{pmatrix}$; $\vec{x}' = \begin{pmatrix} -3 & 2 \\ 4 & -3 \end{pmatrix} \vec{x}$
Definition: Die Vektorabbildung $f: V \to U$ heißt linear, wenn gilt:
$f(\vec{x} + \vec{y}) = f(\vec{x}) + f(\vec{y})$ und $r f(\vec{x}) = f(r \vec{x})$ für alle Vektoren $\vec{x}, \vec{y}$ und alle reellen Zahlen r.
Eigenschaften: Entsprechend der zugehörigen affinen Abbildung.
Inverse Abbildung: $f^{-1}: \vec{x} = A^{-1} x'$ mit $A^{-1} = \begin{pmatrix} b_1 & -b_1 \\ -a_2 & a_1 \end{pmatrix} : (a_{11} \cdot a_{22} - a_{12} \cdot a_{21})$
Verkettung (Hintereinanderausführung):
$f \circ g$ (f nach g): Mit $f: \vec{x}' = A \vec{x}$ und $g: \vec{x}' = U \vec{x}$ gilt:
$f \circ g$ (f nach g): $\vec{x}' = A U \vec{x}$; aber
$g \circ f$ (g nach f): $\vec{x}' = U A \vec{x}$.

4.4.7 Probleme bei Abbildungen

Konstruktion von Bildpunkten bei einer affinen Abbildung mit Achse s

Beschreibung: Gegeben ist eine Fixpunktgerade (Achse) s und ein Punkt P mit Bildpunkt P'. Gesucht: Bildpunkte von Urpunkten oder Figuren (die über einzelne Punkte abgebildet werden).
Ansatz: (PP') ist die Abbildungsrichtung und parallel zu (AA'), (BB'), ...
(AP) schneidet s im Fixpunkt F. $(P'F)$ schneidet Parallele zu (PP') durch A in A'.
Beispiel:

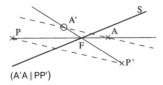

$(A'A \parallel PP')$

Konstruktion von Bildpunkten bei einer affinen Abbildung ohne eine Achse

Beschreibung: Es können nur die Eigenschaften
- parallelentreu
- verhältnistreu
- geradentreu

verwendet werden.

Ansatz: Kein stures Schema möglich. Zunächst versuchen die Achsen abzubilden. Dann die Geraden durch den Punkt parallel zu den Achsen.

Beispiel:

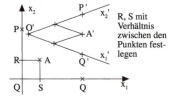

R, S mit Verhältnis zwischen den Punkten festlegen

Konstruktion einer Ellipse als affines Bild eines Kreises bei einer affinen Abbildung mit Achse s

Beschreibung: Man bestimmt das invariante Rechtwinkelpaar und erhält als Abbildung der Schnitte der Schenkel des rechten Winkels am Kreis, die Scheitel der Ellipse. Ist stur trainierbar.

Ansatz:
- Punkt M auf M' abbilden.
- Mittellot von MM' schneidet s in M_T.
- Kreis um M_T mit $r = \overline{M_T M}$ schneidet s in F_1 und F_2.
- $(F_1 M)$ schneidet Kreis in den Urpunkten der Ellipsenscheitel.
- Parallelen zu MM' durch die Urpunkte schneiden die Bildgeraden $(F_1 M')$ und $(F_2 M')$ in den Ellipsenscheiteln.

Beispiel:

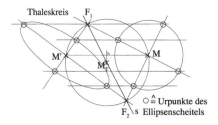

$\circ \stackrel{\wedge}{=}$ Urpunkte des Ellipsenscheitels

4 Lineare Algebra und analytische Geometrie

Bestimmung von Abbildungsgleichungen

Beschreibung: Drei Punktepaare bestimmen (wenn die Punkte nicht auf einer Geraden liegen) eindeutig eine affine Abbildung.

Ansatz: Allgemeiner Ansatz:

$x_1' = a_1 x_1 + b_1 x_2 + c_1$
$x_2' = a_2 x_2 + b_2 x_2 + c_2$

Einsetzen ergibt zwei lineare Gleichungssysteme, aus denen a_1, b_1, c_1 bzw. a_2, b_2, c_2 berechnet werden können.

Beispiel: Gegeben: $P(1|1) \to P'(6|1)$; $Q(-1|0) \to Q'(2|1)$; $R(2|-1) \to R'(3|7)$

$6 = a_1 + b_1 + c_1$	$1 = a_2 + b_2 + c_2$
$2 = -a_1 + c_1$	$1 = -a_2 + c_2$
$3 = 2a_1 - b_1 + c_1$	$7 = 2a_2 - b_2 + c_2$
$\Rightarrow a_1 = 1;\ b_1 = 2;\ c_1 = 3;$	$\Rightarrow a_2 = 2;\ b_2 = -2;\ c_2 = 1$

Berechnung von Eigenwerten

Beschreibung: Nur über die charakteristische Gleichung. Es gibt keinen, genau einen oder zwei Eigenwerte.

Ansatz: Bei der Abbildung $\begin{pmatrix} a_1 & b_1 \\ a_2 & b_2 \end{pmatrix}$ ist $k^2 - (a_1 + b_2)k + (a_1 b_2 - a_2 b_1) = 0$ die charakteristische Gleichung.

Beispiel: $\begin{pmatrix} 0{,}6 & 1 \\ 0{,}4 & 0 \end{pmatrix} \Rightarrow k^2 - 0{,}6k - 0{,}4 = 0 \Rightarrow k_{1,2} = \dfrac{0{,}6 + \sqrt{0{,}36 + 1{,}6}}{2} \Rightarrow k_1 = 1;\ k_2 = -0{,}4$

Berechnung von Eigenvektoren

Beschreibung: Eigenvektoren existieren nur, wenn es Eigenwerte gibt. Für jeden Eigenwert neu bestimmen.

Ansatz: Allgemeinen Vektor $\begin{pmatrix} v_1 \\ v_2 \end{pmatrix}$ abbilden und nach Eigenwert schauen:

$\begin{pmatrix} v_1 \\ v_2 \end{pmatrix}\begin{pmatrix} a_1 & b_1 \\ a_2 & b_2 \end{pmatrix} = k\begin{pmatrix} v_1 \\ v_2 \end{pmatrix}$

$\Leftrightarrow a_1 v_1 + b_1 v_2 = k v_1$
$\Leftrightarrow a_2 v_2 + b_2 v_2 = k v_2$

Beispiel: Mit $\begin{pmatrix} 0{,}6 & 1 \\ 0{,}4 & 0 \end{pmatrix}$ und dem Eigenwert $-0{,}4$:

$0{,}6 v_1 + v_2 = -0{,}4\, v_1$
$0{,}4 v_1 \quad\ \ = -0{,}4\, v_1$
$\Rightarrow v_1 = -v_2 \Rightarrow \begin{pmatrix} 1 \\ -1 \end{pmatrix}$

sind die Eigenvektoren.

Bestimmung von Fixpunkten

Beschreibung: Einfach die Bedingungen eines Fixpunktes überprüfen.
Es gibt keinen Fixpunkt, genau einen Fixpunkt oder eine ganze Fixpunktgerade.
Ansatz: $P(p_1|p_2)$ ist Fixpunkt, wenn er sich bezüglich einer affinen Abbildung nicht ändert:

$$\begin{pmatrix}p_1\\p_2\end{pmatrix}\begin{pmatrix}a_1 & b_1\\a_2 & b_2\end{pmatrix}+\begin{pmatrix}c_1\\c_2\end{pmatrix}=\begin{pmatrix}p_1\\p_2\end{pmatrix}=\begin{matrix}p_1\\p_2\end{matrix}\Leftrightarrow \begin{matrix}p_1 a_1+b_1 p_2+c_1=p_1\\p_1 a_2+b_2 p_2+c_2=p_2\end{matrix}$$

Beispiel: $\alpha: \begin{pmatrix}0,6 & 1\\0,4 & 0\end{pmatrix}+\begin{pmatrix}-2,4\\2,4\end{pmatrix}\Rightarrow$

$0,6 p_1 + p_2 + 2,4 = p_1$

$0,4 p_1 \qquad + 2,4 = p_2$

$\Rightarrow 0,4 p_1 - p_2 + 2,4 = 0$

$p_2 = 0,4 p_1 + 2,4 \quad (y = 0,4x + 2,4)$ ist Fixpunktgerade.

Bestimmung von Fixgeraden

Beschreibung: Kommen nur bei Eigenvektoren (als Richtungsvektoren) vor.
Existiert eine Fixpunktgerade, so ist jede Gerade von Urpunkt zu Bildpunkt parallel und Fixgerade.
Ansatz: Richtungsvektor muss ein Eigenvektor sein und ein beliebiger Punkt muss wieder auf der Geraden liegen.
Beispiel: $\vec{x} = \vec{p} + t\vec{u}$ ist Fixgerade, wenn $\vec{u}$ Eigenvektor ist und P' wieder auf der Geraden liegt.

Normalform

Beschreibung:

2 Eigenwerte 1 Eigenwert kein Eigenwert

$\begin{pmatrix}k_1 & 0\\0 & k_2\end{pmatrix} \qquad \begin{pmatrix}k & 0\\0 & k\end{pmatrix} \qquad \begin{pmatrix}a & -b\\b & a\end{pmatrix}$

Ansatz: Wählt man das Koordinatensystem so, dass ein Fixpunkt der neue Ursprung ist und die Eigenvektoren die neuen Richtungen sind, erhält man $\begin{pmatrix}k_1 & 0\\0 & k_2\end{pmatrix}$ bei zwei Eigenwerten.

Beispiel: Bei einem oder keinem Eigenwert nicht in dieser Kürze erklärbar, aber auch nicht so wichtig wie im Fall von zwei Eigenwerten.

5 Stochastik

Das Wort »Stochastik« kommt vom griechischen *stochasmos* und bedeutet eigentlich »Vermutung«. Im Lexikon steht allerdings unter stochastisch »zufallsbedingt, zufällig«. Im Prinzip sind beide Deutungen (so verschieden sie auch auf den ersten Blick klingen mögen) richtig.

Es ist wohl kein Zufall, dass die Wahrscheinlichkeitsrechnung mit der mathematischen Betrachtung eines Glücksspiels beginnt. Mitte des 17. Jahrhunderts wurde sie in Paris von Blaise Pascal begründet.

In vielen Schulen wird Stochastik erst in der Oberstufe gelehrt, sodass der Stoff sehr begrenzt und somit schnell umfassend wiederholbar ist. Die notwendigen Rechenfertigkeiten sind so minimal (rechentechnisch gibt es in diesem Teilgebiet selbst für schwächere Schülerinnen und Schüler keine Probleme), dass sich keine Wiederholung lohnt. Laut EPA (Einheitliche Prüfungsanforderungen) kann man vier große Blöcke unterscheiden, die zum Teilgebiet der Stochastik zu zählen sind:

Beschreibende Statistik

Inhalt und Problematik: Definitionen und Beschreibungen der Statistik; Maßzahlen zur Beschreibung; Grafische Darstellungen

Beschreibung und Einsatz: Eine Stichprobe (Datenmenge) muss sinnvoll aufgeschrieben und mittels weniger Zahlen gut beschrieben werden. Die Statistik dient auch zum Verständnis von empirisch gefundenen Theorien.

Beispiel: Aus der Befragung einiger Absolventen einer Abschlussklasse (Stichproben) werden Mittel (z. B. Arbeitsaufwand für Hausaufgaben) bestimmt.

Die Varianz gibt Auskunft über die Streuung.

Wahrscheinlichkeiten

Inhalt und Problematik: Ereignisalgebra; Verknüpfungen von Ereignissen; Definition und Begriff der Wahrscheinlichkeit mit den entsprechenden Berechnungen (Additionssatz, Multiplikationssatz, bedingte Wahrscheinlichkeiten)

Beschreibung und Einsatz: Von der textlichen Beschreibung zur Berechnung einfacher überschaubarer Wahrscheinlichkeitsprobleme. Zerlegung in lösbare Einzelschritte durch den Einsatz von Rechenfertigkeiten.

Beispiel: Wie groß ist die Wahrscheinlichkeit, beim Lotto 6 Richtige, 5 Richtige mit Zusatzzahl ... zu erzielen? Mit welcher Wahrscheinlichkeit haben in einer Klasse mit 20 Schülern zwei am selben Tag Geburtstag?

Zufallsvariablen und Verteilungen

Inhalt und Problematik: Zufallsvariablen mit Varianz und Erwartungswert; Binomialverteilung, Normalverteilung, Gesetz der großen Zahl

Beschreibung und Einsatz: Ein weit tieferer Einstieg in die Theorie. Die Theorie ganz bestimmter (wichtiger) Wahrscheinlichkeitsverteilungen und ihres Einsatzes.

Beispiel: Ein Handballspieler trifft bei einem Siebenmeter mit der Wahrscheinlichkeit von 0,8 ins Tor. Wie oft muss er werfen, damit er mit einer Wahrscheinlichkeit von mindestens 99 % 5 Tore erzielt?

Beurteilende Statistik

Inhalt und Problematik: Testen von Hypothesen; Signifikanztest; Fehler 1. und 2. Art; Risiken beim Testen

Beschreibung und Einsatz: Ziel des stochastischen Kurses. Insbesondere geht es um die Anwendung der Theorie in der Praxis und um die Grenzen dieser Theorie.

Beispiel: Ein Hersteller bietet Glühbirnen an, von denen maximal 5% defekt sind. Sie kaufen einen Karton mit 100 Stück, in dem 7 defekt sind. Hat der Hersteller gelogen? Schicken Sie die Ware zurück?

5.1 Beschreibende Statistik

Die wichtigsten Begriffe der beschreibenden Statistik werden alphabetisch geordnet vorgestellt. Die Bezeichnungen und Symbole sind nicht normiert. Wenn Sie zum Beispiel die Varianz in Ihrem Kurs mit einem anderen Buchstaben kennzeichnen, so ändern Sie dies bitte auf diesem Blatt.

Alle folgenden Beispiele beziehen sich auf eine Urliste, die durch zwanzigmaliges Würfeln entstand. Die Urliste hat damit 20 Stichproben $x_1, x_2, ..., x_{20}$. Es fielen folgende Augenzahlen: 2, 6, 6, 1, 2, 5, 3, 4, 4, 1, 6, 5, 2, 3, 1, 1, 1, 2, 5, 6.

Absolute Häufigkeit

Beschreibung: Tritt beim n-maligen Durchführen eines Experiments die Ausprägung a_i n_i-mal auf, heißt n_i die absolute Häufigkeit von a_i.

Erläuterung: Die absoluten Häufigkeiten werden meist mit n_i bezeichnet. Die Summe aller absoluten Häufigkeiten ist die Anzahl n der Stichproben.

Beispiel: Mit obiger Urliste (20 Stichproben) gilt:

$n_1 = 5$; $n_2 = 4$; $n_3 = 2$; $n_4 = 2$; $n_5 = 3$; $n_6 = 4$.

n_i bedeutet: Anzahl der Stichproben mit der Augenzahl i.

5 Stochastik

Ausprägung
Beschreibung: Beim Beobachten eines Zufallsexperiments heißt jeder mögliche Ausgang eine Ausprägung des Experiments.
Erläuterung: Angegeben in kleinen lateinischen Buchstaben mit Index $a_1, a_2, \ldots a_n$.
Beispiel: Zufallsexperiment ist das Würfeln. Das zu beobachtende Merkmal sei die Augenzahl. Dann gibt es 6 Ausprägungen: $a_1 = 1$; $a_2 = 2$; $a_3 = 3$; $a_4 = 4$; $a_5 = 5$; $a_6 = 6$.

Mittelwert (Durchschnitt)
Beschreibung: Der Mittelwert ist das arithmetische Mittel: Summe aller Stichprobenwerte durch Anzahl der Stichproben.
Erläuterung: $\bar{x} = \frac{1}{n} \sum_{i=1}^{n}$ ausgeschrieben: $\bar{x} = \frac{1}{n}(x_1 + x_2 + \ldots + x_n)$
Beispiel: $\bar{x} = \frac{1}{20}(2 + 6 + 6 + \ldots + 6) = \frac{1}{20} \cdot 66 = 3{,}3$

Relative Häufigkeit
Beschreibung: Quotient der absoluten Häufigkeit durch die Anzahl der Stichproben (Summe aller n_i).
Erläuterung: Relative Häufigkeiten werden meist mit h_i bezeichnet. Relative Häufigkeiten sind immer vergleichbar.
Beispiel: $h_1 = \frac{5}{20}$; $h_2 = \frac{4}{20}$; $h_3 = \frac{2}{20}$; $h_4 = \frac{2}{20}$; $h_5 = \frac{3}{20}$; $h_6 = \frac{4}{20}$

Standardabweichung
Beschreibung: Quadratwurzel aus der Varianz (Wurzel aus der Summe der Quadrate der Differenzen zum Mittelwert).
Erläuterung: Bezeichnung der Standardabweichung: $\bar{s}$ oder σ.
$$\bar{s} = \sqrt{\bar{s}^2} = \sqrt{\sum_{i=1}^{n}(x_i - \bar{x})^2}$$
Beispiel: $\bar{s} = \sqrt{3{,}65} \approx 1{,}91$

Varianz/Streuung
Beschreibung: Maß für die Streuung (»Entfernung vom Mittelwert«): Man addiert die Quadrate der Differenzen und teilt durch die Anzahl der Stichproben.
Erläuterung: Bezeichnung der Varianz: meist $V(x)$, $\bar{s}^2$ oder σ^2.
$$\bar{s}^2 = \frac{1}{n} \sum_{i=1}^{n}(x_i - \bar{x})^2 = \frac{1}{n}[(x_1 - \bar{x})^2 + (x_2 - \bar{x})^2 + \ldots + (x_n - \bar{x})^2]$$
Beispiel: $\bar{s}^2 = \frac{1}{20}[(2 - 3{,}5)^2 + \ldots (6 - 3{,}5)^2] + \frac{73}{20} = 3{,}65$

Zentralwert

Beschreibung: Ordnet man die Stichproben, so ist der Zentralwert der Wert, der nicht mehr als die Hälfte vor und nicht mehr als die Hälfte hinter sich hat.

Erläuterung: Der Zentralwert ist in der Regel vom Mittelwert verschieden. Nicht verwechseln!

Beispiel: Geordnete Stichprobenwerte:

1, 1, 1, 1, 1, 2, 2, 2, 2, 3, 3, 4, 4, 5, 5, 5, 6, 6, 6, 6
                    ↑
                Zentralwert ist 3.

5.1.1 Grafische Darstellungen

Sowohl bei den statistischen Verteilungen als auch bei den Wahrscheinlichkeitsverteilungen kann man grafische Darstellungen verwenden. Grafische Darstellungen sind in der Regel nicht sehr genau (Ablesegenauigkeit!), aber dafür anschaulich.

Es gibt verschiedene Darstellungsmöglichkeiten; welche Sie wählen, ist stark von den Daten, von der Aufgabenstellung und natürlich von Ihnen abhängig.

- **In sich geschlossene Darstellungen:**

Sie werden meist bei Vergleichen untereinander gewählt, wenn die einzelnen Blöcke nicht metrisch geordnet werden können (wie zum Beispiel Farben).

Von 100 Schülern der Schule A wählten 60 als 1. Fremdsprache Englisch, 20 Französisch, 10 Latein und 10 Russisch.

Kreisdiagramm   Säulendiagramm   Piktogramm

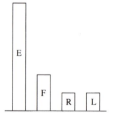

- **Darstellungen im Koordinatensystem:**

Da die *x*-Achse eine Skala trägt, müssen die verschiedenen Blöcke metrisch zu ordnen sein.

100 Schüler wurden nach ihrem Gewicht (auf volle kg gerundet) befragt. Es ergab sich folgende Verteilung:

Gewicht	38	39	40	41	42
Anzahl der Schüler	5	10	40	25	30

5 Stochastik

Punktuelle Eintragung in das Koordinatensystem

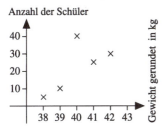

Schaubild mit Extrempunkten durch Verbindung der Punkte

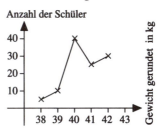

Mit der Breite 1 als Balken gezeichnet

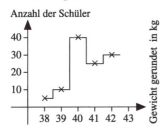

»Abgerundeter Graph«, um Zwischenwerte anzudeuten

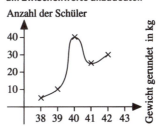

5.2 Wahrscheinlichkeitsrechnung

Bernoulli-Experiment: Experiment, das genau zwei Ergebnisse e_1, e_2 hat. Häufige Bezeichnung für die Ereignisse: 0 und 1 oder Treffer und Niete.

Sätze von De Morgan: $\overline{(A \cup B)} = \overline{A} \cap \overline{B}$ und $\overline{(A \cap B)} = (\overline{A} \cup \overline{B})$.

Die Sätze von De Morgan sind sehr wichtig. Es gibt Probleme, die nur über das Gegenereignis lösbar sind. Außerdem wechselt man mit den Sätzen von De Morgan vom Additionssatz der Wahrscheinlichkeitsrechnung zum Multiplikationssatz und umgekehrt!

Elementarereignis: Einelementige Teilmenge der Ausgangsmenge eines Zufallsexperiments.

Ereignis: Jede Teilmenge der Ausgangsmenge (Menge aller möglichen Ausgänge) eines Zufallsexperiments heißt Ereignis.

Ereignisalgebra: Algebra mit Mengen und den (mengentheoretischen) Verknüpfungen. Mit ihr werden Ereignisse vor der Berechnung der entsprechenden Wahrscheinlichkeit verknüpft.

Gegenereignis: Ereignis $\overline{A}$, das eintritt, wenn A nicht eintritt. Es gilt insbesondere: $P(A \cup \overline{A}) = 1$ und $P(A \cap \overline{A}) = 0$.

Laplace-Experiment: Experiment, bei dem alle Elementarereignisse dieselbe Wahrscheinlichkeit haben (Gleichverteilung).

Sicheres Ereignis: Ereignis, das auf jeden Fall eintritt (zum Beispiel beim Werfen eines Würfels eine Augenzahl < 10). Es gilt $P(E) = 1$.

Stichprobe: Unter einer Stichprobe vom Umfang n versteht man das n-malige Durchführen eines Zufallsexperiments. Dabei muss die Beobachtung nicht praktisch durchgeführt werden. Auch rein »theoretische Beobachtungen« sind möglich.

Unabhängigkeit: Zwei Ereignisse A und B heißen voneinander unabhängig, wenn $P_A(B) = P(B)$ und damit auch $P_B(A) = P(A)$ gilt. Mit anderen Worten: Ganz gleich, wie das Experiment mit B ausgeht, die Wahrscheinlichkeit für A bleibt gleich (wird nicht vom Ausgang von B beeinflusst).

Unmögliches Ereignis: Ereignis, das in keinem Fall eintritt $(P(E) = 0)$, zum Beispiel beim Werfen eines Würfels die Augenzahl null.

Unvereinbarkeit: Die Ereignisse A und B heißen unvereinbar, wenn der Schnitt leer ist. ($A \cap B = \emptyset$). Das heißt, dass es kein Elementarereignis gibt, das sowohl in A als auch in B ist.

Verneinung: Bei den Ereignissen ist »nicht A« das Gegenereignis zu A (Bezeichnung: $\overline{A}$). Nicht A heißt die Verneinung von A. Es gilt $\overline{\overline{A}} = A$.

Wahrscheinlichkeit: Eine Wahrscheinlichkeit $P(E)$ ist eine reelle Zahl, die dem Ereignis E durch $P(E) = P(E_1) + \ldots + P(E_k)$ zugeordnet ist, wenn $E = E_1 \cup \ldots \cup E_k$ gilt und P eine Wahrscheinlichkeitsverteilung ist.

Wahrscheinlichkeitsverteilung: Funktion, die jedem Ereignis E genau eine Zahl $P(E)$ (die Wahrscheinlichkeit heißt) zuordnet, mit folgenden Eigenschaften: Für jedes Elementarereignis E_i gilt: $P(E_i) \geq 0$ und die Summe aller $P(E_i)$ ist eins.

Zufallsexperiment: Das Beobachten eines zufälligen Ereignisses (»mit ungewissem Ausgang«) heißt Durchführen eines Zufallsexperiments.

Zufallsgröße: Funktion, die jedem Ausgang a_i eines Zufallsexperiments eine reelle Zahl zuordnet. Im Gegensatz zur Wahrscheinlichkeit muss diese Zahl nicht zwischen 0 und 1 liegen.

Zufallsvariable: Anderes Wort für Zufallsgröße.

Bitte überblättern Sie diese Aufzählung der unbedingt notwendigen Begriffe und Definitionen nicht, ohne sie zu lesen. Nicht alle Begriffe tauchen später nochmals auf.

5 Stochastik

5.2.1 Ereignisalgebra

Jede Teilmenge der Ausgangsmenge eines Zufallsexperiments heißt Ereignis. Innerhalb der Aufgabenstellungen spielt die Ereignisalgebra (z. B. Gesetze von De Morgan) eine wesentliche Rolle. Das Allerwichtigste ist die Umsetzung des sprachlichen Textes in die Ereignisalgebra und daraus in die Wahrscheinlichkeitsrechnung. $A, B, C, \ldots$ sind Ereignisse; $P(A)$, $P(B)$, $P(C)$ sind die entsprechenden Wahrscheinlichkeiten. Die Zusammenhänge regeln der Additions- und der Multiplikationssatz.

entweder … oder
Text mit Ereignis: entweder A oder B
Ereignisse: $(A \cap \overline{B}) \cup (\overline{A} \cap B)$ → Wenn A, dann B nicht; oder wenn B, dann A nicht. Keinesfalls beide oder keines.
Wahrscheinlichkeit: $P(A \cap \overline{B}) + P(\overline{A} \cap B) = P(A) \cdot P_A(\overline{B}) + P(\overline{A}) \cdot P_{\overline{A}}(B)$

genau eines
Text mit Ereignis: genau eines von A und B
Ereignisse: $(A \cap \overline{B}) \cup (\overline{A} \cap B)$ → Wenn A, dann B nicht; oder wenn B, dann A nicht. Keinesfalls beide oder keines.
Wahrscheinlichkeit: $P(A \cap \overline{B}) + P(\overline{A} \cap B) = P(A) \cdot P_A(\overline{B}) + P(\overline{A}) \cdot P_{\overline{A}}(B)$

höchstens eines
Text mit Ereignis: höchstens A oder B
Ereignisse: $\overline{A \cap B} = \overline{A} \cup \overline{B}$ → Keines der beiden oder A allein oder B allein.
Wahrscheinlichkeit: $P(\overline{A}) + P(\overline{B}) - P(\overline{A} \cap \overline{B})$

keins
Text mit Ereignis: keins von A und B
Ereignisse: $\overline{A} \cap \overline{B}$ → Nicht A und gleichzeitig nicht B.
Wahrscheinlichkeit: $P(\overline{A}) \cdot P_{\overline{A}}(\overline{B})$ oder $P(\overline{B}) \cdot P_{\overline{B}}(\overline{A})$

mehr als eines
Text mit Ereignis: mehr als A oder B
Ereignisse: $A \cap B$ → Also beide: A und B.
Wahrscheinlichkeit: $P(A) \cdot P_A(B)$ oder $P(B) \cdot P_B(A)$

mindestens eines
Text mit Ereignis: mindestens A oder B
Ereignisse: $A \cup B$ → Entweder beide oder nur A oder nur B.
Wahrscheinlichkeit: $P(A) + P(B) - P(A \cap B)$

nicht alle
Text mit Ereignis: nicht A und B
Ereignisse: $\overline{A \cap B} = \overline{A} \cup \overline{B}$ → Keines der beiden. Oder A allein oder B allein.
Wahrscheinlichkeit: $P(\overline{A}) + P(\overline{B}) - P(\overline{A} \cap \overline{B})$

nur eines
Text mit Ereignis: nur eines von A und B
Ereignisse: $(A \cap \overline{B}) \cup (\overline{A} \cap B)$ → Dasselbe wie: Genau eines.
Wahrscheinlichkeit: $P(A \cap \overline{B}) + P(\overline{A} \cap B)$

oder
Text mit Ereignis: A oder B
Ereignisse: $A \cup B$ → A allein, B allein oder A und B.
Wahrscheinlichkeit: $P(A) + P(B) + P(A \cap B)$

ohne
Text mit Ereignis: A ohne B
Ereignisse: $A \cap \overline{B}$ → A tritt ein und gleichzeitig B nicht.
Wahrscheinlichkeit: $P(A) \cdot P_A(\overline{B})$

sowohl ... als auch
Text mit Ereignis: sowohl A als auch B
Ereignisse: $A \cap B$ → Beide: sowohl A als auch B.
Wahrscheinlichkeit: $P(A) \cdot P_A(B)$ oder $P(B) \cdot P_B(A)$

und
Text mit Ereignis: A und B
Ereignisse: $A \cap B$ → Beide: also A und B.
Wahrscheinlichkeit: $P(A) \cdot P_A(B)$ oder $P(B) \cdot P_B(A)$

weder ... noch
Text mit Ereignis: weder A noch B
Ereignisse: $\overline{A} \cap \overline{B} = \overline{A \cup B}$ → A nicht und gleichzeitig B nicht.
Wahrscheinlichkeit: $P(\overline{A}) \cdot P_{\overline{A}}(\overline{B})$ oder $P(\overline{B}) \cdot P_{\overline{B}}(\overline{A})$

weniger als zwei
Text mit Ereignis: weniger als A und B
Ereignisse: $\overline{(A \cap B)} = \overline{A} \cup \overline{B}$ → Höchstens eines. Also entweder A oder B oder keines der beiden.
Wahrscheinlichkeit: $P(\overline{A}) + P(\overline{B}) - P(\overline{A} \cap \overline{B})$

5 Stochastik

5.2.2 Kombinatorische Hilfen

Bei einem Laplace-Experiment (alle Elementarereignisse haben dieselbe Wahrscheinlichkeit) gilt für die Wahrscheinlichkeit des Ereignisses A:

$$P(A) = \frac{\text{Anzahl der für } A \text{ günstigen Versuchsausfälle}}{\text{Anzahl aller möglichen Versuchsausfälle}}$$

Mit dieser Definition (der klassischen Definition der Wahrscheinlichkeit) muss man ein gutes Stück in das mathematische Teilgebiet der Kombinatorik (Gebiet der »möglichen Anordnungen«) einsteigen.

Da permanent dieselben mathematischen Terme auftauchen, wurden allgemeingültige Abkürzungen eingeführt, an die Sie sich gewöhnen müssen. (Auch 🧮 und $\sqrt{}$ verwenden diese Abkürzungen).

- **$n!$**: $n! = 1 \cdot 2 \cdot 3 \cdot \ldots \cdot (n-1) \cdot n$
  Multiplikation aller Zahlen von 1 bis n. Sonderfall $0! = 1$
- $\binom{n}{k}$: $\binom{n}{k}$ sprich: »n über k« $= \frac{n!}{k!(n-k)!}$
- **n-tupel**: $(k_1|k_2|\ldots|k_n)$ ist eine geordnete Menge aus n Elementen. So bestehen zum Beispiel die Koordinaten eines Punktes in der Ebene aus einem 2-tupel $(x_1|x_2)$, die Punkte im Raum aus 3-tupeln $(x_1|x_2|x_3)$.
- **Permutationen**: Anordnungsmöglichkeit von n Elementen.
- **Kombinationen**: Zusammenstellung von k Elementen aus einer Menge von n Elementen ($n > k$). Ohne Wiederholung: k verschiedene Elemente werden ausgewählt. Mit Wiederholung: Bei den k ausgewählten Elementen können Wiederholungen (gleiche Elemente) vorkommen.
- **Variationen**: Kombinationen unter Berücksichtigung der Anordnung (»Reihenfolge ist wichtig«).

Notwendige Regeln zur Kombinatorik

- **Permutationen**:
  n verschiedene Elemente: $n!$
  m Gruppen mit $p_1, p_2, \ldots, p_m$ Elementen ($p_1 + p_2 + \ldots + p_m = n$): $\frac{n!}{p_1! \cdot p_2! \cdot \ldots \cdot p_n!}$
- **Variationen und Kombinationen**:
  Jeweils k Elemente aus einer Menge von n Elementen.

	ohne Wiederholungen	mit Wiederholungen
Variationen (mit Anordnung)	$\frac{n!}{(n-k)!}$	n^k
Kombinationen (ohne Anordnung)	$\binom{n}{k}$	$\binom{n+k-1}{k}$

- Regeln für $\binom{n}{k}$ ($n, k \in \mathbb{N}$; $n \geq k \geq 0$): $\binom{n}{0} = 1$; $\binom{n}{n} = 1$; $\binom{n}{1} = n$; $\binom{n}{k} = \binom{n}{n-k}$

Sie müssen die Berechnungen für $n!$ und $\binom{n}{k}$ schnell und sicher über den 🖩 (oder eine zugelassene Tabelle) ausführen können.
Deshalb einige Beispiele:

$6!$	$9!$	$1!$	$\binom{10}{3}$	$\binom{20}{7}$	$3! \cdot \binom{9}{7}$	$\binom{10}{2} \cdot 0{,}3^2$	$12! - 11!$	$\frac{2! + 3! + 4!}{5!}$	$0!$
720	362880	1	120	77520	216	4,05	439084800	$\frac{32}{120}$	1

5.2.3 Wahrscheinlichkeit

Unter der mathematischen Wahrscheinlichkeit versteht man heute eine Abbildung, die bestimmte Bedingungen erfüllt. Dies war nicht immer so und in der Schulmathematik greift man bei ganz bestimmten Problemen (bei Abzählbarkeiten, bei Gleichverteilungen, ...) auf die so genannte klassische Definition zurück.

Auch die statistische Definition sollte man kennen; die wohl schwierigsten Aufgaben des Teilgebietes treten in der beurteilenden Statistik auf. Deshalb werden im Folgenden drei grundverschiedene Definitionen des Begriffs »Wahrscheinlichkeit« erörtert.

Klassische Definition

Definition: $\frac{\text{Anzahl der günstigen Fälle}}{\text{Anzahl der möglichen Fälle}}$

Grundgedanke: Man geht davon aus, dass jeder Ausgang gleich wahrscheinlich ist. Dann überlegt man, welche (besser wie viele) der Ausgänge in dem Ereignis enthalten sind, dessen Wahrscheinlichkeit berechnet werden soll, und dividiert diese Zahl durch die Anzahl aller überhaupt möglichen Ausgänge.

Historisches: Die Definition entstand beim Versuch die Chancen bei Glücksspielen zu berechnen. Bei Glücksspielen waren die Ausgänge (mindestens in der Theorie) gleich wahrscheinlich, sodass die Wahrscheinlichkeit ein Problem der Abzählbarkeit, der Möglichkeiten, der Kombinatorik war.

Begründer: Bernoulli (1654–1705); Laplace (1749–1827)

Einsatz: Bei praktisch allen Problemen, deren Ausgänge gleich wahrscheinlich sind. Insbesondere bei Würfel, Los, Glücksrad, Urne, Karten, Lotto, Toto, Glücksspielautomat, zufälliger Auswahl von Werkstücken, ...

Vorteile: Einfach durchschaubar, über die kombinatorischen Hilfsmittel leicht berechenbar, übersichtlich, mit einem Baumdiagramm skizzierbar.

5 Stochastik

Nachteile: Nur anwendbar bei Gleichverteilung aller Ausgänge. Schon bei einem nicht idealen Würfel versagt die Theorie. Bei Verzahnungen, Abhängigkeiten und bedingten Wahrscheinlichkeiten ist selbst die Kombinatorik nicht mehr ganz so einfach.

Statistische Definition

Definition: Mit $h(E)$ als relativer Häufigkeit gilt für die Wahrscheinlichkeit P: $P(E) = X \lim_{n \to \infty} h(E)$. Die Wahrscheinlichkeit wird zum Grenzwert der relativen Häufigkeit nach unendlich vielen Experimenten. Die relative Häufigkeit kann empirisch bestimmt werden.

Grundgedanke: Die relativen Häufigkeiten sind recht leicht bestimmbar. Man kann »gemessene, beobachtete« Stichprobenwerte oder theoretisch erdachte verwenden. Der Zusammenhang zwischen der relativen Häufigkeit und der Wahrscheinlichkeit bietet sich für eine Definition praktisch an.

Historisches: Um 1900 wurde der Versuch unternommen die Wahrscheinlichkeit über den Bereich der Glücksspiele hinaus auf andere Gebiete anzuwenden. Es sollte mit den bekannten und gesicherten Erfahrungswerten (die dank der Forschungsarbeiten vieler Mathematiker vorhanden waren) gearbeitet werden.

Begründer: Mises (1883–1953)

Einsatz: Wird in der Schulmathematik so gut wie nicht eingesetzt. Dient nur dem Überblick und dem Grundverständnis, ist aber für Zusammenhänge und unter Umständen für die mündliche Prüfung wichtig.

Vorteile: Für die Schulmathematik keine, da auf diesem Gebiet kaum Grenzwertbetrachtungen gemacht werden.

Nachteile: Wird im Unterricht nicht behandelt, da die logische Präzision fehlt. Somit für Schülerinnen und Schüler nicht anwendbar.

Axiomatische (heutige) Definition

Definition: Die Wahrscheinlichkeit ist eine Abbildung des Ereignisraumes eines Zufallsexperiments mit den Elementarereignissen e_i in die Menge der reellen Zahlen mit:
- $P(e_i) \geq 0$ für alle i
- $P(e_1) = P(e_2) + \ldots + P(e_n) = 1$
- $P(E) = P(e_k) + \ldots + P(e_l)$,

wenn $E = \{e_k, \ldots e_l\}$ ist.

Grundgedanke: Diese Definition ist für alle Problembereiche gültig. Die Wahrscheinlichkeit kann für jedes Gebiet und für jede Verteilung und für jedes Problem entsprechend definiert werden. Es müssen lediglich die geforderten Eigenschaften erfüllt sein.

Historisches: Bereits wenige Axiome reichen aus, um eine logisch in sich stabile Theorie aufzubauen. Diese Theorie kam erst nach den praktischen Versuchen in neuen Gebieten (die Wahrscheinlichkeit wurde dank der Ausbreitung von Rechnern fast überall eingesetzt) richtig auf.
Begründer: Kolmogoroff (geb. 1903)
Einsatz: In allen Teilen der Schulmathematik, die nicht durch die Gleichverteilung abgedeckt werden (können). Auch bei Gleichverteilung kann mit den logischen Folgerungen der axiomatisierten Definition gearbeitet werden.
Vorteile: Logisch klar und widerspruchsfrei. Man verzichtet auf problemorientierte Definitionen und legt nur ganz bestimmte Eigenschaften fest, auf die sich aufbauen lässt.
Nachteile: Für praktisch veranlagte Schülerinnen und Schüler sehr theoretisch. Die Definition ist für die Schulmathematik eigentlich viel zu weit gespannt und bringt deshalb Probleme beim Vorstellungsvermögen.

5.2.4 Baumdiagramm und Pfadregel

Bei den mehrstufigen Experimenten (Hintereinanderausführung von Einzelexperimenten, die voneinander abhängen) ist zur Übersicht und zur Berechnung eine Skizze hilfreich. Zeichnet man bei jedem Experiment die möglichen Ausgänge auf, ergeben sich Verzweigungspunkte. Diese »Verästelungen« gaben der Skizze ihren Namen: **Baumdiagramm** oder Ereignisbaum. Oft genügt ein Teil der Skizze zur Problemlösung, sie muss gar nicht immer komplett gezeichnet werden.

Die Wahrscheinlichkeit eines Pfades ist gleich dem Produkt der einzelnen Wahrscheinlichkeiten auf den Teilstrecken des Pfades: **Pfadregel**. Damit kann man die Wahrscheinlichkeiten der einzelnen Experimente getrennt betrachten, was gedanklich ungleich einfacher ist.

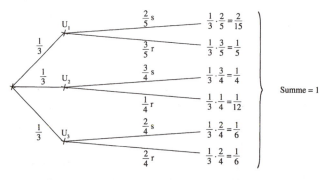

1. Experiment   **2. Experiment**   **Wahrscheinlichkeit**
(Wahl, Urne)   **(Zug, Kugel)**

5 Stochastik

Drei gleiche Urnen U_1, U_2, U_3, mit schwarzen (s) und roten (r) Kugeln in der Verteilung U_1: 2s, 3r / U_2: 3s, 1r / U_3: 2s, 2r stehen nebeneinander. Man greift zufällig in eine der Urnen und entnimmt zufällig genau eine Kugel.

Damit ist das Experiment beschrieben; ganz gleich, wonach gefragt wird (zum Beispiel nach der Wahrscheinlichkeit, dass es eine schwarze Kugel aus Urne 1 ist oder dass es eine rote Kugel ist oder …).
Die entsprechenden Wahrscheinlichkeiten können (als Multiplikation der einzelnen Wahrscheinlichkeiten), wie es die Pfadregel sagt, abgelesen werden. Auch Ereignisse wie »Kugel ist rot« können leicht bestimmt werden über den Additionssatz (→ Seite 185), zumal der Schnitt der einzelnen Äste leer ist, was ebenfalls aus dem Diagramm ablesbar ist.
Das Baumdiagramm (und damit auch die Berechnung über die Pfadregel) ist auch bei kombinatorischen Problemen anwendbar. Bei hoher Anzahl der Möglichkeiten genügt meist schon eine Teilskizze, die die Berechnung enorm erleichtert.

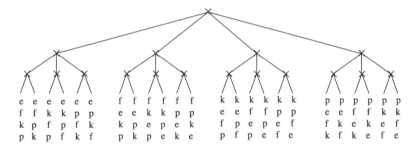

Vier verschiedene Bäume sollen vor das Rathaus gepflanzt werden: eine Eiche (e); eine Pappel (p); eine Kastanie (k) und eine Fichte (f).
Wie viele verschiedene Möglichkeiten der Anordnung gibt es (Anzahl der letzten Äste des Baumdiagramms) oder mit welcher Wahrscheinlichkeit fängt der Gärtner mit der Pappel an, wenn er die Reihenfolge zufällig auswählt.
Infolge der Gleichverteilung hat jeder Ast dieselbe Wahrscheinlichkeit.

Mit Baumdiagramm und Pfadregel haben Sie ein wertvolles und brauchbares, vielseitig einsetzbares und schnell herstellbares Hilfsmittel zur Verfügung. Eignen Sie sich im Training unbedingt die Handhabung an.

5.3 Berechnung von Wahrscheinlichkeiten

Bei Aufgaben der Wahrscheinlichkeitsrechnung ist in der Regel die Wahrscheinlichkeit für ein Ereignis A, das bei einer Durchführung eines Zufallsexperiments auftreten kann, gesucht.

Im Prinzip sind zwei ganz verschiedene Wege möglich. Es gibt Aufgaben, die nur über einen der Wege lösbar sind, und Aufgaben, die über beide Wege lösbar sind.

Leider gibt es kein »Kochrezept«, nach dem man sich stur richten könnte. Die Wahl des Weges ist absolut vom Problem und der gestellten Frage abhängig, wobei man nicht von einem »besseren« oder »schnelleren« Weg reden kann.

Weg 1

Wenn man bei dem vorgegebenen Experiment die Ereignismenge so bestimmen kann, dass eine Gleichverteilung bei den Elementarereignissen vorliegt (→ Beispiel »Bäumepflanzen« auf der vorigen Seite), bestimmt man die Wahrscheinlichkeit nach der »klassischen« Definition:

$$P(A) = \frac{\text{Anzahl der günstigen Fälle}}{\text{Anzahl der möglichen Fälle}}.$$

Die mathematischen Hilfsmittel muss man dann der Kombinatorik entnehmen (→ Seite 179). Sie sind in jeder $\sqrt{\ }$ enthalten, ungeübt aber sehr schlecht verwendbar.

Gehen Sie folgendermaßen vor:

Bestimmen Sie zunächst alle überhaupt möglichen Fälle. Diese Anzahl ist der Nenner des Bruches (»Anzahl der möglichen Fälle«). Dann gehen Sie davon aus, dass das Ereignis A eingetreten ist, und bestimmen unter dieser Voraussetzung alle dafür möglichen Fälle. Diese Anzahl ist der Zähler des Bruches (»Anzahl der günstigen Fälle«). Der Bruch selbst ist die Wahrscheinlichkeit für das Ereignis A. Trennen Sie vor der Bestimmung der Anzahlen die Mengen, die laut dem gesuchten Ereignis getrennt werden müssen!

Aus einer Klasse mit 20 Schülerinnen und Schülern werden durch Los drei Freiwillige für den Tafeldienst bestimmt. Wie groß ist die Wahrscheinlichkeit, dass Otto, Emil und Anne nicht dabei sind?

Es gibt bei dieser Aufgabe zwei verschiedene Mengen: Die Menge derer, die nicht dabei sein dürfen (Otto, Emil, Anne), und die Menge derer, aus der die Teilnehmer sein dürfen (der Rest der Schülerinnen und Schüler).

5 Stochastik

Trennen Sie die beiden Mengen! Aus der ersten Menge muss man kein, aus der zweiten Menge drei Elemente auswählen. Die Wahrscheinlichkeit ist:

$$\frac{\binom{3}{0}\binom{17}{3}}{\binom{20}{3}} = \frac{1 \cdot 680}{1140} = 0{,}597.$$

Weg 2

Ist die Wahrscheinlichkeit der Elemtarereignisse nicht gleich verteilt ($\rightarrow$ Beispiel »Urne-Kugel« auf der Seite 183), so müssen Sie aus dem Text eine Verteilung, die dem Problem entspricht, herausfinden.

Danach müssen Sie das Ereignis A mittels der Ereignisalgebra in einfache (leicht berechenbare) Ereignisse zerlegen. Am besten sind dabei natürlich die Elementarereignisse als Zerlegungen. Diese Zerlegungen werden in die Ereignisalgebra übertragen (Verknüpfungen: $\cap$ für »und« und $\cup$ für »oder«).

Dann setzen Sie diesen mengentheoretischen Teil mittels des Additionssatzes und des Multiplikationssatzes um. Es entstehen Terme, die nur reelle Zahlen zwischen 0 und 1 und als Verknüpfungen »mal« und »plus« haben.

Anton trifft beim Freiwurf im Basketball mit der Wahrscheinlichkeit von 0,9 den Korb. Mit welcher Wahrscheinlichkeit trifft er bei 2 Würfen mindestens einmal?
A_1 sei Treffer beim i-ten Wurf: $A = A_1$
$A_2 \Rightarrow P(A_1) + P(A_2) - P(A_1) \cdot P(A_2) = 0{,}9 + 0{,}9 - 0{,}9 \cdot 0{,}9 = 0{,}99$.

Die Beschreibung klingt möglicherweise kompliziert, weil Additions- und Multiplikationssatz erst später behandelt werden ($\rightarrow$ 5.3.1, Seite 185 und 5.3.3, Seite 188). Sollten Sie Verständnisschwierigkeiten haben, lesen Sie dort nach.

5.3.1 Additionssatz

Die Wahrscheinlichkeit eines Ereignisses A wird (laut Definition) als Addition der Wahrscheinlichkeiten der Elementarereignisse berechnet. Ganz klar, dass die Wahrscheinlichkeit des Ereignisses $C = (A \cup B)$ ebenfalls über die Elementarereignisse berechnet wird. Betrachtet man die Menge der Elementarereignisse und zeichnet ein Diagramm, so sieht man sofort, dass nicht immer $P(A \cup B) = P(A) + P(B)$ gelten kann.

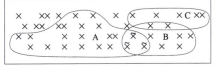

Bei dem linken Diagramm ist $A \cap C = 0$ aber $A \cap B \neq 0$, (Die mit $\tilde{x}$ bezeichneten Elementarereignisse liegen in A und in B.)

Jedes x sei nun ein Elementarereignis und wegen $P(A) = P(E_i) + \ldots + P(E_j)$ und $P(B) = P(E_k) + \ldots + P(E_l)$ müssen die Wahrscheinlichkeiten der Elementarereignisse der Ereignisse A und B addiert werden.

Dabei addiert man die mit $\tilde{x}$ bezeichneten Elementarereignisse zweimal. Einmal, weil sie in A, und einmal, weil sie in B liegen.
Die in beiden Ereignissen liegenden Elementarereignisse müssen damit einmal abgezogen werden, sodass auch sie nur einmal gezählt werden.

> **Allgemeiner Additionssatz**
> Für 2 beliebige Ereignisse A und B aus einem Ereignisraum gilt:
> $P(A \cup B) = P(A) + P(B) - P(A \cap B)$.
> Für 3 Ereignisse gilt:
> $P(A \cup B \cup C) = P(A) + P(B) + P(C)$
> $\quad - P(A \cap B) - P(A \cap C) - P(B \cap C) + P(A \cap B \cap C)$.

Für den Fall, dass der Schnitt der Ereignisse A und B leer ist, ergibt sich der spezielle Additionssatz (im Diagramm A und C):

> **Spezieller Additionssatz**
> Für 2 Ereignisse A und B mit $A \cap B = 0$ (damit liegt kein Elementarereignis in beiden Ereignissen) gilt: $P(A \cup B) = P(A) + P(B)$.

Eine Münze wird dreimal geworfen. Mit welcher Wahrscheinlichkeit fällt mindestens einmal Wappen? Es sei W_i im i-ten Wurf Wappen. Wegen der Gleichverteilung Wappen-Zahl gilt $P(W_i) = 0{,}5$.
Gesucht: $P(W_1 \cup W_2 \cup W_3)$
$P(W_1 \cup W_2 \cup W_3) = P(W_1) + P(W_2) + P(W_3) - P(W_1 \cap W_2) - P(W_1 \cap W_3)$
$\qquad - P(W_2 \cap W_3) + P(W_1 \cap W_2 \cap W_3)$
$\qquad = 0{,}5 + 0{,}5 + 0{,}5 - 0{,}5 \cdot 0{,}5 - 0{,}5 \cdot 0{,}5 - 0{,}5 \cdot 0{,}5 + 0{,}5 \cdot 0{,}5 \cdot 0{,}5$
$\qquad = 0{,}875$.

Für n Ereignisse $P(A_1 \ldots A_n)$ gilt: Vom bzw. zum Term $P(A_1) + \ldots + P(A_n)$ werden
- alle möglichen Paare $P(A_i A_j)$ abgezogen,
+ alle möglichen Tripel $P(A_i A_j A_k)$ addiert,
- alle möglichen 4-tupel $P(A_i A_j A_k A_l)$ abgezogen,
+ alle möglichen 5-tupel $P(A_i A_j A_k A_l A_m)$ addiert.
⋮

Die n-tupel mit geradem n werden abgezogen, die n-tupel mit ungeradem n werden addiert.

5.3.2 Bedingte Wahrscheinlichkeit

Kennt man von einem mehrstufigen Zufallsexperiment den Ausgang einer Stufe, so ändert dies die Wahrscheinlichkeitsverteilung des gesuchten Gesamtereignisses.

In einer Schulklasse sind 50 % der 14 Schüler und 25 % der 16 Schülerinnen im Orchester. Mit welcher Wahrscheinlichkeit ist ein zufällig ausgewähltes Klassenmitglied im Orchester?
Kaum ein Problem für die klassische Definition:

$$P(O) = \frac{\text{Anzahl der günstigen Fälle}}{\text{Anzahl der möglichen Fälle}} = \frac{11}{30} = 0{,}36.$$

Weiß man aber, dass die ausgewählte Person ein Junge war, so ändert dies die Wahrscheinlichkeit auf 0,5 (bei einem Mädchen auf 0,25), da ja 50 % der Schüler und 25 % der Schülerinnen für unseren Fall »günstig« sind.

Wenn A das Experiment »Junge-Mädchen« und B das Experiment »Orchester« ist, nennt man diese neue Wahrscheinlichkeit »die durch A bedingte Wahrscheinlichkeit von B«.

A und B seien zwei beliebige Ereignisse ungleich null. Dann ist

$P_A(B) = \frac{P(A \cap B)}{P(A)}$ die von A bedingte Wahrscheinlichkeit von B.

$P_B(A) = \frac{P(A \cap B)}{P(B)}$ die von B bedingte Wahrscheinlichkeit von A.

Erfahrungsgemäß passieren bei den bedingten Wahrscheinlichkeiten sehr häufig Denkfehler. Insbesondere fällt manchem die Unterscheidung der beiden Begriffe: $P_A(B)$ und $P(A \cap B)$ schwer.

$P_A(B)$ ist die Wahrscheinlichkeit des Ereignisses B unter den Umständen, dass A bereits eingetreten ist.
Wenn A eingetreten ist, zählen natürlich nur noch die Elementarereignisse von A. (Für alle anderen ist die Wahrscheinlichkeit ja null.)
Die Elementarereignisse erhalten durch das Eintreten von A eine ganz andere Wahrscheinlichkeit. $P_A(B)$ ist die Summe der nun neuen Wahrscheinlichkeiten der Elementarereignisse von B. $P(A \cap B)$ dagegen ist die Wahrscheinlichkeit, dass das Ereignis A eintritt und gleichzeitig das Ereignis B.
Es ist die Summe der Wahrscheinlichkeiten derjenigen Elementarereignisse, die sowohl in A als auch in B enthalten sind.

Das folgende Beispiel dient nicht zur Berechnung der Wahrscheinlichkeit, sondern zur Illustration der oben beschriebenen Unterscheidung.

Das Experiment sei das Werfen mit einem Würfel. Die Elementarereignisse sind die Anzahl der Augen (Gleichverteilung mit $P(E_i) = \frac{1}{6}$).
A sei das Ereignis: Augenzahl . 4; B sei das Ereignis: Primzahl.
Dann gilt:
$P(A \cap B) = \frac{1}{6}$: Es gibt nur eine Zahl (ein Elementarereignis), die sowohl Primzahl als auch > 4 ist: die Zahl 5.
$P_A(B) = \frac{1}{2}$: Man weiß, dass die Zahl > 4 ist. Damit werden die Wahrscheinlichkeiten der nun noch bleibenden Elementarereignisse zu $\frac{1}{2}$. Eines davon (die Zahl 5) ist Primzahl.
$P_A(B) = \frac{1}{3}$: Man weiß, es handelt sich um eine Primzahl. Die Wahrscheinlichkeiten der Elementarereignisse werden zu $\frac{1}{3}$. Eines davon (die Zahl 5) ist > 4.
Man sieht, dass die drei Wahrscheinlichkeiten $P(A \cap B)$; $P_A(B)$ und $P_B(A)$ verschieden sind. Bitte nicht vergessen!

5.3.3 Multiplikationssatz

Eine mathematische Umstellung der Definition der bedingten Wahrscheinlichkeit ergibt den **allgemeinen Multiplikationssatz** für zwei Ereignisse A und B:
$P(A \cap B) = P(A) \cdot P_A(B)$.
Ist die bedingte Wahrscheinlichkeit (meist ist sie theoretisch leicht herleitbar) bekannt, so kann damit die Wahrscheinlichkeit des Schnittes von A und B (in Worten: Ereignis A und Ereignis B) berechnet werden.
Das folgende Baumdiagramm zeigt alle Möglichkeiten bei einem zweistufigen Experiment auf. Der oberste Pfad ist der Multiplikationssatz.

$P(A \cap B) = P(A) \cdot P_A(B)$		Ereignisse A und B
$P(A \cap \overline{B}) = P(A) \cdot P_A(\overline{B})$		Ereignisse A und nicht B
$P(\overline{A} \cap B) = P(\overline{A}) \cdot P_{\overline{A}}(B)$		Ereignisse nicht A und B
$P(\overline{A} \cap \overline{B}) = P(\overline{A}) \cdot P_{\overline{A}}(\overline{B})$		Ereignisse nicht A und nicht B

Eine Urne enthält 2 rote und 3 schwarze Kugeln. Man zieht ohne Zurücklegen zweimal. Wie groß ist die Wahrscheinlichkeit, dass man zwei schwarze Kugeln zieht?

S_2: $\frac{3}{5} \cdot \frac{1}{2} = \frac{3}{10}$ $(s|s)$ erste und zweite Kugel schwarz

$\overline{S}_2$: $\frac{3}{5} \cdot \frac{1}{2} = \frac{3}{10}$ $(s|r)$ erste schwarz und zweite rot

S_2: $\frac{2}{5} \cdot \frac{3}{4} = \frac{3}{10}$ $(r|s)$ erste rot und zweite schwarz

$\overline{S}_2$: $\frac{2}{5} \cdot \frac{1}{4} = \frac{1}{10}$ $(r|r)$ beide nicht schwarz (beide rot)

5 Stochastik

Multiplikationssatz mit mehr als zwei Ereignissen
Für drei Ereignisse A_1, A_2, A_3 gilt:
$P(A_1 \cap A_2 \cap A_3) = P(A_1) \cdot P_{A_1}(A_2) \cdot P_{A_1 \cap A_2}(A_3)$.
Für n Ereignisse $A_1, A_2, \ldots; A_n$ gilt:
$P(A_1 \cap A_2 \cap \ldots \cap A_n) = P(A_1) \cdot P_{A_1}(A_2) \cdot P_{A_1 \cap A_2}(A_3) \cdot \ldots \cdot P_{A_1 \cap \ldots \cap A_{n-1}} \cdot P(A_n)$.

! Die Ereignisse A und B heißen voneinander unabhängig, wenn:
$P_A(B) = P(B)$ und damit auch $P_B(A) = P(A)$ gilt.

n Ereignisse sind unabhängig voneinander, wenn sie paarweise unabhängig voneinander sind und jedes Ereignis zusätzlich von allen Schnitten, die gebildet werden können, unabhängig ist.
Ändert sich die Wahrscheinlichkeit für B nicht, ganz gleich wie das Experiment von A auch ausgeht, so sind die Ereignisse A und B unabhängig.
Damit wird der Multiplikationssatz sehr einfach:

! **Spezieller Multiplikationssatz**
Für zwei unabhängige Ereignisse gilt: $P(A \cap B) = P(A) \cdot P(B)$.
Für n unabhängige Ereignisse gilt: $P(A_1 \cap A_2 \cap \ldots \cap A_n) = P(A_1) \cdot P(A_2) \cdot \ldots \cdot P(A_n)$.

Eine Münze wird viermal hintereinander geworfen. Wie groß ist die Wahrscheinlichkeit, dass viermal Zahl fällt?
Das Werfen einer Münze ist unabhängig vom vorigen Wurf der Münze. Es gilt also der spezielle Multiplikationssatz:
A_i sei das Ereignis i-ter Wurf ist Zahl. Dann gilt:
$P(A) = P(A_1 \cap A_2 \cap A_3 \cap A_4) = P(A_1) \cdot P(A_2) \cdot P(A_3) \cdot P(A_4) = 0{,}5^4 = 0{,}0625$.

5.3.4 Totale Wahrscheinlichkeit

Will man die Wahrscheinlichkeit von B berechnen, wobei es gleichgültig sei, ob A eintritt oder nicht, so gilt: $P(B) = P(A) \cdot P_A(B) + P(\overline{A}) \cdot P_{\overline{A}}(B)$.
Man berechnet die Wahrscheinlichkeit von B, wenn A eingetreten ist, und addiert die Wahrscheinlichkeit von B, wenn A nicht eingetreten ist, hinzu. Der Schnitt von A und $\overline{A}$ ist leer, sodass der spezielle Additionssatz auf jeden Fall richtig ist. Führt man diesen Gedankengang mit einer vollständigen Zerlegung von S in n Ereignisse $A_1, \ldots A_n$ durch $(A_1 \cup A_2 \cup \ldots \cup A_n = S$ und $A_1 \cap A_2 \ldots \cap A_n = \emptyset)$, erhält man den Satz von der totalen Wahrscheinlichkeit:

Totale Wahrscheinlichkeit
Gilt für die Ergebnismenge S: $A_1 \cup A_2 \cup ... \cup A_n = S$ und $A_i \cap A_j = \emptyset$ ($i \neq j$),
so gilt für jedes Ereignis B: $P(B) = P(A_1) \cdot P_{A_1}(B) + ... + P(A_n) \cdot P_{A_n}(B)$.

Diesen Satz benötigt man insbesondere, wenn sich innerhalb der Zerlegung A_1, A_2, ... A_n die Wahrscheinlichkeit von B ändert, oder wenn nur die bedingten Wahrscheinlichkeiten bekannt sind. Typische Beispiele sind verschiedene Urnen mit verschiedenen Belegungen, verschiedene Fabriken oder Maschinen mit verschiedenen Prozentzahlen für ordnungsgemäße Werkstücke.

A ist etwa eine Zerlegung der Bevölkerung (zum Beispiel männlich und weiblich) und B ist ein anderes Merkmal (zum Beispiel Bayern-Fan, RTL-Fan, ...).

Ein Werkstück wird im Werk A (30 % der Fertigung; Ausschuss im Werk A 10 %): im Werk B (50 % der Fertigung; Ausschuss im Werk B 20 %) und im Werk C (20 % der Fertigung; Ausschuss im Werk C 5 %) hergestellt. Wie groß ist die Wahrscheinlichkeit, dass ein beliebiges Werkstück fehlerhaft (Ausschuss = S) ist?

$P(S) = P(A) \cdot P_A(S) + P(B) \cdot P_B(S) + P(C) \cdot P_C(S)$
$ = 0{,}3 \cdot 0{,}1 + 0{,}5 \cdot 0{,}2 + 0{,}2 \cdot 0{,}05 = 0{,}14$.

5.3.5 Satz von Bayes

Üblicherweise nutzt man die Wahrscheinlichkeitsrechnung, um Aussagen über zukünftige Ereignisse zu machen. Mit dem Satz von Bayes kann für ein schon eingetretenes Ereignis berechnet werden, mit welcher Wahrscheinlichkeit die einzelnen Teilereignisse eines mehrstufigen Experiments eingetreten sind.

Denken Sie gerade in diesem Bereich an die Möglichkeit, über eine Skizze (Baumdiagramm) das Problem »anschaulich« darzustellen.

Die Herleitung des Satzes von Bayes:
Wegen $P(A \cap B) = P(B \cap A)$ und wenn auf beiden Seiten der Gleichung der Multiplikationssatz angewendet wird, gilt auch: $P(A) \cdot P_A(B) = P(B) \cdot P_B(A)$.

5 Stochastik

Eine leichte algebraische Umformung ergibt folgende Gleichung:

$P_B(A) = \frac{P(A)}{P(B)} = P_A(B)$ oder, sofern $P(B)$ mittels der totalen Wahrscheinlichkeit $P(B) = P(A_1) \cdot P_{A_1}(B) + \ldots + P(A_n) \cdot P_{A_n}(B)$ dargestellt wird:

$$P_B(A) = \frac{P(A)}{P(A_1) \cdot P_{A_1}(B) + \ldots + P(A_n) \cdot P_{A_n}(B)} \cdot P_A(B),$$

woraus der **Satz von Bayes** wird (natürlich auch in jeder √ enthalten):

> **Satz von Bayes**
>
> $$P_B(A_i) = \frac{P(A_i) \cdot P_{A_i}(B)}{P(A_1) \cdot P_{A_1}(B) + \ldots + P(A_n) \cdot P_{A_n}(B)}$$

Eine Urne enthält zwei rote und drei schwarze, die zweite Urne fünf rote und eine schwarze Kugel. Es wird eine Kugel zufällig aus einer der Urnen gezogen. Die Kugel ist rot. Mit welcher Wahrscheinlichkeit stammt sie aus der ersten Urne?

Mit $U_i = $ Urne i und $r = $ rot gilt nach dem Satz von Bayes:

$$P_r(U_1) = \frac{P(U_1) \cdot P_{U_1}(r)}{P(U_1) \cdot P_{U_1}(r) + \ldots + P(U_2) \cdot P_{U_2}(r)} = \frac{\frac{1}{2} \cdot \frac{2}{5}}{\frac{1}{2} \cdot \frac{2}{5} + \frac{1}{2} \cdot \frac{5}{6}} = \frac{\frac{1}{5}}{\frac{37}{60}} = 0{,}324.$$

5.4 Verteilungen

Bei den Verteilungen treten keine neuen Rechenfertigkeiten auf, aber doch einige neue Denkweisen. Es gibt kaum mathematische Probleme – vorausgesetzt, Sie verstehen die neuen Begriffe und was damit zu tun ist. Deshalb lege ich in diesem Kapitel großen Wert auf exakte Definitionen, was bisher nicht der Fall war. Bitte machen Sie sich immer klar, was gemeint ist und weshalb so definiert wurde.

5.4.1 Zufallsvariable

> Eine Abbildung $X: S \to \mathbb{R}$, die jedem Ereignis eines Zufallsexperiments eine reelle Zahl zuordnet, heißt **Zufallsvariable** oder **Zufallsgröße**.

Es ist in der Mathematik ungewöhnlich, eine Abbildung Variable und Größe zu nennen und mit dem Großbuchstaben X zu bezeichnen. Das liegt daran, dass diese reellen Zahlen (die natürlich nicht zwischen 0 und 1 liegen müssen) einerseits die Bilder der Ereignisse, andererseits aber die Urbilder der Wahrscheinlichkeit sind.

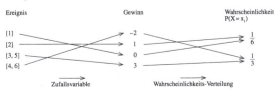

Bei einem Würfelspiel gilt für die geworfene Augenzahl: Man erhält bei einer Primzahl drei Punkte und verliert bei einer geraden Zahl zwei Punkte.

Unter der Zufallsvariablen versteht man die Abbildung der Ereignisse auf die Gewinne. Diese möglichen Gewinne bilden wieder eine Zerlegung des Experiments und werden dann ihrerseits mit Wahrscheinlichkeiten belegt.

> Über eine Ereignismenge S eines Zufallsexperiments sei eine Zufallsvariable X definiert mit den Werten $x_1, x_2, ...$ Die Funktion $x_i \to P(X = x_i)$ heißt **Wahrscheinlichkeitsverteilung** (oder Wahrscheinlichkeitsfunktion) der Zufallsvariablen X.

Und nun zur praktischen Erklärung des Würfelspiels:

Den Spieler interessiert nicht die Augenzahl, sondern die Punktezahl, die er erhält. Ihm wird es gleichgültig sein, ob er wegen der »3« oder wegen der »5« drei Punkte erhält. Wichtig sind die drei Punkte; und wenn mathematisch untersucht werden soll, wie groß die Gewinnchancen sind, so benötigt man die Wahrscheinlichkeit für deren Gewinn, nicht die für eine bestimmte Augenzahl.

Das Würfelexperiment hat für dieses spezielle Problem die Ausgangsmenge [−2; 1; 0; 3], deren Wahrscheinlichkeiten interessieren:

$P(X = -2) = \frac{1}{3}$; $P(X = 1) = \frac{1}{6}$; $P(X = 0) = \frac{1}{6}$; $P(X = 3) = \frac{1}{3}$.

Ein Vorschlag, wie Sie schrittweise vorgehen könnten:

- Definition von X gemäß dem gestellten Problem.
- Überlegung, welche Werte $x_1, x_2, ...$ (lauter reelle Zahlen!) X annehmen kann.
- Berechnung der Wahrscheinlichkeiten für $X = x_i$ mittels der Kombinatorik oder mit den Sätzen (Additions- beziehungsweise Multiplikationssatz).

5.4.2 Maßzahlen, Kenngrößen

Für Zahlen, die zur Beschreibung von Wahrscheinlichkeitsverteilungen verwendet werden, gibt es viele Namen: Maßzahlen, Kenngrößen, Parameter, Lagemaße, Wahrscheinlichkeitsbeschreibungen, ... Der Grund für die Einführung charakteristischer Zahlen, sowohl bei statistischen Erhebungen oder Beschreibungen als auch bei theoretisch bestimmten Wahrscheinlichkeiten, liegt auf der Hand: Man versucht mit möglichst wenigen reellen Zahlen die Gegebenheiten zu beschreiben.

Ganz gleich, welche Wahrscheinlichkeitsverteilung vorliegt: Wenn man sie mit möglichst wenigen Zahlen beschreiben will (oder muss), kommt man nicht an den Maßzahlen vorbei.

5 Stochastik

Im Folgenden kommen auch solche Verteilungen vor, die erst in den nächsten Kapiteln beschrieben werden. Stören Sie sich nicht daran; Sie können jederzeit diese Seite überblättern und, wann immer Sie mögen, auf sie zurückgreifen.

Erwartungswert

Beschreibung: Entspricht dem arithmetischen Mittel mit den x_i-Werten der Zufallsvariablen und den zugehörigen Wahrscheinlichkeiten: Wert, der laut Wahrscheinlichkeitsverteilung im Mittel erwartet wird.

Zufallsvariable X mit $x_1, x_2, \ldots x_n$: Der Erwartungswert wird mit $E(X)$ oder μ bezeichnet. Laut Definition gilt:
$E(X) = x_1 \cdot P(X = x_1) + \ldots + x_n \cdot P(X = x_n)$.
$E(X)$ muss kein Wert x_k der Variablen sein.

Binomialverteilung: Bei einem n-stufigen Experiment mit der Trefferwahrscheinlichkeit p gilt für den Erwartungswert: $E(X) = \mu = n \cdot p$.

Verknüpfungen: Die Erwartungswerte von verknüpften Zufallsvariablen lassen sich leicht berechnen. Es gilt:
$E(aX + b) = a \cdot E(X) + b$.
$E(X + Y) = E(X) + E(Y)$.
Sind X und Y unabhängig, dann gilt: $E(X \cdot Y) = E(X) \cdot E(Y)$.

Varianz (empirische Varianz)

Beschreibung: Ersetzt man die Stichprobenwerte durch die Elemente der Zufallsvariablen und die relativen Häufigkeiten durch die Wahrscheinlichkeiten, so erhält man als Streuungsmaß die Varianz als »mittlere quadratische Abweichung«.

Zufallsvariable X mit $x_1, x_2, \ldots x_n$: Die Varianz wird mit $V(X)$ oder σ^2 bezeichnet. Laut Definition gilt:
$V(X) = (x_1 - \mu)^2 \cdot P(X = x_1) + \ldots + (x_n - \mu)^2 \cdot P(X = x_n)$

Binomialverteilung: Bei einem n-stufigen Experiment mit der Trefferwahrscheinlichkeit p gilt für die Varianz: $V(X) = \sigma^2 = n \cdot p \cdot (1 - p)$.

Verknüpfungen: Die Varianz verknüpfter Zufallsvariablen ist nur dann einfach bestimmbar, wenn die Variablen unabhängig sind:
$V(aX + b) = a^2 \cdot V(X)$,
$V(X + Y) = V(X) + V(Y)$ für X, Y unabhängig.

Standardabweichung

Beschreibung: Wie bei der Statistik die Quadratwurzel aus der Varianz.
Zufallsvariable X mit $x_1, x_2, \ldots x_n$: Die Standardabweichung wird mit s bezeichnet. Laut Definition ist $\sqrt{\sigma} = V(X)$.
Binomialverteilung: Für die Standardabweichung gilt $\sigma = \sqrt{n\,p\,(1-p)}$.
Verknüpfungen: Die Standardabweichung wird über die Varianz berechnet.

5.4.3 Bernoulli-Experimente

Ein Zufallsexperiment mit genau zwei möglichen Ausgängen heißt **Bernoulli-Experiment**.

Die beiden möglichen Ausgänge werden üblicherweise mit 0 und 1 oder Treffer und Niete oder Erfolg und Misserfolg oder ja und nein bezeichnet. Denken Sie daran, dass die Bezeichnung (zum Beispiel Treffer und Niete) nichts mit einer Wertigkeit zu tun hat. Diese Zweiwertigkeit ist nicht nur mathematisch sehr einfach zu behandeln (immerhin kennt man alle Werte der Wahrscheinlichkeitsverteilung, wenn man einen Wert kennt), sondern sie ist auch sehr gut geeignet, um maschinell (Rechner!) damit zu arbeiten (Strom – kein Strom oder Magnetfeld – kein Magnetfeld oder Spannung – keine Spannung). Beispiele für Bernoulli-Experimente sind das Werfen einer Münze, das Ziehen eines Loses, der Zustand einer Lampe, …; Gegenbeispiele wären das Werfen eines Würfels, das Ziehen einer Skatkarte, …

Ändert sich die Wahrscheinlichkeit für einen Treffer bei der Wiederholung eines Bernoulli-Experimentes nicht und wiederholt man das Experiment n-mal, so heißt diese Wiederholung eine n-stufige Bernoulli-Kette und kann wie ein einziges Experiment betrachtet werden.

Das n-malige Ziehen einer Kugel aus einer Urne mit zwei verschiedenen Kugelfarben wäre mit Zurücklegen eine Bernoulli-Kette (die Wahrscheinlichkeiten ändern sich nicht), ohne Zurücklegen jedoch keine, da sich die Wahrscheinlichkeiten ändern würden.

5.4.4 Binomialverteilung

Bei einer n-stufigen Bernoulli-Kette (ein Bernoulli-Experiment wird n-mal durchgeführt) taucht sofort die Frage auf, wie groß wohl die Wahrscheinlichkeit für k Treffer ist oder welche Trefferzahl am wahrscheinlichsten ist oder mit welcher Trefferzahl zu rechnen ist.
Bei der Anzahl der Treffer können nur natürliche Zahlen r mit $0 \le r \le n$ vorkommen.

5 Stochastik

Bei einer n-stufigen Bernoulli-Kette sei die Wahrscheinlichkeit für einen Treffer p, für eine Niete $q = 1 - p$. Fragt man, mit welcher Wahrscheinlichkeit genau k Treffer zu erwarten sind $(0 < k < n)$, so gilt:
Dass die ersten k Ausführungen zu Treffern führen und der Rest zu Nieten, trifft mit der Wahrscheinlichkeit (Multiplikationssatz → Seite 188) $p^k \cdot q^{n-k}$ zu.
Es müssen aber laut Aufgabenstellung nicht die ersten k Durchführungen sein, die zu Treffern führen. Die k Treffer können beliebig verteilt sein, ein kombinatorisches Problem (→ Seite 179). Da es $\binom{n}{k}$ Möglichkeiten gibt, k Treffer auf n Experimente zu verteilen, ist die Wahrscheinlichkeit für k Treffer bei einer n-stufigen Bernoulli-Kette mit Wahrscheinlichkeit p: $\binom{n}{k} \cdot p^k \cdot q^{n-k}$.

> **!** Ist bei einer n-stufigen Bernoulli-Kette die Trefferwahrscheinlichkeit p, so heißt die Wahrscheinlichkeitsverteilung $P(X = k) = \binom{n}{k} \cdot p^k (1-p)^{n-k}$ für alle k mit $0 \leq k \leq n$ **Binomialverteilung**.

Die Schreibweisen sind vielfältig: Bn, p, k oder $B(k; n; p)$ oder $B_{k; n; p}$ oder $B_{n;p}(k)$. Bitte verwenden Sie die bei Ihnen (in Ihrer $\sqrt{}$) übliche Schreibweise.
Da sehr viele Probleme binominalverteilt sind (oder so zerlegt werden können, dass eine Binominalverteilung entsteht), sind für diese Verteilung Tabellen vorhanden, die in den meisten Schulen verwendet werden. Damit entfällt eine oft mühsame Berechnung. Andererseits ist eine Fertigkeit gefordert, die Sie üben müssen: das Aufschlagen von Tabellenwerten.

5.4.5 Gesetz der großen Zahlen

Dass die Wahrscheinlichkeit für eine bestimmte Zahl beim idealen Würfel (zum Beispiel für die Zahl 3) bei ein Sechstel liegt, ist klar.
Und genauso klar ist, dass bei sechs Würfen nicht genau einmal; bei 60 Würfen nicht genau zehnmal; bei 600 Würfen nicht genau hundertmal die Zahl »3« auftritt.
Aber (und auch diese Tatsache ist unumstritten): Je öfter man würfelt, je häufiger man das Experiment ausführt, umso genauer wird der gemessene Wert (hier: die Anzahl der »Dreien«) mit dem theoretischen Wert (hier: ein Sechstel der Gesamtwürfe) übereinstimmen.
Oder: Die durch Experimente bestimmten relativen Häufigkeiten nähern sich bei immer größer werdenen Anzahlen der Ausführungen des Experiments immer mehr den theoretisch (über die Wahrscheinlichkeitsverteilung) berechenbaren Werten.

Gesetz der großen Zahlen nach Tschebyschew

Es sei e eine vorgegebene positive Zahl, h_1 die relative Häufigkeit des Ereignisses A, $P(A)$ die Wahrscheinlichkeit des Ereignisses A und n die Zahl der Durchführungen des Experimentes.

Dann gilt: $\lim_{n \to \infty} (h_i - P(A)) = 0$.

 Wiederholt man ein Experiment genügend oft, so ist die gemessene relative Häufigkeit gleich der theoretischen Wahrscheinlichkeit.

Mittels dieses Satzes werden die näherungsweisen Bestimmungen der Wahrscheinlichkeiten durch die empirisch bestimmten Messwerte gerechtfertigt. Und der Satz sagt zudem, dass die Anzahl der Durchführungen des Experiments (entsprechend: die Anzahl der Stichproben bei der Statistik) möglichst groß sein soll; dann (und nur dann) stimmt die Praxis mit der Theorie überein.

Dass in den Aufgaben der Schulmathematik aus sehr wenigen Durchführungen eines Experiments gefolgert und geschlossen, ja sogar weitergerechnet und beurteilt wird, ist eine reine Konzession an die Überschaubarkeit und an die Rechenarbeit (kleine, einfache Zahlen).

5.4.6 Gaußsche Glockenkurve

Betrachtet man Binomialverteilungen für große Werte von n (sehr häufige Wiederholungen), so ist die Wahrscheinlichkeit für die Trefferzahl k am größten, wenn k gleich dem Erwartungswert ist $(k = E(X))$. Vor dem Erwartungswert $(k < E(X))$ und nach dem Erwartungswert $(k > E(X))$ sind die Wahrscheinlichkeiten kleiner und werden mit größerem Abstand zu $E(X)$ immer kleiner.

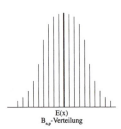
$B_{n,p}$-Verteilung

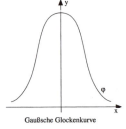
Gaußsche Glockenkurve

Es entsteht ein, zur Geraden beim Erwartungswert, symmetrischer Graph, der bei geeigneter Wahl der beiden Maßstäbe (in die Koordinatenrichtungen) die Form einer Glocke hat.

Verbindet man die oberen Stabenden der Wahrscheinlichkeiten, so nähert sich der dadurch gewonnene Graph bei $n \to \infty$ einer Grenzkurve, die algebraisch mittels einer e-Funktion beschrieben werden kann.

Diese Grenzkurve heißt **gaußsche Glockenkurve** oder kurz **Gauß-Kurve**.

5 Stochastik

Diese Annäherung nützt man zur Berechnung von Wahrscheinlichkeiten aus, wobei die Funktionswerte (und die Flächenwerte) unterhalb der Randfunktion nicht berechnet, sondern einer Tabelle entnommen werden.

 $\varphi: x \to \frac{1}{\sqrt{2\pi}} \cdot e^{-\frac{1}{2}x^2}$: **Gaußsche Glockenfunktion** oder kurz **Gauß-Funktion**.

5.4.7 Zentraler Grenzwertsatz

Eigentlich müsste man bei der Vielseitigkeit der mathematischen Definition der Wahrscheinlichkeit mit einer unübersehbaren Vielfalt verschiedener Wahrscheinlichkeitsverteilungen rechnen. Aber die Praxis zeigt, dass sich sehr viele, ja die meisten empirisch gefundenen Wahrscheinlichkeitsverteilungen unter bestimmten Voraussetzungen annähernd gleich verhalten.

Die Tatsache, dass sich bei häufiger Durchführung eines Experiments die Verteilung meist der Glockenform nähert, wird mathematisch natürlich voll ausgenutzt. Die Theorie dazu liefert der so genannte zentrale Grenzwertsatz.

Bei einem Würfel sind die Wahrscheinlichkeiten für die verschiedenen »Augensummen« noch gleich, bei der Summe von 2 Würfeln sieht man schon leicht die Glockenkurve, bei der Summe von 3 Würfeln ist die Glockenkurve wesentlich deutlicher. Dass mit der Anzahl der Würfel die Amplitude abnimmt, die Kurve breiter wird und der Extrempunkt sich vom Nullpunkt entfernt, ist nur eine Frage des Maßstabs.

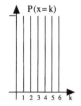
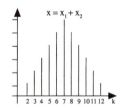
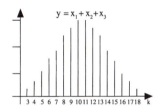

Zentraler Grenzwertsatz

Ist eine Zufallsvariable X als Summe von n voneinander unabhängigen und identisch verteilten Zufallsvariablen $X_1, X_2, \ldots X_n$ aufzufassen, so gilt bei hinreichend großem n (für Sie: $n > 10$) mit dem Erwartungswert $E(X) = E$ und der Varianz $V(X) = \sigma^2$:

$P(X \leq x) \approx \Phi \frac{x - E(x)}{\sqrt{V(x)}} = \Phi \frac{x - F(x)}{\sigma}$.

5.4.8 Tschebyschew-Ungleichung

Da sich die Wahrscheinlichkeiten bei fast allen größeren »Durchführungszahlen« einer ganz bestimmten Verteilung annähern (der gaußschen Glockenkurve), stellt sich natürlich die Frage, in welchem Intervall bestimmte Prozentzahlen liegen.
Oder: Ab welcher Abweichung wird die Wahrscheinlichkeit so klein, dass sie nicht mehr berücksichtigt werden muss?

> **Tschebyschew-Ungleichung**
> $P(|X - E(X)| \geq c) \leq \frac{V(X)}{c^2}$.
> Die Wahrscheinlichkeit, dass X einen Wert x_i annimmt, der um mindestens den Wert c vom Erwartungswert $E(X)$ abweicht, ist höchstens so groß wie der Wert, den man erhält, wenn man die Varianz $V(X)$ durch c^2 dividiert.

Nicht ganz so allgemein, aber wesentlich besser verständlich wird der Satz, wenn die Abweichung als Vielfaches der Standardabweichung (der Quadratwurzel aus der Varianz) angegeben wird:

$P(|X - E(X)| \geq k \cdot \sqrt{V(x)}) \leq \frac{1}{k^2}$.

Die Wahrscheinlichkeit, dass X einen Wert x_i annimmt, der um das k-fache der Standardabweichung vom Erwartungswert abweicht, ist höchstens 1: k^2.

$k = 2$: Die Wahrscheinlichkeit für Werte, die außerhalb des Intervalls
  $[E(X) - 2 \cdot \sqrt{V(x)}; E(X) + 2 \cdot \sqrt{V(x)}]$ liegen, ist kleiner als 0,25.
  Oder: Mindestens 75 % der Werte liegen im Intervall.

$k = 3$: Die Wahrscheinlichkeit für Werte, die außerhalb des Intervalls
  $[E(X) - 3 \cdot \sqrt{V(x)}; E(X) + 3 \cdot \sqrt{V(x)}]$ liegen, ist kleiner als 0,11.
  Oder: Mindestens 89 % der Werte liegen im Intervall.

$k = 4$: Die Wahrscheinlichkeit für Werte, die außerhalb des Intervalls
  $[E(X) - 4 \cdot \sqrt{V(x)}; E(X) + 4 \cdot \sqrt{V(x)}]$ liegen, ist kleiner als 0,06.
  Oder: Mindestens 94 % der Werte liegen im Intervall.

5.4.9 Näherungen

Führt man ein Experiment mit Binomialverteilung durch, so interessiert in der Regel nicht, mit welcher Wahrscheinlichkeit k Treffer eintreten, sondern welche Trefferzahl in einem Intervall $[k_1; k_2]$ liegt.
Bei einem idealen Würfel ist die Wahrscheinlichkeit für die Augenzahl »6« ein Sechstel: Dass aber bei 600 Würfen die Zahl »6« genau 100-mal auftritt, ist nicht wahrscheinlich.

Zu untersuchen ist die Frage, ob die Anzahl der Sechsen eines idealen Würfels in einem bestimmten Intervall liegen muss, etwa im Interval [80; 120]. Diese Bestimmung erfordert einen erheblichen Rechenaufwand (41-mal die Berechnung eines Ausdrucks $\binom{n}{k} \cdot p^k \cdot (1-p)^{n-k}$ sodass man nach leichter bestimmbaren Näherungen suchte. Wenigstens Namen und Formeln sollten Sie schon einmal gesehen haben. Üben Sie die Berechnung mit der Näherung, mit der Sie arbeiten (müssen).

Es sind nur maximal drei Schritte zur Berechnung notwendig: Einsetzen von Zahlen in eine vorgegebene Formel; Berechnen eines Terms mit dem 🖩 ; Aufschlagen einer Zahl in einer Tabelle.
Die in der Schule gängigen Näherungen sind fast alle Anwendungen der gaußschen Glockenfunktion:
- Lokale Betrachtungen (einzelne Werte) mittels der Funktion
  $\varphi(x) \frac{1}{\sqrt{2\pi}} \cdot e^{-\frac{1}{2}x^2}$.
- Globale Betrachtungen (Wahrscheinlichkeiten in einem Intervall) über die Aufsummierung, also das Integral der Glockenfunktion:
  $\Phi(x) = \int_{-\infty}^{x} \varphi(t) \, dt$.

Die Abkürzung $B_{n;p}(k)$ bedeutet die Wahrscheinlichkeit, dass k Treffer bei n Durchführungen der Binomialverteilung mit der Wahrscheinlichkeit p auftreten.

Poisson-Verteilung
Formel → √ :
$B_{n;p}(k) = \frac{E(x)^k}{k!} \cdot e^{-E(X)}$; mit $E(X) = np$.
Anwendungen: Bei sehr selten eintretenden Ereignissen (ca. $p \leq 0{,}05$).
Brauchbare Werte: Für $p < 0{,}05$ und $E(X) = np \leq 5$. Werte in der Regel aus einer Tabelle.
Lagemaße: Erwartungswert $E(X) = np$; Varianz $V(X) = np$

De Moivre-Laplace

Formel → √ :

$$B_{n;p}(k) = \frac{1}{\sqrt{V(x)}} \cdot \Phi\left(\frac{x - E(x)}{\sqrt{V(x)}}\right)$$

Mit $E(X) = np$ und $V(X) = \sqrt{np(1-p)}$

Anwendungen: Bei großem n über die gaußsche Glockenfunktion. Es handelt sich um die lokale Näherung (Berechnung einzelner Werte).

Brauchbare Werte:
Für $n > \dfrac{9}{p(1-p)}$

Die Werte werden der Tabelle entnommen. φ könnte aber leicht berechnet werden.

Lagemaße: Erwartungswert $E(X) = np$; Varianz $V(X) = np(1-p)$

Summe mit De Moivre-Laplace

Formel → √ :

$$\sum_{k=k_1}^{k_2} B_{n;r}(k) \approx \int_{x_1}^{x_2} \varphi(t)\, dt$$

$$x_1 = \frac{k_1 - 0{,}5 - np}{\sqrt{np(1-p)}}; \quad x_2 = \frac{k_1 + 0{,}5 - np}{\sqrt{np(1-p)}}$$

Anwendungen: Bei Summen über den Flächeninhalt der gaußschen Glockenfunktion. Globale Näherung bei der Berechnung in Intervallen.

Brauchbare Werte: Für $p < 0{,}05$ und $E(X) = np \leq 5$ (wie bei der lokalen Näherung). Nur Tabellenwerte, die Funktion ist für Sie nicht integrierbar.

Lagemaße: Erwartungswert $E(X) = np$; Varianz $V(X) = np(1-p)$

Normalverteilung

Formel → √ :

$$P(X \leq x) = \Phi\left(\frac{x - E(x)}{\sqrt{V(x)}}\right)$$

Anwendungen: Über die gaußsche Summenfunktion definiert, es wird angegeben, wann Sie sie verwenden sollen.

Brauchbare Werte: Die Funktion beschreibt ein Verteilungsgesetz, das für sehr viele Zufallsvariablen gilt. Werte über Tabelle.

Lagemaße: Erwartungswert $E(X) = np$; Varianz $V(X) = np(1-p)$

5 Stochastik

5.5 Beurteilende Statistik

In Wirtschaft, Technik, Medizin, Politik und Handel käme man ohne die Prognosen der beurteilenden Statistik, ohne die Auswertung von Stichprobendaten und ohne die mathematischen Tests zur Überprüfung von statistischem Material überhaupt nicht mehr aus.

Im Folgenden ist die beurteilende Statistik in drei Bereiche unterteilt, die die wichtigsten und unverzichtbaren Kenntnisse behandeln.

- **Schluss von der Gesamtheit auf die Stichprobe:** Sie kennen die Verteilung der Gesamtheit und wollen auf die Verteilung eines Teiles schließen.
   Sie wissen, wie viele Lose bei einer Tombola gewinnen, und wollen nun berechnen, mit welcher Wahrscheinlichkeit Sie bei 10 Losen einen Gewinn erhalten oder wie viele Lose Sie ziehen müssen, um mit einer Sicherheit von mindestens 90 % mindestens einen Gewinn zu erzielen.
- **Schluss von der Stichprobe auf die Gesamtheit:** Sie kennen einige Stichprobenwerte und wollen auf die Gesamtheit schließen. Dies sieht einfacher aus, als es in Wirklichkeit ist, da eine proportionale Zunahme (bei 6 Würfeln 2 »Sechsen«, also bei 60 000 Würfen 20 000 »Sechsen«) nicht zwingend ist.
   Eine automatische Drehbank dreht Bolzen der Länge 4,5 mm. Man überprüft 20 Bolzen und stellt fest, dass drei nicht die erforderliche Länge haben. Muss deshalb die Maschine neu eingestellt werden?
- **Testen von Hypothesen und Berechnung von Fehlern:** Sie haben eine Hypothese und wollen prüfen, ob sie stimmt.
   Bei einem idealen Würfel kommt jede Zahl mit derselben Wahrscheinlichkeit vor. Sie werfen den Würfel 60-mal und notieren die Augenzahlen. Bei welcher Verteilung glauben Sie, dass es sich um einen idealen Würfel handelt, und mit welcher Wahrscheinlichkeit irren Sie dabei? Wann werfen Sie den Würfel weg und mit welcher Wahrscheinlichkeit ist dies falsch?

5.5.1 Fehler erster und zweiter Art

Wirft man mit einem Würfel zehnmal und erhält zehnmal die Augenzahl »6«, so ist dies von der Wahrscheinlichkeitstheorie her auch bei einem idealen Würfel nicht völlig ausgeschlossen. Aber diese zufällige Verteilung ist so »unwahrscheinlich« (Wahrscheinlichkeit $\approx 0{,}000\,000\,017$), dass man eher geneigt ist zu sagen, der Würfel ist nicht ideal, als zu glauben, dass zufälligerweise eben dieser Umstand eintrat.

Andererseits kann ein Versuch mit einem nicht idealen Würfel (die verschiedenen Augenzahlen kommen nicht mit derselben Wahrscheinlichkeit vor) zufällig eine »ideale« Verteilung (jede Zahl kommt gleich oft vor) aufweisen. Man würde dann diesen Würfel fälschlicherweise zu den idealen zählen.

In beiden Fällen macht man einen Fehler. Allerdings sind die Fehler von der Theorie her völlig anders zu bewerten. Wir müssen die beiden Fehlerarten grundsätzlich unterscheiden. Die folgende Tabelle soll das verdeutlichen. Bitte machen Sie sich diese Konstellation absolut klar.

	Annahme wird angenommen	Annahme wird abgelehnt
Annahme stimmt	Richtige Entscheidung	Fehler erster Art
Annahme ist falsch	Fehler zweiter Art	Richtige Entscheidung

Ein Medikament wird auf seine Nebenwirkungen hin untersucht. Wir gehen von der Hypothese aus, dass keine Nebenwirkungen vorhanden sind.

Ein Fehler erster Art ist, wenn das Medikament tatsächlich keine Nebenwirkungen hat, wir aber aufgrund der ermittelten Stichproben glauben, dass Nebenwirkungen vorhanden sind. Ein Fehler, der sich nicht schwer wiegend auswirken würde.

Ein Fehler zweiter Art würde vorliegen, wenn das Medikament tatsächlich Nebenwirkungen zeigen würde, wir aber aufgrund der ermittelten Stichproben feststellen würden, dass keine Nebenwirkungen vorhanden sind. Dieser Fehler würde sich in der Praxis wesentlich negativer auswirken als der Fehler erster Art.

5.5.2 Schluss von der Gesamtheit auf Stichproben

Es gibt Zufallsexperimente, deren Wahrscheinlichkeitsverteilung wir kennen. Ganz gleich, ob aus der Theorie (Glücksspiele wie Roulette, Lotto, Würfelspiele, Lotterie und vieles mehr) oder aus der Erfahrung, der Beobachtung, den statistischen Daten (Wettervorhersage, Lebenserwartung ...).

Entnimmt man der Gesamtheit eine Stichprobe vom Umfang n, so interessiert, wie hier die Werte verteilt sind. Der Mittelwert dieser Stichprobenwerte wird in der Regel vom theoretischen Wert, dem Erwartungswert $E(X)$, abweichen. Auch bei den einzelnen

5 Stochastik

Stichprobenwerten wird es zwischen den praktischen und den theoretischen Werten Abweichungen geben.
Diese Abweichungen gilt es zu beurteilen: Sind sie zufällig oder signifikant (durch veränderte Bedingungen erklärbar, → Testen von Hypothesen, Seite 206)?
Es handelt sich bei solchen Aufgaben in der Regel um eine Binomial- oder um eine Normalverteilung. Die Verteilung ist angegeben.
Wenn die Verteilung nicht angegeben ist, dann verwenden Sie

- die Binomialverteilung, wenn Sie die Wahrscheinlichkeit für ein einzelnes Experiment kennen und sich die Wahrscheinlichkeit bei der Wiederholung nicht ändert oder wenn die Anzahl der Stichprobenwerte klein ist
$V(X) = n \cdot p \cdot (1-p) \leq 9$;
- die Normalverteilung, wenn der Erwartungswert und die Standardabweichung angegeben sind oder wenn die Anzahl der Stichprobenwerte groß ist
$V(X) = n \cdot p \cdot (1-p) > 9$.

Bei einer Tombola werden Lose verkauft. Man weiß, dass jedes 10. Los ein Gewinn ist, der Rest sind Nieten. Wir gehen näherungsweise von einer Binomialverteilung aus.

a A nimmt 5 Lose. Ist die Wahrscheinlichkeit, dass er mindestens einen Gewinn hat, größer als 50 %?

b Wie viele Lose müsste er mindestens nehmen, damit er mit einer Wahrscheinlichkeit von mindestens 50 % mindestens einen Gewinn zieht?

Streng genommen liegt hier keine Binomialverteilung vor, da sich nach jeder Entnahme eines Loses ja die Wahrscheinlichkeit für einen Gewinn ändert. Bei großen Anzahlen der Gesamtheit (wie im Beispiel) wird immer näherungsweise jedem Los dieselbe Wahrscheinlichkeit für Gewinn und Niete zugeordnet. Aufgabe a wäre auch über die Normalverteilung lösbar, wenn die Anzahl der Lose, die A nimmt, größer wäre. Bei $n = 5$ ist $V(X) = 0{,}45$ und damit für einen vernünftigen Einsatz der Normalverteilung zu klein.

Bei der Binomialverteilung ist $p = 0{,}1$. Der Erwartungswert wird wegen $E(X) = n \cdot p$ für $n = 5$ und $p = 0{,}1$ zu 0,5 und die Varianz $V(X) = np(1-p)$ zu 0,45. Mittels der Tabelle erhält man bei $n = 5$ und $k = 0$ (also kein Gewinn bei 5 Losen) die Wahrscheinlichkeit 0,5905. Damit ist die Wahrscheinlichkeit für mindestens einen Gewinn nur 0,4095 und liegt wesentlich unter 50 %.

Es wird deshalb das Gegenereignis »kein Gewinn« berechnet, da sonst die Wahrscheinlichkeiten für genau einen Gewinn, zwei Gewinne, …, bis fünf Gewinne berechnet und addiert werden müsste.

Steht Ihnen eine Tabelle mit schon summierten Wahrscheinlichkeiten zur Verfügung, bringt die Berechnung des Gegenereignisses keine Erleichterung.

Auch bei Aufgabe b verwendet man das Ereignis »kein Gewinn«, dessen Wahrscheinlichkeit kleiner als 0,5 sein muss. In der Tabelle ist für $n = 6$ und $k = 0$ der Wert noch 0,5314, bei $n = 7$ und $k = 0,04783$. Damit muss A mindestens 7 Lose kaufen.

Würde A 200 Lose kaufen, könnten wir problemlos mit der Normalverteilung arbeiten. Infolge des Erwartungswertes $E(X) = n \cdot p$ rechnet A mit 20 Gewinnen und will nun berechnen, mit welcher Wahrscheinlichkeit er höchstens 10 Gewinne erzielt. Laut $\sqrt{}$ gilt dann:

$$P(X \leq 10) = \Phi\left(\frac{x - E(x)}{\sqrt{V(x)}}\right) = \Phi\left(\frac{10 - 20}{\sqrt{0{,}1 \cdot 0{,}5 \cdot 200}}\right) = \Phi(-0{,}56).$$

Der Wert $\Phi(-0,56) = 0,2877$ entstammt der Tabelle.

5.5.3 Schluss von der Stichprobe auf die Gesamtheit

Kaum fünf Minuten nach Schließung der Wahllokale kommen über Funk und Fernsehen bereits die ersten Hochrechnungen. Diese ersten »Trendmeldungen« sind erstaunlich genau.

Ganz klar ist, dass man nicht von einem beliebigen Wahllokal auf das Endergebnis schließen kann. Aber wie muss man auswählen? Und ist der Fehler, der gemacht wird, berechenbar?

Mathematisch gesehen geht es bei diesem Problem um einen Schluss von einer Stichprobe auf die Gesamtheit. Da man nicht immer die Gesamtheit untersuchen kann (Kosten, Zeit, technische Probleme, …), schließt man von den Untersuchungsergebnissen einer Teilmenge auf die gesamte Menge. Inwieweit Fehler gemacht werden und inwieweit diese Fehler berechenbar sind, ist mathematisch zu untersuchen.

Die Normalverteilung (die für sehr viele Probleme anwendbar ist) zeigt, dass mit den zwei Maßzahlen $E(X)$ (Erwartungswert) und $\sigma = \sqrt{V(X)}$ (Standardabweichung) Wahrscheinlichkeiten bestimmt werden können. Es gilt nun, diese beiden Maßzahlen für die Gesamtheit über eine geeignete Stichprobe zu bestimmen.

5.5.4 Schätzfunktionen

Sind die Maßzahlen (Erwartungswert $E(X)$; Varianz $V(X)$ und Standardabweichung $\sigma = \sqrt{V(X)}$ nicht bekannt, so müssen sie mittels der Stichprobenwerte bestimmt werden, um überhaupt Aussagen zu ermöglichen.
Je weniger Stichprobenwerte zur Verfügung stehen, desto stärker werden die Maßzahlen der Grundgesamtheit sich von den Maßzahlen der Stichprobe unterscheiden.
Die von der Stichprobe übernommenen Maßzahlen heißen nicht Näherungswerte, sondern Schätzwerte der Maßzahlen der Grundgesamtheit. Damit wird deutlich, dass diese Werte sehr stark von der zufälligen Entnahme der Stichprobenwerte und der Größe der Stichprobe abhängen.
Schätzen heißt in der Mathematik ja nicht, dass wir einfach beliebige Zahlen annehmen. Es geht vielmehr darum, mit den zur Verfügung stehenden Angaben möglichst genau zu den fehlenden Zahlen zu kommen.
Man geht bei allen Aufgaben davon aus, dass der Stichprobenumfang groß genug ist, damit das Stichprobenmaterial normal verteilt ist. Bei genügend großem n gilt diese Normalverteilung dann für jede beliebige Verteilung der Grundgesamtheit.

Schätzwert für den Mittelwert einer Grundgesamtheit
Die Stichprobenwerte haben denselben Mittelwert wie die Grundgesamtheit. Deshalb kann der Mittelwert $E(X_S)$ der Stichprobenwerte als Schätzwert für den Mittelwert $E(X)$ der Grundgesamtheit verwendet werden.

Schätzwert für die Varianz einer Grundgesamtheit
Angenommen die Grundgesamtheit hätte die Varianz $V(X)$. Dann hat das zum Stichprobenumfang n gehörige Stichprobenmittel $E(X_S)$ die Varianz $V(X_S) = \frac{1}{n} V(X)$. Damit gilt für die Standardabweichung der Grundgesamtheit σ und der Stichprobe σ_S: $\sigma_S = \frac{r}{\sqrt{n}} \Leftrightarrow \sigma_S \cdot \sqrt{n} = \sigma$.
Das Stichprobenmittel streut weniger als die Grundgesamtheit.

5.5.5 Testen von Hypothesen

! Eine Hypothese (griech. »Unterstellung«) ist eine Annahme, die im Bereich der beurteilenden Statistik aufgrund bestimmter Informationen oder Vermutungen aufgestellt wird und mittels der in der Stochastik üblichen Rechenmethoden bestätigt oder widerlegt wird.

Beim Testen von Hypothesen wird durch eine Stichprobe festgestellt, ob eine angenommene Wahrscheinlichkeit (zunächst nur eine Vermutung) zutrifft oder nicht.
Dass bei der Stichprobe nicht genau der über die Hypothese berechnete Wert erscheint, ist klar. Abweichungen wird es immer geben. Die Frage ist nur, ob diese Abweichungen zufällig, »nicht signifikant«, sind (die Stichprobe wird ja nicht gezielt entnommen), oder ob sie daher rühren, dass die Hypothese nicht stimmt – was auch immer schuld daran sein mag, vom Denkfehler über den falschen Ansatz bis zur technischen Panne. In diesem Fall nennen wir die Abweichung »signifikant« und meinen damit, dass es eben nicht zufällig zu diesen Werten kommt. Signifikant kommt aus dem Lateinischen und bedeutet »deutlich erkennbar, charakteristisch«.

! Zum Grundgedanken eines Tests:
Man will eine Annahme (die **Nullhypothese** genannt wird) auf ihre Richtigkeit hin überprüfen. Von dieser Annahme ist laut Aufgabenstellung die Wahrscheinlichkeitsverteilung bekannt, sodass man die zwei Maßzahlen $E(X)$ (Erwartungswert) und $V(X)$ (Varianz) berechnen kann. Abweichende Annahmen heißen **Gegenhypothese**.

Ob die Hypothese angenommen wird, hängt sehr wesentlich vom so genannten **Annahmebereich** der Hypothese ab, der entweder vorgegeben ist oder durch die Art der Aufgabe, die Forderung an die Genauigkeit, die Auswirkungen der Entscheidung und andere Kriterien bestimmt werden muss.
Unter dem Annahmebereich versteht man das Intervall, von dem man annimmt, dass im Normalfall darin die Werte einer Stichprobe liegen müssten.
Oder anders ausgedrückt: Von allen Werten, die außerhalb dieses Annahmebereichs liegen, nimmt man an, dass sie sich signifikant von der Nullhypothese unterscheiden und nicht zufällig außerhalb liegen.
Die Abweichung vom Erwartungswert $E(X)$ ist nur sinnvoll einzuschätzen, wenn man sie in Beziehung zur Varianz $V(X)$ oder noch besser zur Standardabweichung $\sigma = \sqrt{V(X)}$ setzt.

5 Stochastik

Die **Vertrauensintervalle** liegen symmetrisch zum Erwartungswert und haben Breiten, die in Vielfachen von σ angegeben werden.
Die folgende Tabelle sollten Sie gegebenenfalls um die bei ihnen verwendeten Begriffe ergänzen.

Bezeichnung	Gebräuchliche Intervalle			Parallele Bezeichnungen
Intervallbreite	2σ	4σ	6σ	
Vertrauensintervall	$[E(X) - \sigma;$ $E(X) + \sigma]$	$[E(X) - 2\sigma;$ $E(X) + 2\sigma]$	$[E(X) - 3\sigma;$ $E(X) + 3\sigma]$	Annahmebereich, Konfidenzintervall, Mutungsintervall
Ablehnungsbereich	$X < E(X) - \sigma$ $X > E(X) + \sigma$	$X < E(X) - 2\sigma$ $X > E(X) + 2\sigma$	$X < E(X) - 3\sigma$ $X > E(X) + 3\sigma$	
Signifikanzgrenzen	$E(X) - \sigma$ $E(X) + \sigma$	$E(X) - 2\sigma$ $E(X) + 2\sigma$	$E(X) - 3\sigma$ $E(X) + 3\sigma$	
Vertrauenszahl Normalverteilung	0,683	0,954	0,997	statistische Sicherheit

5.5.6 Signifikanztest

Signifikanztests werden anhand einer Stichprobe vorgenommen.
Da man aus der Theorie weiß, dass (sofern die Nullhypothese stimmt) große Abweichungen von der Nullhypothese nur mit kleinen Wahrscheinlichkeiten vorkommen und da man von der Nullhypothese genau berechnen kann, mit welcher Sicherheit sie in welchem Intervall liegen müsste, legt man ein Intervall fest, in dem man die Nullhypothese anerkennt.

- **Begriffe:** Nullhypothese H_0; Gegenhypothese (Alternativhypothese) H_1; Annahmebereich A
- **Entscheidung:** Liegt der über die Stichprobe ermittelte Wert in A, wird H_0 angenommen, andernfalls abgelehnt.
- **Fehler 1. Art:** H_0 wird abgelehnt, obwohl H_0 wahr ist. Die Wahrscheinlichkeit für diesen Fehler heißt **Irrtumswahrscheinlichkeit** α.
- **Fehler 2. Art:** H_0 wird angenommen, obwohl H_0 falsch ist. Die Wahrscheinlichkeit für diesen Fehler wird mit β bezeichnet.
- **Statistische Sicherheit des Tests:** $1 - \alpha$
  Trennschärfe des Tests: $1 - \beta$

In der Schulmathematik unterscheidet man zwei verschiedene Testarten:
Beim **einseitigen Test** (rechts- oder linksseitig) besteht zwischen dem Annahmebereich und dem Ablehnungsbereich nur eine Grenze. Die Nullhypothese besteht aus einer Ungleichung.
Beim **zweiseitigen Test** ist der Annahmebereich ein Intervall. Es existieren sowohl vor als auch nach dem Intervall Werte, die in den Ablehnungsbereich fallen.

- Nullhypothese bei einem linksseitigen Test:
  Mindestens 90 % der Schüler tragen eine Brille.
- Nullhypothese bei einem rechtsseitigen Test:
  Höchstens 5 % der Schüler tragen eine Brille.
- Nullhypothese bei einem zweiseitigen Test:
  Die Hälfte aller Schüler tragen eine Brille.

Signifikanztests werden für unbekannte Wahrscheinlichkeitsverteilungen und für unbekannte Erwartungswerte durchgeführt.
Bei unbekannter Wahrscheinlichkeitsverteilung wird das Experiment n-mal durchgeführt und die Trefferzahl notiert.
Bei unbekanntem Erwartungswert geht man immer von einer normalverteilten Stichprobe aus. Der Mittelwert der Stichprobe ist immer der Schätzwert, sodass auch die Nullhypothese festliegt. Ist die Standardabweichung bekannt, wird sie natürlich für den Test verwendet. Ist die Standardabweichung nicht bekannt, muss sie durch den Schätzwert ersetzt werden.

5.5.7 Schema des Signifikanztests

Bezeichnungen

Beschreibung:
H_0: Nullhypothese
H_1: Gegenhypothese
p_0: Wahrscheinlichkeit von H_0 (p_1 von H_1)
n: Anzahl der Stichprobenwerte
α: Irrtumswahrscheinlichkeit
β: Wahrscheinlichkeit für Fehler der 2. Art
K: Ablehnungsbereich

Test für eine unbekannte Wahrscheinlichkeit p: $f_B(k, n, p)$ ist die Wahrscheinlichkeit, bei Binomialverteilung bei n Durchführungen mit der Wahrscheinlichkeit p k Treffer zu erzielen.
$F_B(k, n, p)$ ist die Summe von $f_B(k, n, p)$ von $i = 0$ bis $i = k$.

5 Stochastik

Werte für f_B und F_B werden der Tabelle entnommen.
Test für einen unbekannten Erwartungswert $E(X)$:
$E(X_0)$: Erwartungswert der Nullhypothese
$E(X_S)$: Mittelwert der Stichprobe
σ: Standardabweichung der Gesamtheit
s: Standardabweichung der Stichprobe
Φ: Gaußsche Summenfunktion, deren Werte immer der Tabelle entnommen werden

Idee
Beschreibung: Es soll von einer Stichprobe auf eine Gesamtheit geschlossen werden. Insbesondere soll untersucht werden, ob eine Vermutung (H_0) stimmt oder nicht.
Test für eine unbekannte Wahrscheinlichkeit p: Das Experiment, bei dem das Ereignis A mit der unbekannten Wahrscheinlichkeit p eintritt, wird n-mal durchgeführt. Je nach Trefferzahl dieser n Durchführungen entscheidet man, ob H_0 angenommen oder abgelehnt wird.
Test für einen unbekannten Erwartungswert $E(X)$: Man geht davon aus, dass bei genügend großem n die Stichprobenwerte normalverteilt sind. Ist die Standardabweichung bekannt, wird sie verwendet, andernfalls arbeitet man näherungsweise mit s (statt σ).

Beispiel
Beschreibung: In der Schulmathematik kommen in der Regel nur die beiden beschriebenen Verfahren vor. Verwechslungen sind in der Praxis nicht möglich; wenn mit beiden Verfahren gearbeitet werden kann, ist angegeben, welches verlangt ist.
Test für eine unbekannte Wahrscheinlichkeit p: Ein Hersteller behauptet, dass höchstens 5 % seiner Waren die angegebene Qualität nicht erfüllen. Bei einer Sendung von 50 000 Stück soll diese Angabe mittels Stichproben überprüft werden.
Test für einen unbekannten Erwartungswert $E(X)$: Eine automatische Drehbank dreht Bolzen mit der Länge 22,5 mm. Maschinenbedingt kennt man $\sigma = 0{,}9$. Mittels Nachmessen von 100 Bolzen soll überprüft werden, ob die Maschine noch richtig eingestellt ist.

Linksseitiger Test
Beschreibung: Es wird getestet, ob eine Wahrscheinlichkeit oder ein Erwartungswert nicht kleiner als ein fester Wert ist (also $\geq$ ...).

Test für eine unbekannte Wahrscheinlichkeit p:
$H_0: p \geq p_0$; $H_1: p < p_0$; $K = \{0, 1 ..., g\}$
Mit g ist die größte Zahl für die $P(X \leq g) = F_B(g, n, p_0) \leq \alpha$
Ist $p = p_1 \Rightarrow \beta = 1 - F_B(g, n, p_1)$.
Test für einen unbekannten Erwartungswert $E(X)$:
$H_0: E(X_S) \geq E(X_0)$; $H_1: E(X_S) < E(X_0)$
$K = \{E(X_S) | E(X_S) < g\}$ mit $g = E(X_S) - (c \cdot \sigma) : \sqrt{n}$ mit $c = 1 - \alpha$
c erhält man aus der Tabelle.

Rechtsseitiger Test
Beschreibung: Es wird getestet, ob eine Wahrscheinlichkeit oder ein Erwartungswert nicht größer als ein fester Wert ist (also $\leq$ ...).
Test für eine unbekannte Wahrscheinlichkeit p:
$H_0: p \leq p_0$; $H_1: p > p_0$; $K = \{g, g + 1, ..., n\}$
Mit g ist die kleinste Zahl für die $P(X \geq g) = 1 - F_B(g - 1, n, p_0) \leq \alpha$.
Ist $p = p_1 \Rightarrow \beta = F_B(g - 1, n, p_1)$.
Test für einen unbekannten Erwartungswert $E(X)$:
$H_0: E(X_S) \leq E(X_0)$; $H_1: E(X_S) \geq E(X_0)$
$K = \{E(X_S) | E(X_S) > g\}$ mit $g = E(X_S) + (c \cdot \sigma) : \sqrt{n}$ mit $c = 1 - \alpha$
c erhält man aus der Tabelle.

Zweiseitiger Test
Beschreibung: Man testet, ob der Wert innerhalb eines Intervalls liegt, dessen Breite von a abhängt.
Test für eine unbekannte Wahrscheinlichkeit p:
$H_0: p = p_0$; $H_1: p \neq p_0$; $K = \{0, ..., g_l\}\{g_r, ..., n\}$
Mit g_l größte Zahl, mit $P(X \leq g_l) = F_B(g_1, n, p_0) \leq 0{,}5\alpha$
g_r kleinste Zahl,
mit $P(X \geq g_r) = 1 - F_B(g_r - 1, n, p_0) \leq 0{,}5\alpha$.
Ist $p = p_1 \Rightarrow \beta = F_B(g_r - 1, n, p_1) - F_B(g_l, n, p_1)$.
Test für einen unbekannten Erwartungswert $E(X)$:
$H_0: E(X_S) = E(X_0)$; $H_1: E(X_S) \neq E(X_0)$
$K = \{E(X_S) | E(X_S) < g_l\}$ oder $E(X_S) > g_r$ mit
$g_l = E(X_S) - (c \cdot \sigma) : \sqrt{n}$ und $g_r = E(X_S) + (c \cdot \sigma) : \sqrt{n}$
$c = 1 - 0{,}5\alpha$
c erhält man aus der Tabelle.

6 Anhang

6.1 Mündliches Abitur

Ganz gleich, ob Sie Mathematik als viertes Prüfungsfach gewählt haben, ob Sie infolge zu guter oder zu schlechter Leistungen im schriftlichen Abitur (mehr als vier Punkte Differenz zur Durchschnittsnote im Jahrgang 12 und 13) oder aufgrund einer freiwilligen Meldung geprüft werden: Der Ablauf des mündlichen Abiturs ist immer gleich. Sie sehen sich allein der Prüfungskommission gegenüber. Dazu gehören: Prüfungsvorsitzende(r), Prüfer(in), Beisitzer(in) und Protokollant(in). Eventuelle weitere Anwesende haben keinen Einfluss auf die Prüfung und können ignoriert werden. Die Prüfungskommission macht sich in relativ kurzer Zeit (in Baden-Württemberg z. B. zwanzig Minuten, in Nordrhein-Westfalen zwanzig bis dreißig Minuten) ein Bild von Ihren Fähigkeiten und beurteilt Sie. Vorteilhaft für Sie ist, dass Sie die wichtigste Person in diesem Gremium, nämlich den Prüfer bzw. die Prüferin, ziemlich gut kennen: Das ist auf jeden Fall Ihr(e) Fachlehrer(in). Sie müssen davon ausgehen, dass sich die mündliche Prüfung von den Anforderungen und vom Verlauf her erheblich von der schriftlichen unterscheidet.

In der Regel besteht sie aus zwei Teilen: Zunächst muss eine gestellte Aufgabe selbstständig gelöst werden. Sie erhalten unmittelbar vor der Prüfung Zeit zur Bearbeitung, dürfen die zugelassenen Hilfsmittel (🖩 und √) benutzen und sich Notizen machen.

Im zweiten Teil wird ein Gespräch zwischen Ihnen und Ihrem Prüfer/Ihrer Prüferin geführt, das nicht auf eine einzelne Aufgabe Bezug nimmt. Hier sollen Sie insbesondere zeigen, dass Sie mathematische Zusammenhänge erkennen, einen Überblick über ein größeres Stoffgebiet haben und fachspezifische Denkweisen und Lösungsmethoden beherrschen. Lassen Sie sich nicht irritieren, wenn andere Mitglieder der Prüfungskommision ins Gespräch eingreifen.

Es kann nicht allgemein gesagt werden, ob die mündliche Prüfung leichter oder schwieriger ist als die schriftliche. Der entscheidende Unterschied (neben der Kürze der Zeit) besteht sicherlich darin, dass es sich um einen kommunikativen Vorgang mit Fragen, Antworten und Gegenfragen handelt, nicht um eine einsame gedankliche Anstrengung. Der Prüfungsverlauf hängt von vielen Dingen, darunter auch einer Reihe von unvorhersehbaren, ab: gedankliche Flexibilität und Tagesform aller Beteiligten, Tageszeit, Gesprächsverlauf usw. Es ist deshalb unbedingt sinnvoll, sich speziell auf diese besonderen Anforderungen gezielt vorzubereiten und geeignete Verhaltensweisen zu trainieren. Legen Sie rechtzeitig vor dem Abitur Wert darauf, dass im Unterricht Prüfungen simuliert werden, und beteiligen Sie sich aktiv daran.

Übrigens: Ob eine freiwillige Meldung zur mündlichen Prüfung angebracht ist, sollten Sie ganz nüchtern prüfen. Sinnvoll ist der zusätzliche Aufwand natürlich nur, wenn Sie bei positivem Verlauf Ihren Schnitt wirklich verbessern können und wenn die Gefahr gering ist, dass Sie sich unter unglücklichen Umständen womöglich sogar noch verschlechtern. Eine einfache Rechnung klärt die Frage sehr schnell.

Zur Vorbereitung

Lösen Sie keine Aufgaben, sondern versuchen Sie Zusammenhänge zu erfassen: Wie hat die Ableitung mit der Integration zu tun, was ist Stetigkeit, wie hängen die Graphen von $f(x)$ und $f'(x)$ zusammen? Fragen Sie Ihren Fachlehrer/Ihre Fachlehrerin, welche Begriffe oder Aufgabenstellungen ihm/ihr besonders wichtig sind, und lernen Sie diese mit je einem exemplarischen Beispiel auswendig.

Also etwa:
- eine an der Stelle $x = 1$ nicht stetige Funktion: $y = \frac{1}{x-1}$
- eine Gleichverteilung der Wahrscheinlichkeit mit fünf Ausgängen: Glücksrad mit fünf gleichen Sektoren
- eine Tangentialebene an die Kugel mit Mittelpunkt $M(0|0|0)$ und $r = 4$: $x_3 - 4 = 0$
- eine uneigentliche Fläche mit endlichem Flächeninhalt: Fläche zwischen $x = 1$, $y = 0$ und $y = x^{-2}$

Machen Sie sich mit den Definitionen der Oberstufenmathematik vertraut. Insbesondere sollten Sie die folgenden Begriffe definieren und erklären können:
Asymptote, charakteristische Gleichung, Differenzierbarkeit, Fehler 1. und 2. Art, Gauß-Funktion, Gesetz der großen Zahlen, inhomogenes lineares Gleichungssystem, Kenngrößen der Wahrscheinlichkeit, kombinatorische Hilfen, Matrixdarstellungen, Monotonie, Orthogonalität, Sätze von De Morgan, Signifikanztests, Skalarprodukt, Stetigkeit, totale Wahrscheinlichkeit.

Ergänzen Sie diese alphabetische Liste in Absprache mit Ihrem Fachlehrer/Ihrer Fachlehrerin.

Schauen Sie sich (wenigstens im Überblick) die Sätze der Analysis an: Mittelwertsatz, Zwischenwertsatz, Nullstellensatz, Hauptsätze.

Vergewissern Sie sich, welche Funktionsarten Sie behandelt haben und welche Besonderheiten diese Funktionen haben.

Reden Sie mit Ihrem Fachlehrer/Ihrer Fachlehrerin über die bevorstehende Prüfung. Fragen Sie, was von Ihnen erwartet wird und wie Sie den Stoff eingrenzen können. Obwohl – wie gesagt – konkrete Absprachen verboten sind, können Sie so eine Menge in Erfahrung bringen.

6 Anhang

Zur Aufgabenstellung

Die Aufgaben in der mündlichen Prüfung haben nicht denselben Inhalt wie diejenigen in der schriftlichen. Mit der üblichen Routine (gegebene Funktionsgleichung, Kurvendiskussion, Extremwertteil, Flächenberechnung) brauchen Sie kaum zu rechnen. Der/die Vorsitzende der Prüfungskommission entscheidet, welche Aufgabe Sie konkret bearbeiten sollen. Ihr(e) Fachlehrer(in) legt lediglich eine »ausreichende Anzahl« von denkbaren Aufgaben vor. Auch Sie selbst haben keine Wahlmöglichkeit. Grundsätzlich muss die Aufgabe so gestellt sein, dass es jedem Prüfling (theoretisch) möglich ist, jede Note zu erreichen. Die Aufgabe darf also z. B. nicht so einfach sein, dass eine ausgezeichnete Bewertung nicht infrage kommt.

Zur Prüfungssituation

Ob bewusst oder unbewusst, es ist unvermeidlich, dass die Art Ihres Auftretens und Verhaltens bei der Gesamtbeurteilung Ihrer Prüfungsleistung mit einfließt. Das bedeutet für Sie, dass Sie sich so geschickt wie möglich »verkaufen« müssen. Das fängt bei der Wahl Ihrer Kleidung an und geht bis zu einer korrekten Ausdrucksweise. Bleiben Sie höflich und freundlich und versuchen Sie Provokationen zu vermeiden!
Denken Sie daran, dass Sie Ihr Können zeigen müssen. Wenn Sie nichts sagen, erkennt niemand, was Sie wissen. Nur wenn Sie reden, haben Sie die Möglichkeit, auf den Verlauf der Prüfung Einfluss zu nehmen. Bleiben Sie deshalb möglichst am Ball. Aber natürlich nur, solange Sie noch etwas einigermaßen zum Thema Gehöriges beitragen können.
Erklären Sie immer, was Sie gerade tun und warum Sie es tun. Auch beim Skizzieren dürfen Sie nicht vergessen, dass es sich um eine mündliche Prüfung handelt. Also begleitenden Kommentar abgeben!
Fragen Sie deutlich und vor allen Dingen sofort nach, wenn Sie einen Begriff, eine Fragestellung oder sonst irgendetwas nicht verstehen. Das nimmt Ihnen niemand übel. Lassen Sie sich helfen und nehmen Sie dann das Gespräch wieder an sich.
Lassen Sie sich nicht verunsichern, wenn Sie unterbrochen und auf einen Fehler aufmerksam gemacht werden. Verschwenden Sie keine Zeit damit, sich über ihre Unwissenheit zu ärgern oder darüber nachzugrübeln, wie viele Punkte Sie das kosten wird. Einzelne Fehler verschieben die Note kaum.
Versuchen Sie nicht sich durchzumogeln, wenn Ihnen etwas absolut nicht einfällt. Sie verheddern sich mit hoher Wahrscheinlichkeit in immer abenteuerlicheren Konstruktionen und Ihre Gedächtnisschwäche fällt um so mehr auf. Geben Sie stattdessen offen zu, dass Ihnen dies oder jenes im Augenblick nicht präsent ist. Fügen Sie nach

Möglichkeit hinzu, wo Sie sich unter »normalen« Umständen in einem solchen Fall informieren würden.

Lassen Sie sich nicht irritieren, wenn Ihre Äußerungen mitgeschrieben werden. Ein Protokoll ist Vorschrift und hat nichts Negatives zu bedeuten.

6.2 Begriffserklärungen

Eine Reihe von mathematischen Begriffen werden im vorliegenden Band verwendet, aber nicht ausführlich erläutert. Sollten Sie Verständnisschwierigkeiten haben, nutzen Sie bitte das folgende alphabetische Glossar.

Abszisse: Im Koordinatensystem heißt der x-Wert eines Punktes Abszisse des Punktes.

Äquivalent ($\Leftrightarrow$): Zwei Terme A und B sind äquivalent ($A \Leftrightarrow B$), wenn B aus A folgt ($A \Rightarrow B$), und A aus B folgt ($B \Rightarrow A$). Die beiden Terme sind dann mathematisch gleichwertig.

Betrag ($|\;|$): Der Betrag $|T|$ eines Terms ist die größere der beiden Zahlen T und $-T$ oder null, wenn $T = 0$ gilt.

$$|T| = \begin{cases} T \text{ für } T > 0 \\ 0 \text{ für } T = 0 \\ T \text{ für } T < 0 \end{cases}$$

Biquadratische Gleichung: Eine Gleichung der Form $ax^4 + bx^2 + c = 0$ heißt biquadratische Gleichung. Die Variable hat nur die Hochzahlen 4, 2 und 0: Mit der Substitution $u = x^2$ erhält man die quadratische Gleichung $au^2 + bu + c = 0$, aus der die Lösung für u (und daraus die Lösungen für x) berechnet werden können.

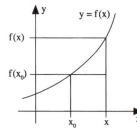

Differenzquotient: Die Steigung (Tangens) der Sekante ist ein Quotient zweier Differenzen. Im Zähler steht die Differenz der y-Werte, im Nenner die Differenz der x-Werte. Der Quotient heißt

Differenzquotient: $m = \dfrac{f(x) - f(x_0)}{x - x_0}$

Der Grenzwert des Differenzquotienten ergibt die Ableitung (Tangentensteigung).

Diskriminante: Bei der Lösungsformel $x_{1,2} = \dfrac{-b \pm \sqrt{b^2 - 4ac}}{2a}$, die zur Lösung der quadratischen Gleichung $y = ax^2 + bx + c$ verwendet wird, ist die Diskriminante der Term unter der Wurzel ($b^2 - 4ac$). Das Vorzeichen der Diskriminante D bestimmt die Anzahl der Lösungen der quadratischen Gleichung. ($D > 0 \Rightarrow$ zwei; $D = 0 \Rightarrow$ eine; $D < 0 \Rightarrow$ keine Lösung).

6 Anhang

Divergent: Eine Folge (beziehungsweise eine Funktion) heißt divergent, wenn sie nicht konvergent ist, also keinen Grenzwert hat.

Durchstoßpunkt: Schneiden sich eine Gerade g und eine Ebene E in einem Punkt P ($g \cap E = P$), so heißt P Durchstoßpunkt der Geraden g durch die Ebene E.

Eliminieren:

- Wird aus einem Gleichungssystem mittels erlaubter Äquivalenzumformungen eine Unbekannte entfernt, so spricht man vom Eliminieren dieser Unbekannten.
- Unter dem Eliminieren einer Variablen aus einer Gleichung versteht man das Umstellen der Gleichung, sodass die Variable isoliert auf einer Seite der Gleichung steht.

Ellipse: Eine Ellipse ist der geometrische Ort aller Punkte einer Ebene, für die die Summe der Abstände zu zwei festen Punkten (Brennpunkten) konstant ist. Als Figur erhält man die Ellipse aus einem → Kegelschnitt.
In der modernen Geometrie wird die Ellipse als affines Bild eines Kreises definiert.

Error: Mit dem Wort »Error« meldet der Taschenrechner eine nicht erlaubte Operation. Der Rechner akzeptiert dann keine Angabe vom Tastenfeld mehr.
Sie müssen danach auf [on|c] drücken. Dabei gehen leider alle eingetippten Angaben bis auf den Speicherinhalt verloren. Also: Bei einer Fehlermeldung neu beginnen! Unter anderem erscheint sie bei folgenden Operationen:

- Bei zu großen oder zu kleinen Zahlen (z. B.: 2^{500}; 2^{-500}),
- bei der Division durch Null (z. B.: [3][:][0]),
- bei zu vielen unvollständigen Operationen oder offenen Klammern (z. B.: [1][+][2][x][(][+][3][x][(][+] …),
- bei negativen Zahlen unter der Wurzel (z. B.: [2][+|–][$\sqrt{x}$]),
- bei falschen Argumenten in den Funktionen (z. B.: [5][INV][cos]).

Exponentialfunktion: Steht die Variable in der Hochzahl einer Funktionsgleichung, so heißt die Funktion Exponentialfunktion.
Üblicherweise ist die Grundzahl (Basis) dann die eulersche Zahl e. Sollte je eine andere Basis vorkommen, schreiben Sie die Funktion am besten um:
$y = k \cdot a^x$ ist dasselbe wie $y = k \cdot e^{x \cdot \ln a}$, eine Funktion, die leicht abzuleiten und leicht zu integrieren ist:
Ableitung: $y' = k \cdot \ln a \cdot e^{x \cdot \ln a}$; eine Stammfunktion ist $\frac{k \cdot e^{x \cdot \ln a}}{\ln a}$.

Familie: Familie (oder Funktionsfamilie) ist ein anderer Name für Funktionenschar.

Folge: Eine Folge ist eine Funktion von $\mathbb{N} \to \mathbb{R}$, eine Abbildung der natürlichen Zahlen in die reellen Zahlen. Die Funktionswerte werden quasi durchnummeriert, $f(n) = a_n$ ist das n-te Glied der Folge.

Beispiel einer Zahlenfolge: $-2;\ 2+\sqrt{2};\ -(3+\sqrt{3});\ 6;\ -(5+\sqrt{5});\ ...$
Dabei ist das n-te Glied der Folge $a_n = (-1)^n \cdot (n+\sqrt{n})$.

Hierarchie: Betrachten Sie die Hierarchie des , also die Reihenfolge, in der der Rechnungen ausführt: in der Regel zuerst Funktionen, dann Potenz- vor Punkt- vor Strichrechnungen. Wollen Sie eine andere Reihenfolge, so müssen Sie Klammern setzen.

Höhere Ableitungen: Leitet man die Ableitungsfunktion $f'(x) = ...$ nochmals ab, erhält man die zweite Ableitung $f''(x) = ...$ Weiteres Ableiten führt auf die dritte, vierte, ... Ableitung. Ab der 2. Ableitung spricht man von höheren Ableitungen.

Hyperbel: Eine Hyperbel ist der geometrische Ort aller Punkte einer Ebene, für die die Differenz der Abstände zu zwei festen Punkten (Brennpunkten) konstant ist. Als Figur erhält man die Hyperbel aus einem → Kegelschnitt.

Intervallschachtelung: Eine Folge unendlich vieler Intervalle I_n mit $I_{n+1} < I_n$ heißt Intervallschachtelung. Sie bestimmt auf der Zahlengeraden genau einen Punkt.

Irrational: Jede reelle Zahl, die nicht als Bruchzahl und damit nicht als abbrechende oder periodische Dezimalzahl darstellbar ist, heißt irrationale Zahl: π; e; $\sqrt{2}$ ...

Kartesisches Koordinatensystem: Ist ein Koordinatensystem positiv orientiert (mathematisch positiver Umlaufsinn = entgegen dem Uhrzeigersinn), stehen die Koordinaten paarweise senkrecht aufeinander und haben die Koordinaten dieselben Einheitslängen, so spricht man von einem kartesischen Koordinatensystem.

Andere Koordinatensysteme sind in der Schule unüblich.

Kegelschnitte: Wird ein senkrechter Kreiskegel von einer Ebene geschnitten, ergeben sich je nach Lage der Ebene zum Kegel typische Schnittfiguren: Ellipse, Hyperbel, Parabel und Kreis.

Ellipse
Lage Schnittebene: Weder senkrecht noch parallel zur Grundfläche und nicht parallel zur Mantellinie.

Geometrischer Ort: Alle Punkte der Ebene, für die die Summe der Abstände zu zwei festen Punkten der Ebene (Brennpunkten) konstant ist.

Gleichung: $\dfrac{(x-x_0)^2}{a^2} + \dfrac{(y-y_0)^2}{b^2} = 1$

Mit dem Mittelpunkt $M(x_0|y_0)$ und den Halbachsen a und b.

Hyperbel
Lage Schnittebene: Senkrecht zur Grundfläche.
Geometrischer Ort: Alle Punkte der Ebene, für die die Differenz der Abstände zu zwei festen Punkten der Ebene (Brennpunkten) konstant ist.

Gleichung: $\dfrac{(x-x_0)^2}{a^2} + \dfrac{(y-y_0)^2}{b^2} = 1$

Mit dem Mittelpunkt $M(x_0|y_0)$ und den Halbachsen a und b.

Parabel

Lage Schnittebene: Parallel zur Mantellinie.

Geometrischer Ort: Alle Punkte, deren Abstand zu einem Punkt (Brennpunkt) gleich dem Abstand zu einer Geraden (Leitgeraden) ist.

Gleichung: $(y-y_0)^2 \pm 2p(x-x_0)$

Kreis

Lage Schnittebene: Parallel zur Grundfläche.

Geometrischer Ort: Alle Punkte, die denselben Abstand zu einem festen Punkt (Mittelpunkt) haben.

Gleichung: $(x-m_1)^2 + (y-m_2)^2 = r^2$

Mit dem Mittelpunkt $M(m_1|m_2)$.

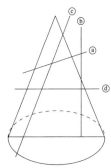

Senkrechter Kreiskegel

ⓐ Schnitt »schräg« ergibt Ellipse.

ⓑ Schnitt senkrecht auf Grundfläche ergibt Hyperbel.

ⓒ Schnitt parallel zur Mittellinie ergibt Parabel.

ⓓ Schnitt parallel zur Grundfläche ergibt Kreis.

Kollinearität: Punkte sind kollinear, wenn sie auf derselben Geraden liegen.

Komplanarität: Punkte sind komplanar, wenn sie in derselben Ebene liegen.

Komposition: Eine Verkettung von Funktionen nennt man auch Komposition.

Kompositionsregel: Die Kompositionsregel ist die Kettenregel der Differenzialrechnung.

Konfidenzintervall: Konfidenzintervall ist ein anderer Name für Vertrauensintervall.

Konkav: Gilt in einem Intervall $f'' < 0$, so ist das Schaubild linksdrehend und heißt konkav.

Konvergent: Eine Zahlenfolge (eine Funktion) heißt konvergent, wenn sie einen Grenzwert hat.

Konvex: Gilt in einem Intervall $f'' > 0$, so ist das Schaubild rechtsdrehend und heißt konvex.

Krümmung: Eine Kurve heißt rechts gekrümmt (konvex), wenn die 2. Ableitung negativ ist; links gekrümmt (konkav) wenn die zweite Ableitung positiv ist.

Linearfaktoren: Hat eine ganzrationale Funktion $f(x) = a_n x^n + \ldots + a_1 x + a_0$ vom Grad n die Lösungen $x_1, x_2, \ldots x_r$ (r muss $\leq n$ sein!), so lässt sich $f(x)$ darstellen durch $f(x) = (x - x_1) \cdot (x + x_2) \cdot \ldots \cdot (x - x_r) \cdot g(x)$ mit der ganzrationalen Funktion $g(x)$, die keine Nullstelle mehr hat und vom Grad $n - r$ ist.

Jedes $(x - x_i)$ heißt Linearfaktor von $f(x)$. Ist $n = r$, sagt man, die Darstellung ist vollständig, $g(x)$ ist dann eine konstante Zahl.

Logarithmus: Die Logarithmusfunktion $x \to \log x$ ($a > 0$) ist die Umkehrfunktion der Exponentialfunktion $x \to a^x$. Es gilt: $b^x = c \Leftrightarrow x = \log_b c$.

Theoretisch ist jede positive Zahl als Basis der Logarithmusfunktion denkbar.

In der Praxis haben sich folgende Basen durchgesetzt:

Name	Bezeichnung	Basiszahl	Im 🖩	Umrechnungen
Natürlicher Logarithmus	$\ln = \log_e$	$e \approx 2{,}7182818$	immer	$\log_b x = \log_b e \cdot \ln x$ $\ln x = \ln 10 \cdot \lg x$
Binärer Logarithmus	$\text{lb} = \log_2$	2	selten	$\log_b x = \log_b 2 \cdot \text{lb}\, x$ $\text{lb}\, x = \text{lb}\, e \cdot \ln x$
Dekadischer Logarithmus	$\lg = \text{llog}_{10}$	10	meist	$\log_b x = \log_b 10 \cdot \lg x$ $\lg x = \lg e \cdot \ln x$

Lücke: Enthält eine Funktionsgleichung einen Bruch, bei dem beim Einsetzen einer Zahl oder eines Terms Zähler und Nenner null werden, hat das Schaubild der Funktion an dieser Stelle eine Lücke.

Ist x_0 die Nullstelle, werden Zähler und Nenner durch $(x - x_0)$ so oft durchdividiert, bis Zähler oder Nenner keine Nullstelle mehr bei x_0 haben. Mit gekürzter Funktionsgleichung weiterdiskutieren. Lücke im Schaubild mit ▢ einzeichnen.

Normalparabel: Der Graph der Funktion $y = x^2$ heißt Normalparabel.

Nullfolge: Eine Folge mit dem Grenzwert 0 für $n \to \infty$ heißt Nullfolge.

Ordinatenaddition: Addiert man für jeden x-Wert die Funktionswerte $f(x)$ und $g(x)$ zu einem Wert $h(x)$, so heißt diese Addition Ordinatenaddition. Man erhält die Werte des Graphen $h(x) = f(x) + g(x)$.

Orthonormalsystem: Ein Orthonormalsystem (Vektoren sind paarweise orthogonal), bei dem alle Vektoren die Länge eins haben, heißt Orthonormalsystem.

Parabel: Das Schaubild der ganzrationalen Funktion $f(x) = a_n x^n + \ldots + a_1 x + a_0$ heißt auch Parabel n-ten Grades.

Polynom: Ein Term $a_n x^n + a_{n-1} x^{n-1} + \ldots + a_1 x + a_0$ heißt Polynom vom Grad n.

Relation: Eine Relation ist eine Teilmenge des kartesischen Produktes $\mathbb{R} \times \mathbb{R}$. Wichtige Relationszeichen sind: $>$; $\geq$; $<$; $\leq$.

Rotationskörper: Rotiert ein Flächenstück um eine Gerade (meist x- oder y-Achse), heißt der entstehende Körper Rotationskörper.

6 Anhang

Rotationsvolumen: Der Rauminhalt eines Rotationskörpers heißt Rotationsvolumen.
Sattelpunkt: Ein Sattelpunkt ist ein Wendepunkt $W(x_W|y_W)$ mit einer waagerechten Steigung. Es gilt $f'(x_W) = 0$; $f''(x_W) = 0$; aber $f'''(x_W) \neq 0$!
Senkrechte Tangente: Eine Tangente parallel zur y-Achse heißt senkrechte Tangente. Da die Steigung unendlich groß ist, handelt es sich um einen echten Sonderfall. So ist die Tangentengleichung nicht wie sonst über die Punkt-Steigungsform bestimmbar.
Singularität: Unter Singularität versteht man eine einzelne, durch Besonderheit ausgezeichnete Stelle.
Spannvektor: Spannvektor ist ein anderer Name für den Richtungsvektor der Ebene: Zwei linear unabhängige Vektoren »spannen« eine Ebene auf.
Stetige Ergänzung: Wenn $f(x)$ an der Stelle x_1 nicht definiert ist, der rechtsseitige und der linksseitige Grenzwert existieren und gleich groß sind, dann heißt $g(x) = f(x)$ für $x \neq x_1$ und $\lim f(x)$ für $x = x_1$ die bei x_1 stetig ergänzte Funktion von $f(x)$.
Stückweise definierte Funktion: Eine zusammengesetzte Funktion ist stückweise (»intervallweise«) definiert.
Vollständige Induktion: Die vollständige Induktion ist ein mathematisches Beweisverfahren mit dem gezeigt werden kann, dass eine Behauptung A für alle natürlichen Zahlen gilt. Zu zeigen ist:

- $A(n_0)$ ist eine wahre Aussage. Die Behauptung gilt für n_0.
- Aus $A(n) \Rightarrow A(n+1)$. Wenn A für n wahr ist, dann ist A auch für $n+1$ wahr.

Aus diesen beiden Schritten schließt man, dass A für alle $n \geq n_0$ gilt.
Zahlentripel: Ein Zahlentripel ist ein geordnetes System aus drei Zahlen. Im Rahmen der Schulmathematik versteht man unter einem Zahlentripel die Beschreibung eines Punktes im Raum durch die drei Koordinaten der Achsen.
Zerlegung in Linearfaktoren: Hat das Polynom n-ten Grades
$a_n x^n + a_{n-1} x^{n-1} + \dots + a_2 x^2 + a_1 x + a_0$ eine Nullstelle bei $x = x_i$, so lässt sich das Polynom ohne Rest durch den Term $(x - x_i)$ dividieren.
$(x - x_i)$ heißt Linearfaktor des Polynoms. Hat das Polynom n Nullstellen, so kann man es vollständig in Linearfaktoren zerlegen.

Stichwortverzeichnis

A

Abbildungen ... 164
Abbildungsgleichungen ... 169
Ablehnungsbereich ... 207
Ableiten ... 19
Ableitungen ... 36
Ableitungsfunktion ... 36
Ableitungsregeln ... 36
Abschätzung ... 88
Absolute Häufigkeit ... 172
Abstandsprobleme ... 110, 137
Abszisse ... 214
Additionssatz ... 185
Additionsverfahren ... 100
Adjunkte ... 160
Affine Abbildung ... 166
Affinität ... 166
Allgemeiner Additionssatz ... 186
Allgemeiner Multiplikationssatz ... 188
Allgemeiner Vektor ... 112
Annahmebereich ... 206
Äquivalent ... 214
Äquivalenzumformung ... 101
Arcuscosinus ... 97
Arcuscotangens ... 97
Arcussinus ... 97
Arcustangens ... 97
Arkusfunktionen ... 96
Assoziativgesetz ... 114, 115
Asymptoten ... 52
Ausprägung ... 173
Äußere Funktion ... 29

B

Basis-Vektor ... 112
Basisvektoren ... 115
Basiswechsel ... 115, 119
Baumdiagramm ... 182
Bedingte Wahrscheinlichkeit ... 187
Berechnung von Wahrscheinlichkeiten ... 184
Bernoulli-Experiment ... 175, 194
Bernoulli-Kette ... 194
Bernoulli-L'Hospitalsche Regel ... 26
Berührpunkt ... 70
Beschreibende Statistik ... 171
Bestimmtes Integral ... 77
Betrag ... 214
Betragsfunktion ... 32, 48, 58, 67
Beurteilende Statistik ... 201
Binomialverteilung ... 193, 194
Biquadratische Gleichung ... 214
Bogenmaß ... 72

C

Charakteristische Gleichung ... 165

D

De L'Hospital ... 26
De Moivre-Laplace ... 200
De Morgan ... 175
Definitionsbereich ... 48
Definitionslücken ... 85
Determinante ... 160, 165
Differenzialgleichungen ... 94
Differenzialrechnung ... 39
Differenzierbarkeit ... 34
Differenzquotient: ... 214
Dimension ... 157
Diskriminante ... 214
Distributivgesetz I ... 114, 115
Distributivgesetz II ... 114, 115
Divergent ... 215
Drehkörper ... 84
Drehung um die x-Achse ... 84
Drehung um die y-Achse ... 85
Dreieck ... 141
Dreieck, Flächeninhalt ... 142
Dreieck, Höhe ... 142
Dreieck, Inkreis ... 142
Dreieck, Mittelsenkrechte ... 142
Dreieck, Schwerpunkt ... 142
Dreieck, Seitenhalbierende ... 142
Dreieck, Umfang ... 142
Dreieck, Umkreis ... 142
Dreieck, Winkelhalbierende ... 142
Dreieck, Winkelsumme ... 142
Dreieck, zum Parallelogramm ... 142
Dreiecksform ... 101
Durchschnitt ... 173
Durchstoßpunkt ... 215

E

e-Funktion ... 30, 47, 57, 65
Ebene ... 108, 124
Ebene Skizzen ... 107
Eigenraum ... 165
Eigenvektoren ... 165, 169
Eigenwerte ... 165
Eigenwerten ... 169

Stichwortverzeichnis

Einheitsmatrix 160
Einheitsvektor 112
Einseitiger Test 208
Einsetzen 18
Einsetzverfahren 100
Elementarereignis 175
Eliminieren 215
Ellipse 215, 216
Empirische Varianz 193
Enthaltensein 133
Ereignis 175
Ereignisalgebra 175, 177
Error 215
Erwartungswert 193
Existenzsätze 86
Exponentialfunktion 65, 215
Extrempunkte 58
Extremwert 73

F

Fakultät 179
Familie 215
Fehler 1. Art 207
Fehler 2. Art 207
Fehler erster und zweiter Art 202
Fixgerade 165, 170
Fixpunkt 165
Fixpunkte 170
Fixpunktgerade 165, 170
Fläche 109, 141
Fläche zwischen zwei Graphen 83
Flächenberechnung 82
Folge 215
Funktionen 28
Funktionenschar 28
Funktionsarten 29
Funktionsgleichungen 42

G

Ganzrationale Funktion ... 29, 47, 56, 64
Gauß-Funktion 197
Gauß-Verfahren 101
Gaußsche Eliminationsverfahren 100
Gaußsche Glockenfunktion 197
Gaußsche Glockenkurve 196
Gaußsche Summenfunktion 200
Gaußscher Algorithmus 100
Gebietseinteilung 89
Gebrochenrationale Funktion . 30, 47, 57, 64
Gegebene Integrale 95

Gegen-Vektor 112
Gegenereignis 176
Gegenhypothese 206
Gemeinsame Punkte 70
Geometrischer Ort 76
Gerade 123
Gesetz der großen Zahlen 196
Gleichsetzungsverfahren 100
Gradmaß 72
Graph 62
Grenzwert 25
Grenzwertbestimmung 26
Grenzwertbildung 21
Grundintegrale 78
Grundwissen Anaysis 17

H

Hauptsatz der Integralrechnung ... 78
Hess'sche Form 127
Hierarchie 216
Hochpunkt 58
Höhere Ableitungen 216
Homogenes LGS 163
Hyperbel 216
Hypothese 206

I

Inhomogenes LGS 163
Innere Funktion 29
Integrale 77
Integralfunktion 95
Integralrechnung 39
Integrationsmethoden 79
Intervall 23
Intervall-Halbierungsverfahren 24
Intervallbreite 207
Intervallschachtelung 216
Invariantes Rechtwinkelpaar 165
Inverse Abbildung 166
Inverse Matrix 161
Inzidenz 133
Irrational 216
Irrtumswahrscheinlichkeit 207
Iterationsverfahren 23

K

Kartesisches Koordinatensystem 216
Kegelschnitte 216
Kettenregel 37

Klappungen 109, 148
Kollinearität 217
Kombinationen 179
Kombinatorik 179
Komplanarität 217
Komposition 217
Kompositionsregel 217
Konfidenzintervall 217
Konkav 217
Konstruktion einer Ellipse 168
Konstruktion von Bildpunkten 167
Konstruktion wahrer Längen 148
Konvergent 217
Konvex 217
Koordnaten 115, 119
Koordnatendarstellung 124, 126, 166
Koordnatengleichung 125
Koordnatensystem 62
Körper 109, 143
Kreis 129, 217
Kreisdiagramm 174
Krummliniges Trapez 83
Krümmung 217
Kugel 108, 129
Kugelprobleme 149
Kurve 62
Kurvendiskussion 45
Kurvenuntersuchungen 45, 63

L

Laplace 200
Laplace-Experiment 176
lb 218
lg 218
LGS 162
Lineare Abhängigkeit 120
Lineare Gleichung 99
Lineare Gleichungssysteme 99
Lineare Substitution 40, 80
Lineare Unabhängigkeit 120
Linearea Gleichungssysteme 104
Lineares Gleichungssystem 162
Linearfaktoren 218
Linearität 36, 78
Linearkombinationen 120
Linksseitiger Test 209
ln 218
ln-Funktion 47, 57, 65
Logarithmus 218
Logarithmus-Funktion 65
Lösen von Aufgaben 8

Lösen von Gleichungen 19
Lösungsmengen 103
Lot 150
Lotfußpunkt 150
Lotgerade 150
Lücke 85, 218

M

Maßzahlen 192
Matrix 159
Matrixdarstellung 166
Matrizen 159
Matrizenrechnung 166
Mehrstufige Experimente 182
Mittelwert 173
Mittelwertsatz der Differenzialrechnung .. 87
Mittelwertsatz der Integralrechnung 87
Monotonie 33
Multiplikationssatz 188
Mündliches Abitur 211

N

n über k 179
n-tupel 179
Näherungen 199
Näherungskurven 91
Näherungsverfahren 23
Natürliche Exponential-Funktion 30
Natürliche Exponentialfunktion 47, 57
Natürliche Logarithmus-Funktion 31
Natürliche Logarithmusfunktion 47, 57
Neutrales Element 114, 115
Newton–Verfahren 24
Niete 194
Normale 69
Normalen-Vektor 112
Normalendarstellung 124
Normalengleichung 69, 125
Normalform 166, 170
Normalparabel 218
Normalverteilung 200, 207
Normieren 120
Nullfolge 218
Nullhypothese 206
Nullstellen 56
Nullstellenbestimmung 56
Nullstellensatz 87

Stichwortverzeichnis 223

O

Ordinate	77
Ordinatenaddition	218
Orthogonal	121
Orthogonalität	72
Orthonormalsystem	218
Orts-Vektor	113
Ortslinie	76

P

Parabel	217, 218
Parameter	123
Permutationen	179
Pfadregel	182
Piktogramm	174
Poisson-Verteilung	199
Pol	52
Polarebene	151
Polynom	218
Polynomdivision	21
Potenzfunktion	32, 48, 57, 66
Produkt von Matrizen	162
Produktintegration	81
Produktregel	36
Projektion	108
Punkt	122
Punkt-Steigungsform	68
Punktescharen	152
Punktrichtungsform	123

Q

Quadrant	62
Quadratische Ergänzung	121
Quotientenregel	36

R

Rang einer Matrix	161
Räumliche Skizzen	108
Rechenfertigkeiten	18
Rechtsseitiger Test	210
Regel von De L'Hospital	26
Relation	218
Relative Häufigkeit	173
Richtungsvektor	113, 123
Rollende Kugeln	129
Rotationskörper	218
Rotationsvolumen	219

S

Sattelpunkt	219
Satz vom Maximum und Minimum	87
Satz von Pythagoras	119
Satz von Rolle	87
Sätze von De Morgan	175
Säulendiagramm	174
Schatten	153
Schätzfunktionen	205
Schaubild	62
Schiefe Asymptote	54
Schnitt-Ebene	132
Schnitte	107
Schnittgerade	132
Schnittkreise	154
Schnittprobleme	110, 134
Schnittpunkt	70
Schnittwinkel	72
Schrägbilder	107
Senkrechte Asymptote	52
Senkrechte Tangente	219
Senkrechter Kreiskegel	217
Sicheres Ereignis	176
Signifikanzgrenzen	207
Signifikanztest	207
Singularität	219
Skalare	110
Skalarmultiplikation	114, 161
Skalarprodukt	122, 158
Skizzen	107, 108
Spannvektor	219
Spezieller Additionssatz	186
Spezieller Multiplikationssatz	189
Spurgeraden	125
Spurpunkte	125
Stammfunktionen	20, 39
Standardabweichung	173, 194
Steigung	72
Stetige Ergänzung	219
Stetigkeit	34
Stichprobe	172, 176, 202
Strecke	123
Streng monoton	33
Streuung	173
Stückweise definierte Funktion	219
Stufenform	101
Stützvektor	113, 123
Substitution	80
Subtraktionsverfahren	100
Symmetrie	50

T

Tangente 68, 132
Tangentengleichung 69
Tangentialebene 131
Teilverhältnis 124
Test 15
Testen von Hypothesen 206
Textaufgaben 92, 144
Tiefpunkt 58
Totale Wahrscheinlichkeit 190
Trapez 82
Treffer 194
Trigonometrische Funktion 57
Trigonometrische Funktionen 31, 48, 65
Tschebyschew-Ungleichung 198

U

Umformungen 80
Umkehrfunktionen 44
Umwandlung von Ebenen 127
Unabhängigkeit 176
Unbestimmtes Integral 77
Uneigentliche Flächen 78, 84
Uneigentliches Integral 78
Unmögliches Ereignis 176
Unterraum 158
Unvereinbarkeit 176

V

Varianz 173, 193
Variationen 179
Vektor 116
Vektoraddition 114, 115
Vektordarstellung 124, 166
Vektoren 110
Vektorgleichung 125
Vektorraum 114

Vektorrechnung 110
Verkettete Funktion 29
Verkettete Funktionen 29
Verkettung 166
Verknüpfte Funktionen 29
Verneinung 176
Vertrauensintervall 207
Vertrauenszahl 207
Vollständige Induktion 219
Volumenberechnung 84

W

Waagerechte Asymptote 53
Wahrscheinlichkeit 176
Wahrscheinlichkeitsfunktion 192
Wahrscheinlichkeitsverteilung 176, 192
Wendepunkte 59
Wendetangente 60
Wertebereich 49
Wertetabelle 61
Winkel 72
Winkelbestimmung 140
Winkelhalbierende 74
Winkelweiten 122

Z

Zahlentripel 219
Zentraler Grenzwertsatz 197
Zentralwert 174
Zerlegung in Linearfaktoren 219
Zielfunktion 74
Zufallsexperiment 176
Zufallsgröße 176, 191
Zufallsvariable 176, 191, 193
Zusammengesetzte Funktionen 29
Zwei-Punkte-Form 123
Zweiseitiger Test 208, 210
Zwischenwertsatz 87